# 编审委员会

天津市高等职业院校提升办学水平项目建设成果系列教材

# 城市轨道交通轨道工程

梁　晨　主　编

李金良　主　审

中国铁道出版社有限公司

2020年·北　京

## 内 容 简 介


本书为天津市高等职业技术学院提高办学水平项目建设成果系列教材之一。主要阐述城市轨道交通轨道工程专业领域相关内容的基本概念、原理和计算。全书共分5个项目，项目1为有砟轨道组成部分，主要介绍钢轨、轨枕、联结零件、碎石道床、防爬设备；项目2为无砟轨道组成部分，主要介绍无砟轨道联结零件、接触轨、无砟轨道结构、轨道几何形位；项目3为曲线轨道设置部分，主要介绍曲线轨道外轨超高设置、小半径曲线轨距加宽设置、缓和曲线设置、曲线轨道缩短轨设置、曲线轨道方向整正；项目4为无缝线路构造部分，主要介绍无缝线路基本原理、无缝线路缓冲区的设置与轨缝计算、无缝线路的稳定性、普通无缝线路的铺设、特殊地段无缝线路、无缝线路应力放散与调整；项目5为普通单开道岔部分，主要介绍道岔的类型、普通单开道岔的构造、普通单开道岔的计算等。

本书是为高等职业技术学院城市轨道交通工程技术专业教学用书，也可供城市轨道交通轨道施工和养护维护人员参考。



**图书在版编目(CIP)数据**

城市轨道交通轨道工程 / 梁晨主编. —北京：中国铁道出版社，2016.7（2021.12 重印）

天津市高等职业院校提升办学水平项目建设成果系列教材

ISBN 978-7-113-20850-9

Ⅰ.①城… Ⅱ.①梁… Ⅲ.①城市铁路-轨道(铁路)-工程施工-高等职业教育-教材 Ⅳ.①U239.5

中国版本图书馆 CIP 数据核字(2015)第 189532 号

**书　　名**：**城市轨道交通轨道工程**

**作　　者**：梁　晨

---

**责任编辑**：刘红梅　　　**编辑部电话**：（010）83527746

**封面设计**：郑春鹏

**责任校对**：王　杰

**责任印制**：樊启鹏

---

**出版发行**：中国铁道出版社有限公司（100054，北京市西城区右安门西街8号）

**网　　址**：http://www.tdpress.com

**印　　刷**：北京建宏印刷有限公司

**版　　次**：2016年7月第1版　2021年12月第3次印刷

**开　　本**：787 mm×1 092 mm　1/16　**印张**：11.5　**字数**：280千

**书　　号**：ISBN 978-7-113-20850-9

**定　　价**：32.00元


---

# 序

为深入贯彻落实《天津市中长期教育改革和发展规划纲要(2010—2020年)》和市政府《关于进一步推进职业教育改革创新的意见》(津政发〔2010〕46号)精神,不断创新高等职业教育办学体制机制,深化教育教学改革,提高人才培养质量和办学水平,全面提升高等职业教育服务经济社会发展能力,加快天津市高水平示范性高等职业院校建设,提升专业服务产业的能力,为天津市经济社会发展和滨海新区开发开放更好的培养高素质高技能人才,天津市政府决定在“十二五”期间,支持我市建设18所高水平示范性高等职业院校(以下简称:示范校)和25个优质特色专业,高等职业院校开展提升办学水平建设。

天津铁道职业技术学院凭借高水平的办学优势和专业定位,被天津市列为18所示范校建设院校之一。学院在示范校建设中各专业依据专业特点和企业要求,深入探索多样化的“工学结合、校企合作、顶岗实习”人才培养模式,形成特色课程体系,以专业为核心,以课程改革为抓手,以教学条件建设为支撑,全面提升办学水平。

天津铁道职业技术学院按照“学院与铁路局(集团)紧密合作,教学系与站段(公司)紧密对接,教学团队(专业)与工区(项目部)紧密对接,教师与工程技术人员紧密对接”的模式开展多层次、紧密型合作办学。以校企合作机制为保障,开发融入职业道德与岗位工作标准的工学结合核心课程,结合天津市经济社会和行业发展特点,校企共同培育满足企业需求、具有可持续发展能力的高技能型专门人才,为了更加有效地实施人才培养模式,制定了融入行业企业标准及岗位工作需求的21门核心课程的课程标准。教材建设正是体现课程标准的有效方式之一。因此,我院在明确高等职业教育人才培养标准和规格的基础上,为了对人才培养提供智力支持,根据人才培养目标的要求,构筑“校企合作,产学结合”的人才培养模式,积极进行课程开发。为此,在院领导大力支持和企业具有丰富实践经验的专家的参与和指导下,我院与生产企业合作开发编写了突出职业能力、注重实践技能培养的系列教材。

本套教材打破了以往学科体系的束缚,具有以下特点:

(1)以项目为导向。本套教材全部采用项目化教学体系,以实际职业岗位为基本出发点,以工作过程为导向,以现场典型真实任务为主要教学内容,充分突出了技能培养。

(2)体现课证融合特色。在学习任务中融入国家职业资格标准的相关内容。

(3)编写内容和组织方式新颖。学习项目和任务附有与教学内容相关的知识、技能目标及相关的案例,以案例引入教学内容,引起学生的学习兴趣。

(4)一体化教学资源配套。充分利用网络等各种信息技术,建设与教材配套的网络资源,把与课程有关的文献资料、电子教案、教学课件、教学视频,与职业资格考试相关的资料及学生与教师的互动等都放到网上,为学生的自主学习提供便利的环境条件,完善教学资源。

编审委员会

2015年3月

# 前　言

城市轨道的技术复杂、造价昂贵、建设周期长，我国在地铁建设、运营管理的时间还不够长，尤其是城市轨道的工务设施的维护活动更有其自身的特点，很多的维护经验不能从国铁照搬，必须从设计、施工和维护活动中不断总结符合自身特点的维修标准，形成自身的维修文化。地铁运营的高密度、不间断、高舒适度的要求意味着对轨道设备必须提供安全、可靠、舒适的保证，这就要求各城市轨道设施的维护队伍在维修组织设计、维修标准、应急响应等方面应建立有效地保障；同时更要不断提高工务管理和维护人员的业务水平，建立一个理论扎实、技术过硬、拉得出打得响的维修团队，才能确保地铁的安全可靠运行。

为适应各城市地铁建设的快速发展带来的对地铁轨道施工与维护实用型人才的大量需求，我们组织编写了城市轨道交通轨道施工与维护的这本教材。本书的编写者汇集了学校、施工单位、维护单位的专业人才，旨在从“懂设计、会施工、精维护”的角度为城市轨道交通工务系统的人才培养提供一份学以致用的教材。

全书主要介绍了有砟轨道组成、无砟轨道组成、曲线轨道设置、无缝线路构造、普通单开道岔等内容，主要供高等职业教育城市轨道交通工程技术专业使用，也可供城市轨道交通轨道施工和养护维护人员参考。

本教材由天津铁道职业技术学院梁晨主编，天津地铁集团公司李金良主审。具体编写分工如下：梁晨编写项目1、项目5；天津铁道职业技术学院刘江林编写项目2，天津铁道职业技术学院刘小燕编写项目3，天津铁道职业技术学院付小燕编写项目4。

由于编写时间仓促，教材中不足之处在所难免。恳请广大读者提出宝贵意见。

编　者

2016年2月

# 目录

MU LU

# 项目1　有砟轨道组成

## 项目描述

有砟轨道是指轨下基础为石质散粒道床的轨道，通常也称为碎石道床轨道，是轨道结构的主要形式之一。它具有弹性良好、价格低廉、更换与维修方便、吸噪特性好等优点。但相对无砟轨道来说，其也具有线路平面几何形状不易保持，使用寿命短，养护维修工作量大等缺点。

本项目主要介绍有砟轨道组成部分，钢轨、轨枕、联结零件、道床及防爬设备等知识。通过该项目的学习，掌握城市轨道交通有砟轨道的结构组成、类型、作用以及适用范围；防爬设备认知等知识，能够对城市轨道交通有砟轨道组成有深刻的认知。

## 拟实现的教学目标

1. 能力目标

(1)能分辨钢轨的类型；

(2)能掌握各种钢轨的使用场所。

2. 知识目标

(1)了解钢轨类型；

(2)了解钢轨的功能和要求；

(3)掌握钢轨的断面尺寸。

3. 素质目标

(1)培养独立自主解决问题的能力；

(2)增强分工协作的意识；

(3)具备一定的协调组织能力。

## 相关案例——穗地铁一号线钢轨大修

2014年8月，广州地铁开通运营17年后，一号线完成了第二次钢轨大修。

地铁公司表示，轨道是否需要进行大修，需根据线路老化程度而定，一般当钢轨出现锈蚀和磨耗等伤损连续200 m以上，则需要进行大修。据了解，一号线的钢轨大修已是第二次了，第一次的大修发生在2008年，当时换轨约9 200 m。而本次的大修则规模更大，涉及15个行车区间，更换钢轨956根，更换钢轨达到23 140 m，刷新了广州地铁运营以来的换轨长度纪录。

一号线的换轨主体工程完工后，后续还进行轨料回收、更换零部件等收尾工作，耗时两个月。

# 典型工作任务 1　钢轨认知

## 1.1.1　钢轨的功能、要求及类型

城市轨道交通的地面线大多采用有碴轨道。轨道结构是城市轨道交通系统的重要组成部分,作为一个整体性工程结构,轨道铺设在路基之上,起着列车运行的导向作用,直接承受机车车辆及其荷载的巨大压力。在列车运行的动力作用下,它的各个组成部分必须具有足够的强度和稳定性,保证列车按照规定的最高速度,安全、平稳及不间断地运行。

轨道是整体的工程结构,它被称之为线路的上部建筑。它的作用在于引导列车安全、快速、平稳地沿着线路延伸的方向运行,并把列车的重力及列车在运行过程中所产生的冲击力均匀地传递给路基或桥隧建筑物。轨道的组成主要包括钢轨、轨枕、道床、联结零件、防爬设备和道岔,如图 1.1 所示。此图为方便讲解模拟合成,非实际图片。

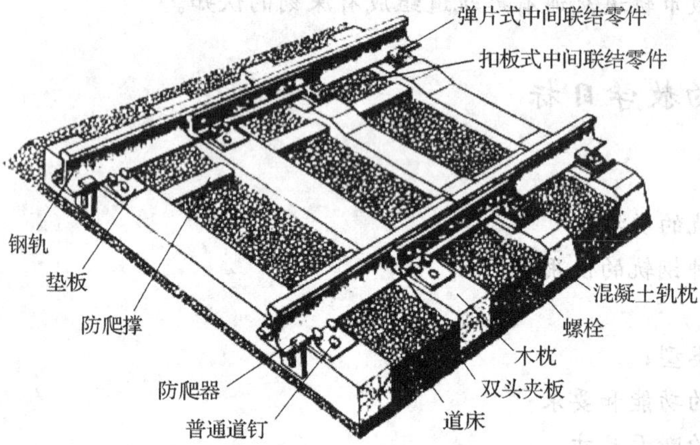


图 1.1　轨道的基本组成

1. 钢轨的功能

钢轨是城市轨道最重要的组成部件。钢轨的功用是为车轮提供连续、平顺和阻力最小的滚动表面,引导机车车辆前进;直接承受车轮的巨大压力,并将其分布传递到轨枕;地铁自动闭塞区段,还兼做轨道电路之用。

2. 钢轨的要求

(1)具有足够的强度和耐磨性。钢轨的工作条件十分复杂。车轮施加于钢轨上的作用力其大小、方向和位置都具有很强的随机性。除轮载外,气候及其他因素对钢轨受力也有影响。

钢轨使用寿命与钢轨强度和硬度有密切的关系。钢轨强度和硬度的提高有利于提高钢轨承载能力和使用寿命,但硬度过高,钢轨又容易受冲击而折断,因此又要求钢轨具有一定的韧性。

(2)具有较高的抗疲劳强度和冲击韧性,防止轨头内侧剥离及可能由此引起的钢轨横向断

裂。钢轨长期在列车周期性重复荷载下工作，应有较高的疲劳强度和较好的冲击韧性。

(3)具有足够光滑且有一定粗糙度的顶面。机车依靠其动轮与钢轨顶面的摩擦作用前进，这就要求钢轨顶面粗糙，但对车辆来说，摩阻力太大又会使行车阻力增加，这又要求钢轨有一个光滑的表面。从这一矛盾的主要方面出发，钢轨应首先保证有足够光滑的顶面，必要时，可用向轨面撒砂的方法提高机车动轮与钢轨之间的黏着力。

(4)具有较强的抗不均匀磨耗性能和钢轨全长范围内硬度的均匀性，避免引起波纹、波浪等不均匀磨耗。

(5)具有良好的焊接性能，以便采用无缝线路。

(6)用在道岔上的钢轨应具有良好的道岔机加工性能以获得良好的道岔质量。

(7)化学成分便于进行热处理，以提高钢轨的强韧性。

(8)具有严格的尺寸公差及钢轨工作边的平顺性，以减少轨道周期性不平顺。

3. 钢轨的类型

钢轨类型以每米钢轨大致质量(kg/m)表示。我国现有钢轨类型分为 75 kg/m、60 kg/m、50 kg/m、43 kg/m 四中类型，以适应不同运营条件的使用要求。

钢轨的标准与钢轨类型有关。43 kg/m 钢轨有 12.5 m 及 25 m 两种标准长度；50 kg/m 有 12.5 m、25 m、50 m、100 m 四种；60 kg/m 钢轨标准长度有 25 m、50 m、100 m 三种。75 kg/m钢轨主要是 25 m 标准长度。正线有缝线路轨道宜采用 25 m 标准长度的钢轨。还有用于曲线内股的缩短轨系列，对于 12.5 m 标准轨系列的缩短轨有缩短量 40 mm、80 mm、120 mm三种；对于 25 m 标准轨系列有缩短量 40 mm、80 mm、160 mm 三种。

### 1.1.2 钢轨断面形状和尺寸

在直线地段，钢轨所受的力主要是竖直力，其结果是使钢轨产生挠曲。由于钢轨被视为支承在连续弹性基础上的无限长梁，而梁抵抗挠曲的最佳断面形式为“工”字形。因此，钢轨采用工字形断面，由轨头、轨腰和轨底三部分组成。其断面尺寸应满足下列要求：

1. 钢轨头部设计

钢轨头部是直接和车轮接触的部分，应有抵抗压溃和耐磨的能力，故轨头宜大而厚，并应具有和车轮踏面相适应的外形。钢轨头部是直接和车轮接触的部分，使在其为使钢轨有较大的承载能力和抗弯能力。

2. 钢轨腰部设计

钢轨腰部必须有足够的厚度和高度，轨腰的两侧或为直线或为曲线，而以曲线为最常用；轨腰与钢轨头部及底部的连接，必须保证夹板能有足够的支承面。

3. 钢轨底部设计

钢轨底部直接支承在轨枕顶面上，为保持钢轨稳定，轨底应有足够的厚度和宽度，并有必要的刚度和抵抗锈蚀的能力。

钢轨的头部顶面宽($b$)、轨腰厚($t$)、轨身高($H$)及轨底宽($B$)是钢轨断面的四个主要参数，它们的面积分配应根据各方面条件综合考虑，选择一个最适当的比例。目前的几种主要钢轨标准断面和轨端侧面尺寸如图 1.2 及表 1.1 所示。

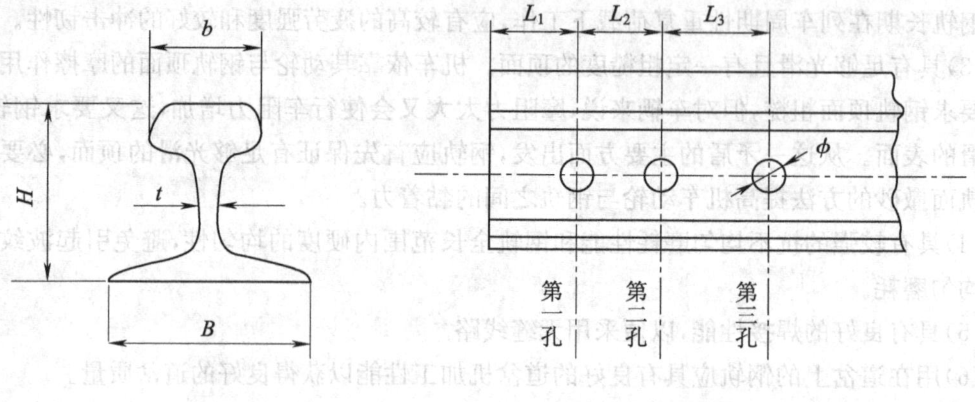


（a）钢轨断面图　　（b）钢轨侧面图

图 1.2　钢轨断面及侧面图

**表 1.1　钢轨截面各部尺寸**

| 项　目 | 钢轨类型（kg/m） | | | |
|---|---|---|---|---|
| | 43 | 50 | 60 | 75 |
| 每米钢轨质量 $m$(kg) | 44.653 | 51.514 | 60.64 | 74.414 |
| 钢轨高度 $H$(mm) | 140 | 152 | 176 | 192 |
| 轨头宽度 $b$(mm) | 70 | 70 | 73 | 75 |
| 轨底宽度 $B$(mm) | 114 | 132 | 150 | 150 |
| 轨腹厚度 $t$(mm) | 14.5 | 15.5 | 16.5 | 20 |
| 螺栓孔直径 $\phi$(mm) | 29 | 31 | 31 | 31 |
| 轨端至 1 孔中心距 $L_1$(mm) | 56 | 66 | 76 | 96 |
| 1 孔至 2 孔中心距 $L_2$(mm) | 110 | 150 | 140 | 220 |
| 2 孔至 3 孔中心距 $L_3$(mm) | 160 | 140 | 140 | 130 |
| 截面积($cm^2$) | 57 | 65.8 | 77.45 | 95.04 |
| 钢轨长(m) | 12.5<br>25 | 12.5<br>25 | 12.5<br>25 | 25 |

60 kg/m 钢轨断面尺寸如图 1.3 所示。

### 1.1.3　钢轨伤损标准

钢轨伤损是指钢轨在使用过程中发生钢轨折断、钢轨裂纹以及其他影响和限制钢轨使用性能的伤损。钢轨伤损分为轻伤、重伤和折断三类。

1. 钢轨轻伤和重伤标准

钢轨轻伤和重伤标准如表 1.2、表 1.3 所示。探伤人员、线路(检查)工长认为钢轨有伤损时,也可判为轻伤或重伤。

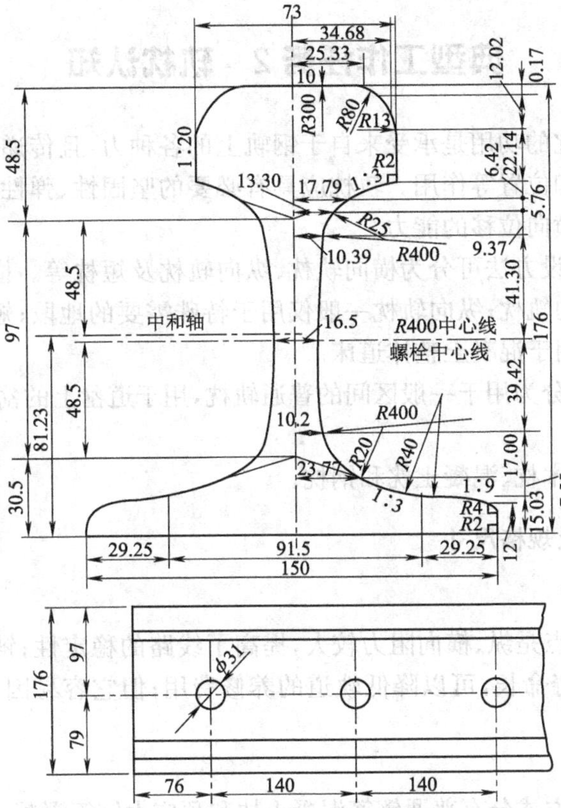


图 1.3 60 kg/m 钢轨断面及侧面图(单位:mm)

**表 1.2 钢轨头部磨耗轻伤标准(mm)**

| 钢轨(kg/m) | 总磨耗 | | 垂直磨耗 | | 侧面磨耗 | |
|---|---|---|---|---|---|---|
| | 正线 | 辅助线、车场线 | 正线 | 辅助线、车场线 | 正线 | 辅助线、车场线 |
| 60 | 14 | 16 | 9 | 10 | 14 | 20 |
| 50 | 12 | 14 | 8 | 9 | 12 | 18 |
| 43 | 10 | 12 | 7 | 9 | 10 | 16 |

注:①总磨耗=垂直磨耗+1/2 侧面磨耗。②垂直磨耗在钢轨顶面宽 1/3 处(距标准工作边)测量。③侧面磨耗在钢轨踏面(按标准断面)下 16 mm 处测量。

**表 1.3 钢轨头部磨耗重伤标准(mm)**

| 钢轨(kg/m) | 总磨耗 | | 垂直磨耗 | | 侧面磨耗 | |
|---|---|---|---|---|---|---|
| | 正线 | 辅助线、车场线 | 正线 | 辅助线、车场线 | 正线 | 辅助线、车场线 |
| 60 | 16 | 18 | 11 | 12 | 19 | 21 |
| 50 | 14 | 16 | 10 | 11 | 17 | 19 |
| 43 | 12 | 14 | 9 | 10 | 15 | 17 |

更换伤损钢轨,应根据钢轨的伤损程度及其位置而定。重伤钢轨应立即更换,轻伤钢轨应加强检查。

# 典型工作任务 2　轨枕认知

在轨道结构中，轨枕的功用是承受来自于钢轨上的各种力，且传递至道床，同时轨枕还起着保持钢轨方向、轨距和位置等作用。轨枕应具有必要的坚固性、弹性和耐久性，并能便于固定钢轨，有抵抗纵向和横向位移的能力。

轨枕依其构造及铺设方法可分为横向轨枕、纵向轨枕及短枕等。横向轨枕与钢轨垂直间隔铺设，是一种最常用的轨枕；纵向轨枕一般仅用于特殊需要的地段；短枕是在左右两股钢轨下分开铺设的轨枕，常用于混凝土整体道床。

轨枕按其使用目的分为用于一般区间的普通轨枕，用于道岔上的岔枕，用于无砟桥梁上的桥枕。

轨枕按其材质分为木枕、混凝土枕和钢枕。

### 1.2.1　混凝土枕特点及规格尺寸

1. 混凝土枕特点

混凝土枕的主要优点是纵、横向阻力较大，提高了线路的稳定性；铺设高弹性垫层可以保证轨道弹性均匀；使用寿命长，可以降低轨道的养修费用；但它容易因发生裂纹而失效，质量大、更换困难、弹性差。

2. 混凝土枕分类

混凝土轨枕按配筋方式分有普通钢筋混凝土枕和预应力钢筋混凝土枕两大类。普通钢筋混凝土枕抗弯能力很差，容易开裂失效，已被淘汰。预应力钢筋混凝土枕因施加一定的预压应力，因而具有抗裂性能好，用钢量少的优点。我国主要采用整体式预应力钢筋混凝土枕，简称混凝土枕(PC 枕)。

按照施工方法不同 PC 枕分为先张法和后张法预应力钢筋混凝土枕两类，配筋材料为钢丝或钢筋。我国主要采用先张法混凝土枕。

1) Ⅱ型混凝土枕的设计是根据重载线路承受荷载大，重复次数多的特点，采用疲劳可靠性进行设计的。与Ⅰ型轨枕相比，轨下截面正弯矩的计算承载能力提高 13%～25%，中间截面正弯矩提高 8.8%，中间截面负弯矩提高 14%～41%。J-2 型轨枕是采用 4 根直径 10 mm 的高强度钢筋，C60 级混凝土。Ⅱ型轨枕是我国线路的主型轨枕。图 1.4 为新Ⅱ型枕的外形、截面尺寸和配筋示意图。

2) Ⅲ型混凝土枕

由于Ⅱ型轨枕在重型、次重型轨道上使用时，某些区段出现轨枕中顶面横向裂缝、沿螺栓孔纵向裂缝、枕端龟裂、侧面纵向水平裂缝、挡肩斜裂等病害，轨枕年失效下道率平均 1.2%，难以适应重型和特重型轨道的承载条件，为了适应强轨道结构的要求，又研制了Ⅲ型轨枕。Ⅲ型混凝土枕有挡肩和无挡肩两种形式。长度有 2.6 m 和 2.5 m 两种。

Ⅲ型枕的主要特点：

(1)结构合理，强化了轨道结构。由于轨枕长度增加到 2.6 m，并适当加宽了枕底，使枕下支承面积约增加了 17%，端侧面积约增加 20%，轨枕质量约增加 31%。因此，可有效提高道床的纵、横向阻力，减缓重载运输所产生的道床累积变形，提高线路的稳定性。

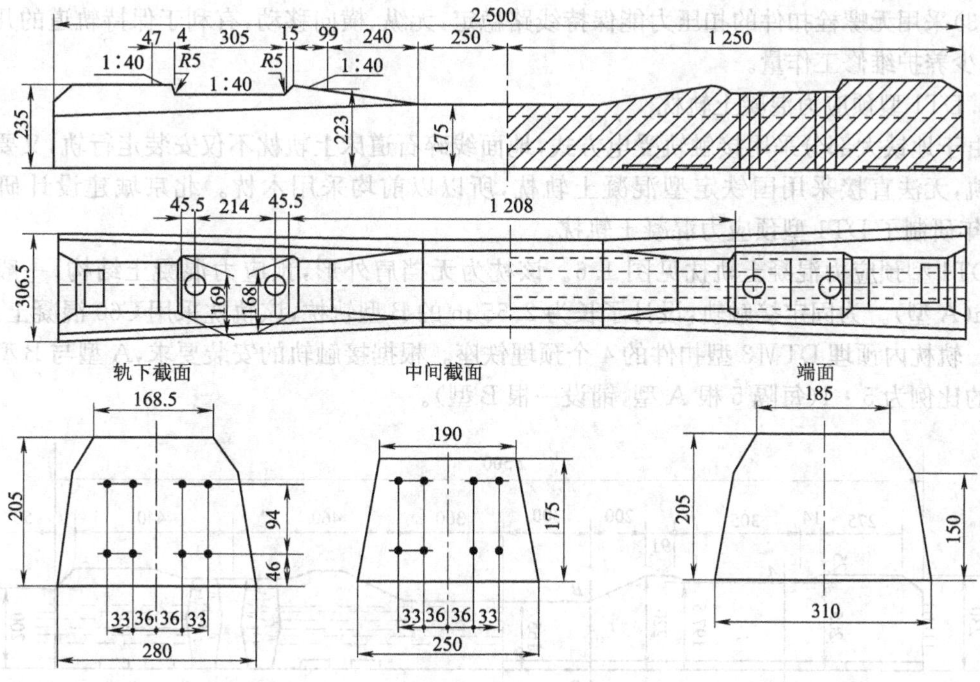


图 1.4　新Ⅱ型混凝土枕(单位:mm)

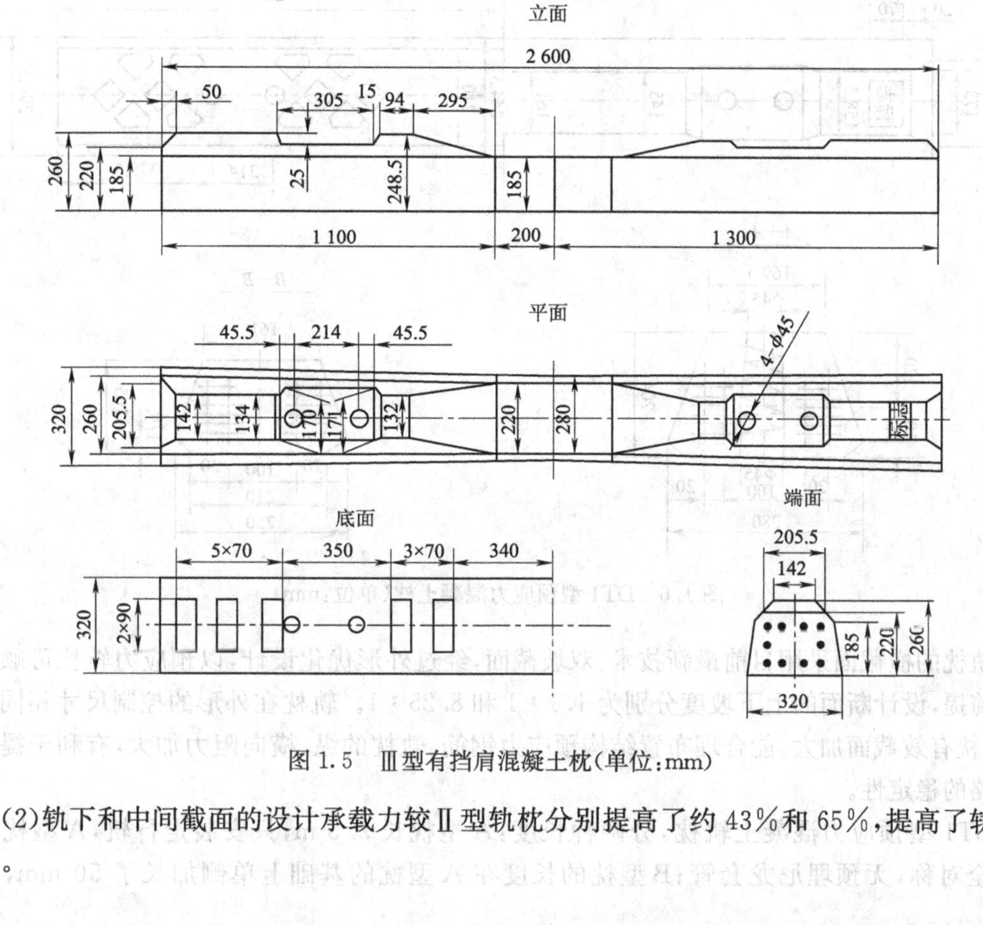


图 1.5　Ⅲ型有挡肩混凝土枕(单位:mm)

(2)轨下和中间截面的设计承载力较Ⅱ型轨枕分别提高了约 43%和 65%,提高了轨枕的强度。

(3)采用无螺栓扣件的扣压力能保持线路稳定，无纵、横向移动，有利于保持轨道的几何形位，减少养护维修工作量。

3. DT1 型预应力混凝土轨枕

由于地铁大部分采用接触轨受电方式，地面线碎石道床上轨枕不仅安装走行轨，又要安装接触轨，无法直接采用国铁定型混凝土轨枕，所以以前均采用木枕。北京城建设计研究院2000 年研制了 DT1 型预应力混凝土轨枕。

DT1 型预应力混凝土轨枕见图 1.6。该枕为无挡肩外形，预应力混凝土结构，一般长为 2.5 m(A 型)。为固定接触轨，设计了长为 2.55 m 的 B 型轨枕，该轨枕采用 C60 混凝土，工厂预制。轨枕内预埋 DTⅥ3 型扣件的 4 个预埋铁座。根据接触轨的安装要求，A 型与 B 型轨枕数量的比例为 5∶1(每隔 5 根 A 型，铺设一根 B 型)。

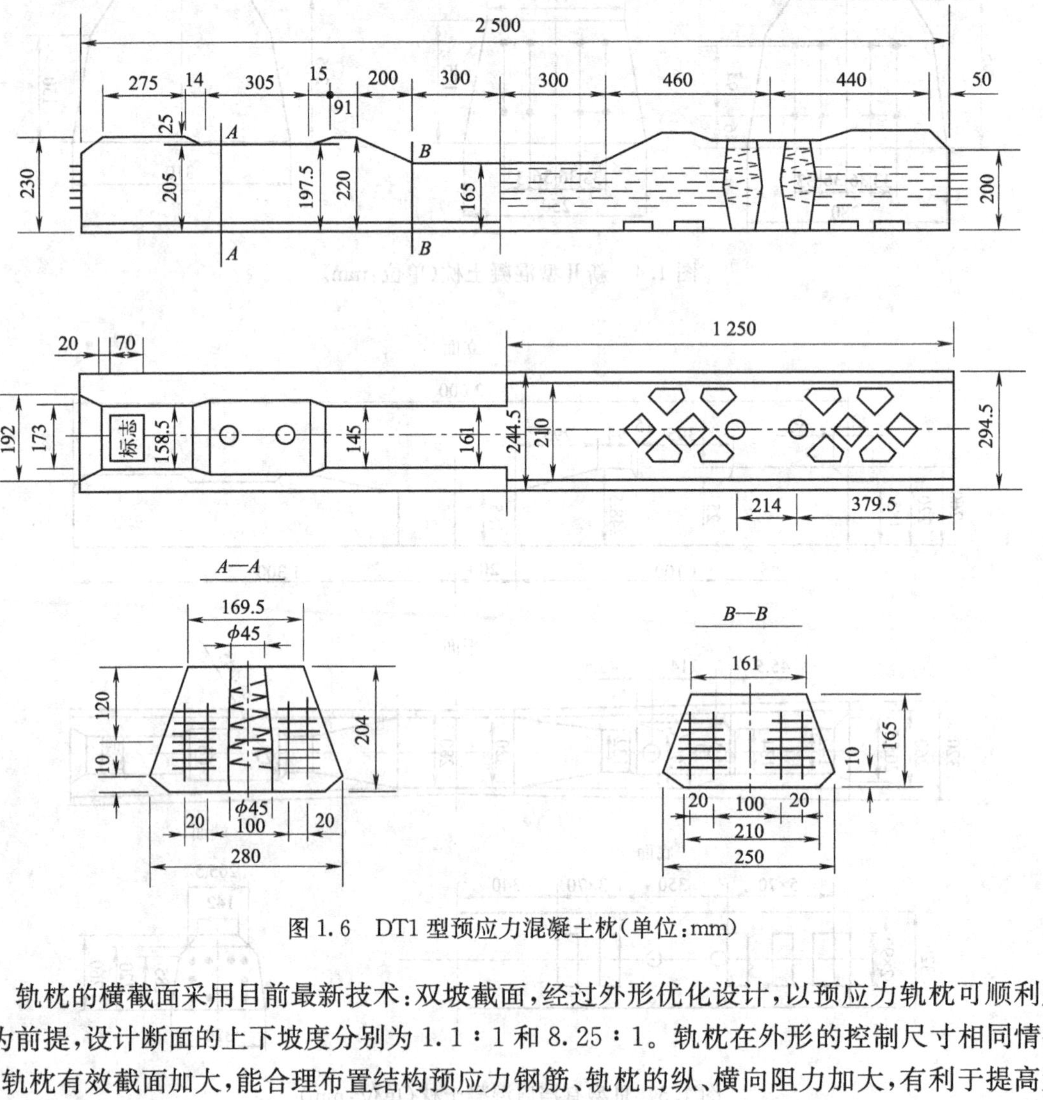


图 1.6　DT1 型预应力混凝土枕(单位：mm)

轨枕的横截面采用目前最新技术：双坡截面，经过外形优化设计，以预应力轨枕可顺利脱模为前提，设计断面的上下坡度分别为 1.1∶1 和 8.25∶1。轨枕在外形的控制尺寸相同情况下，轨枕有效截面加大，能合理布置结构预应力钢筋、轨枕的纵、横向阻力加大，有利于提高无缝线路的稳定性。

DT1 型预应力混凝土轨枕，分两种长度：A 型枕长 2.5 m，只安装走行轨，A 型枕的左右完全对称，无预埋尼龙套管；B 型枕的长度在 A 型枕的基础上单侧加长了 50 mm，预埋

了两个 $\phi 24$ 的尼龙套管，以连接接触轨的悬臂托架，承受及平衡接触轨荷载。在预埋套管周围布置了普通热处理钢筋以增加该处局部混凝土强度，加大套管的锚固强度。A、B两种长度轨枕采用相同截面的外形处理方法，方便了轨枕的工厂化制造，使大型机械化铺轨成为可能。

综上所述，DT1 型预应力混凝土轨枕特点如下：

(1)采用无挡肩外形，与 DTⅥ3 型扣件配套使用、外形简洁、扣件安装方便；

(2)采用立面双坡外形设计，结构受力合理，道床纵、横向阻力大，轨道稳定性提高；

(3)固定接触轨的 B 型枕只单边加长 50 mm，不加宽道床及路基，降低了建设投资，实现了与接触轨的可靠联结；

(4)可实现轨排铺轨机械化；

(5)大大地提高了轨道的稳定性和延长了维修周期；

(6)轨枕中部不需要掏空道砟，而采用浮砟状态，减少了日常的道床几何状态维修量；

(7)不使用传统的硫磺锚固技术，可消除热硫磺锚固产生的轨枕螺栓孔残余应力，并避免了环境污染，同时减少了硫磺锚固螺栓这一道工序。

### 1.2.2　轨枕配置

1. 轨枕配置根数、间距的规定

每公里配置的轨枕根数，应根据运量、运行速度及线路的设备条件等决定，并和钢轨及道床等综合考虑，合理配套，以求在最经济的条件下，保证轨道具有足够的强度和稳定性。轨枕密一些，道床、路基面、钢轨以及轨枕本身受力都可以小一些。同时，使轨距、方向易于保持，这对行车速度高的地段尤其重要。但是也不能过密，过密则不经济，而且净距过小，影响捣固。正线碎石道床轨枕铺设标准见表 1.4。

**表 1.4　轨枕类型和配置根数标准**

| 五年内年计划通过总重(Mt) | | | $W_{年}\geqslant 25$ | $25>W_{年}\geqslant 15$ | $W_{年}<15$ |
|---|---|---|---|---|---|
| 轨枕配置数量(根/km) | 木枕 | | 1 840 | 1 840～1 760 | 1 760～1 680 |
| | Ⅱ型混凝土枕 | | 1 840 | 1 760 | 1 760～1 680 |
| | Ⅲ型混凝土枕 | 无缝线路 | 1 667 | — | — |
| | | 普通线路 | 1 680 | — | — |
| | 混凝土宽枕 | | 1 760 | 1 760 | 1 760 |

线路坡度大于 20‰地段每公里铺设短轨枕 1 840 对。

在普通轨道上，由于钢轨接头是线路的薄弱环节，故接头处轨枕间距 $c$ 应比钢轨中间部分轨枕间距 $a$ 小，并且两者之间应有一个过渡的轨枕间距 $b$，一般应 $a>b>c$。

2. 轨枕间距尺寸计算

1)每节钢轨轨枕配置根数

$$n=\frac{NL}{1\,000} \tag{1.1}$$

式中　$n$——每节钢轨轨枕配置根数；

$N$——每千米轨枕标准配置根数；

$L$——每节钢轨长度(m)，不含轨缝。

上式计算所得的 $n$ 值，采用整数（四舍五入）。

2）每节钢轨轨枕间距值计算（图 1.7）

$$a=\frac{L'-c-2b}{n-3} \tag{1.2}$$

式中　$L'$——每节钢轨长度（mm），含一个轨缝（一般采用 9 mm），钢轨接头采用相错式时为两股相错接头之间的长度；

$b$——$a$ 与 $c$ 之间的过渡间距（mm）；

$c$——钢轨接头两根轨枕间距（mm），其值系根据钢轨接头构造而定；

$a$——除接头轨枕间距（$c$）和过渡间距（$b$）外的其余轨枕间距（mm）。

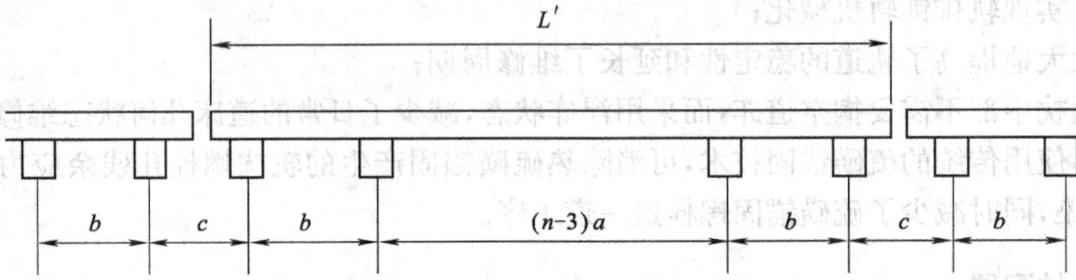


图 1.7　轨枕间距计算图

一般 $a>b>c$。如采用，则

$$a=\frac{L'-2c}{n-2} \tag{1.3}$$

将计算所得的 $a$ 值，采用整数。如 $a$ 值大于表 1.5 的规定，则每节钢轨（或两股相错接头之间）轨枕配置根数应增加 1 根。由于 $n$ 值的改变，重新计算 $a$ 值（仍采用整数），再根据 $a$ 及 $c$ 按下式求出 $b$ 值：

$$b=\frac{L'-c-(n-3)a}{2} \tag{1.4}$$

现将普通线路的轨枕间距如表 1.5 所示，无缝线路轨枕的间距应均匀布置，如表 1.6 所示。

**表 1.5　普通线路的轨枕间距尺寸**

| 轨型 | 钢轨长度 | 每千米配置根数 | 每节钢轨配置根数 | 木　枕（mm） | | | 混凝土枕（mm） | | |
|---|---|---|---|---|---|---|---|---|---|
| | | | | $c$ | $b$ | $a$ | $c$ | $b$ | $a$ |
| 75 kg/m 60 kg/m 或 50 kg/m | 12.5 | 1 600 | 20 | 440 | 594 | 640 | 540 | 587 | 635 |
| | | 1 680 | 21 | 440 | 544 | 610 | 540 | 584 | 600 |
| | | 1 760 | 22 | 440 | 524 | 580 | 540 | 569 | 570 |
| | | 1 840 | 23 | 440 | 534 | 550 | 540 | 544 | 544 |
| | | 1 920 | 24 | 440 | 469 | 530 | — | — | — |
| | 25.0 | 1 600 | 40 | 440 | 537 | 635 | 540 | 579 | 630 |
| | | 1 680 | 42 | 440 | 487 | 605 | 540 | 573 | 598 |
| | | 1 760 | 44 | 440 | 497 | 575 | 540 | 549 | 570 |
| | | 840 | 45 | 440 | 459 | 550 | 540 | 538 | 544 |
| | | 1 920 | 48 | 440 | 472 | 525 | — | — | — |

续上表

| 轨型 | 钢轨长度 | 每千米配置根数 | 每节钢轨配置根数 | 木　枕(mm) | | | 混凝土枕(mm) | | |
|---|---|---|---|---|---|---|---|---|---|
| | | | | $c$ | $b$ | $a$ | $c$ | $b$ | $a$ |
| 43 kg/m 或 38 kg/m | 12.5 | 1 440 | 18 | 500 | 604 | 720 | 500 | 604 | 720 |
| | | 1 520 | 19 | 500 | 604 | 675 | 500 | 604 | 675 |
| | | 1 600 | 20 | 500 | 564 | 640 | 500 | 564 | 640 |
| | | 1 680 | 21 | 500 | 559 | 605 | 500 | 559 | 605 |
| | | 1 760 | 22 | 500 | 541 | 575 | 500 | 541 | 575 |
| | | 1 840 | 23 | 500 | 504 | 550 | 500 | 504 | 550 |
| | | 1 920 | 24 | 500 | 513 | 523 | — | — | — |
| | 25.0 | 1 440 | 36 | 500 | 622 | 705 | 500 | 622 | 705 |
| | | 1 520 | 38 | 500 | 617 | 665 | 500 | 617 | 665 |
| | | 1 600 | 40 | 500 | 599 | 630 | 500 | 599 | 630 |
| | | 1 680 | 42 | 500 | 554 | 600 | 500 | 554 | 600 |
| | | 1 760 | 44 | 500 | 569 | 570 | 500 | 569 | 570 |
| | | 1 840 | 46 | 500 | 537 | 545 | 500 | 537 | 545 |
| | | 1 920 | 48 | 500 | 509 | 522 | — | — | — |

**表 1.6　无缝线路的轨枕间距尺寸**

| 轨枕配置根数(根/km) | 轨枕间距(mm) | 轨枕配置根数(根/km) | 轨枕间距(mm) |
|---|---|---|---|
| 1 667 | 600 | 1 840 | 543.5 |
| 1 760 | 568.2 | 1 920 | 520.8 |

**【例 1.1】**　某线路铺设 50 kg/m 钢轨，长度为 21 m 合拢短轨一根，每千米铺设轨枕标准为 1 760 根混凝土枕，试计算轨枕间距 $a$ 及 $b$。

**【解】**

①$n=\dfrac{NL}{1\ 000}=\dfrac{1\ 760\times 21}{1\ 000}\approx 37$(根)

②$n=\dfrac{L'-2c}{n-2}=\dfrac{21\ 009-2\times 540}{37-2}\approx 569$(mm)

③$n=\dfrac{L'-c-(n-3)a}{2}=\dfrac{21\ 009-540-(37-3)\times 569}{37-2}\approx 561$(mm)

计算结果：$a>b>c$，且 $a$ 值与值 570 mm 相比小 1 mm，符合规定要求。

## 典型工作任务 3　联结零件认知

钢轨联结零件包括连接钢轨与钢轨的接头联结零件，连接钢轨与轨枕的中间联结(通称扣件)。

### 1.3.1　接头联结

在轨道上，钢轨与钢轨之间用夹板和螺栓联结，称为钢轨接头。

接头是轨道结构的薄弱环节之一。据统计，在铺设普通 12.5 m 标准轨的线路上，整治接头病害的费用占线路维修费用的 40%；增加行车阻力约 25%。

在城市轨道交通的轨道结构中，已大量采用无缝线路结构，钢轨接头数量大大减少。但是在无缝线路的缓冲区、轨道电路的绝缘区、有道岔的线路区段中，钢轨接头还是不能少的。

1. 接头联结形式

我国钢轨接头的形式，从基本结构来分，有普通接头和尖轨接头两种。

1)普通接头

它是我国普通线路、无缝线路普遍采用的接头联结形式，可分为三种形式。

(1) 按其相对于轨枕位置，可分为悬空式和承垫式两种。在地铁线路上，采用相对悬空式作为标准形式，即两股钢轨接头位于两接头轨枕之间，如图 1.8 所示。

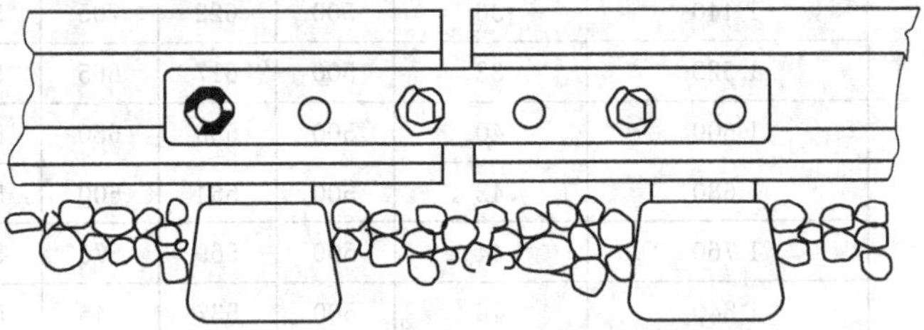

图 1.8　悬空式接头

(2) 按两股钢轨接头相互位置来分，可分为相对式和相错式两种。如图 1.9 所示。

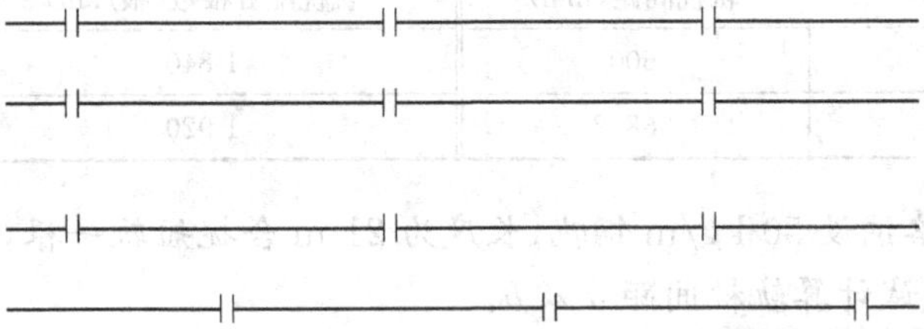

图 1.9　相对式和相错式

(3) 按其用途可分为普通接头、异型接头、绝缘接头、导电接头、伸缩接头、冻结接头，胶结绝缘接头等。

①异形接头。用于连接不同类型断面的钢轨，如图 1.10 所示。

②导电接头。用于自动闭塞区段及电力牵引地段，供传递轨道电流或作为牵引电流回路之用。轨间传导连接装置用两根 $\phi 5$ mm 左右镀锌铁丝组成，如图 1.11 所示。

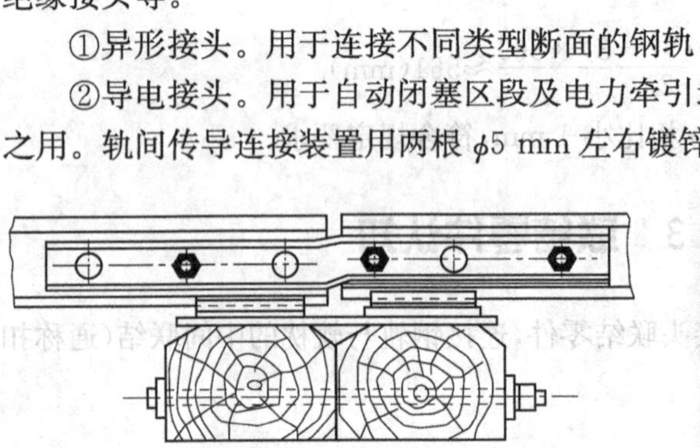

图 1.10　异型接头

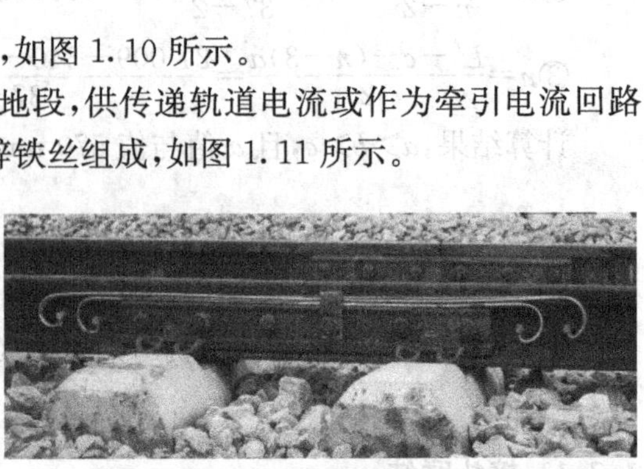

图 1.11　导电接头

③绝缘接头。用于自动闭塞区段闭塞分区两端的钢轨接头。在钢轨、夹板与螺栓之间，螺栓孔四周以及轨端之间均用尼龙绝缘套管和尼龙绝缘垫片将电流隔断，如图 1.12 所示。

④胶结绝缘接头。是用高强度胶黏剂将钢轨和夹板胶合成一整体的接头。胶合层由胶黏剂与玻璃布组成，具有黏结和绝缘性能。

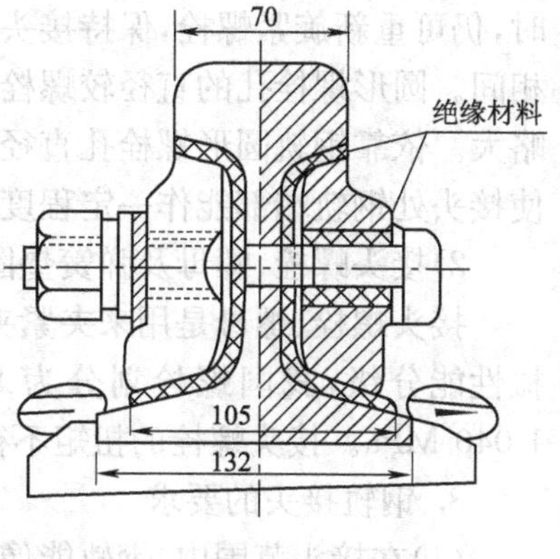


图 1.12　绝缘接头(单位：mm)

2)尖轨接头

是指接头用尖轨和弯折基本轨组成的联结形式，如图 1.12 所示，用于高架桥上无缝线路的接头形式。它允许接头处钢轨随轨温变化有较大的伸缩。我国设计的尖轨接头最大伸缩量可达 1 000 mm，因此，这种接头又称伸缩接头或温度调节器。这种接头除了用于高架桥上，还可用于寒冷地区自动放散应力式无缝线路地段，以适应接头处有较大的伸缩量的要求。

2. 接头联结零件组成

钢轨接头联结零件包括接头夹板、接头螺栓、螺母、弹簧垫圈等组成。夹板是承受弯矩、传递纵向力、阻止钢轨伸缩的重要部件，要求有一定的垂直和水平刚度及足够的强度。

目前我国主要采用斜坡支承双头对称型夹板，简称双头式夹板。图 1.13 所示即为我国 60 kg/m钢轨用夹板图。

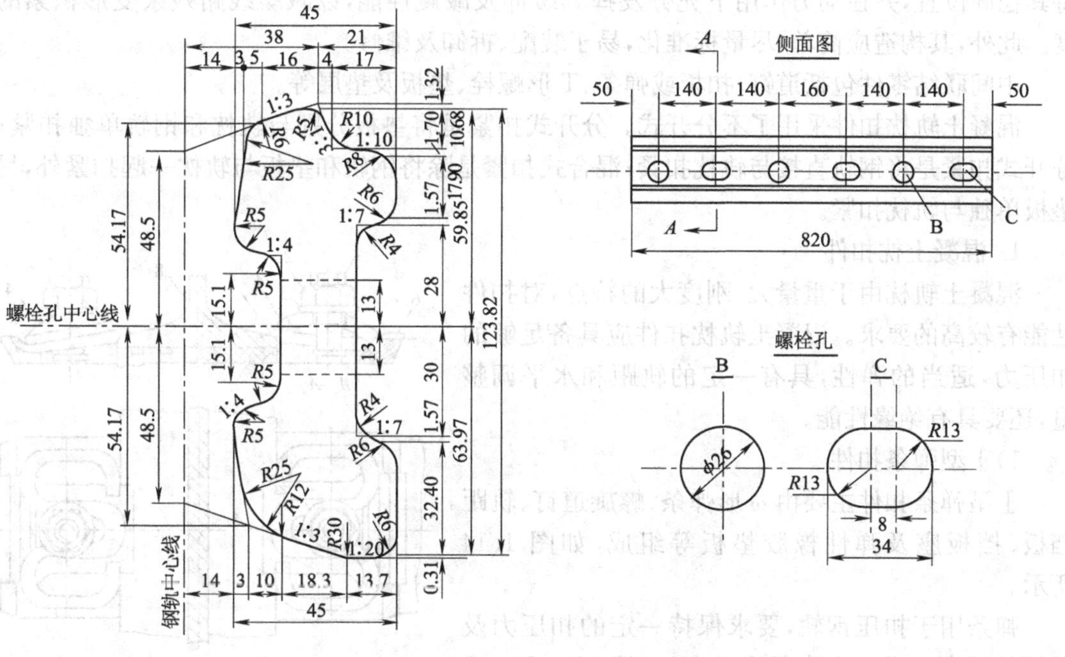


图 1.13　60 kg/m 钢轨用夹板图(单位：mm)

1)双头式夹板

双头式夹板的优点是在竖直荷载作用下，具有较大的抵抗挠曲和横向位移的能力。夹板的上下两面均有斜坡，能楔入轨腰空间，但不贴住轨腰。这样，当夹板稍有磨耗，以致联结松弛时，仍可重新旋紧螺栓，保持接头联结的牢固。每块夹板上有螺栓孔6个，圆形孔与长圆形孔相间。圆形螺栓孔的直径较螺栓直径略大，长圆形螺栓孔的直径较螺栓头下突出部分的直径略大。依靠钢轨圆形螺栓孔直径与螺栓直径之差，以及夹板圆形螺栓孔直径与螺栓直径之差，使接头处钢轨端部能作一定程度的移动，得到所需要的预留轨缝值。

2)接头螺栓、螺母及弹簧垫圈

接头螺栓、螺母是用来夹紧夹板和钢轨的配件，垫圈是为了防止螺栓松动。螺栓根据其机械性能分级，我国螺栓划分为 8.8 和 10.9 级两个等级，其抗拉强度相应为 830 MPa 和 1 040 MPa。接头螺栓的扭矩不得低于规定值 100 N·m 以上。

3. 钢轨接头的要求

(1)在接头范围内，钢轨能像其他部位一样，承受列车通过时作用于其上的垂直力和横向力，即在荷载作用下，接头范围内钢轨挠曲的形状和大小与非接头部位相同；

(2)钢轨热胀冷缩时，接头处的钢轨端部应能作一定程度的移动；

(3)接头零件数量很大，应能采用轧、锻、铸等工艺进行大量生产。

接头处轮轨动力作用大，相应的养护维修工作量大。因此，钢轨接头是轨道结构的薄弱环节之一。

### 1.3.2　中间联结

中间联结为钢轨与轨枕之间的联结(通称扣件)，它应具有足够的强度，耐久性和一定的弹性，使其能长期地保证钢轨与轨枕的可靠连接，阻止钢轨作相对轨枕的纵、横向移动，持久地保持其稳固位置，并在动力作用下充分发挥其缓冲及减震性能，以减缓线路残余变形积累的速度。此外，其构造应简单，尽量标准化，易于装配、拆卸及维修。

中间联结零件包括道钉、扣板或弹条、T形螺栓、垫板及垫层等。

混凝土轨枕扣件采用了不分开式。分开式扣紧是将垫板分别与轨枕和钢轨单独扣紧；不分开式扣紧是将钢轨直接与轨枕扣紧；混合式扣紧是除将钢轨和垫板与轨枕一起扣紧外，另将垫板单独与轨枕扣紧。

1. 混凝土枕扣件

混凝土轨枕由于重量大、刚度大的特点，对扣件性能有较高的要求。混凝土轨枕扣件应具备足够的扣压力，适当的弹性，具有一定的轨距和水平调整量，还要具有绝缘性能。

1)Ⅰ型弹条扣件

Ⅰ型弹条扣件主要由ω形弹条、螺旋道钉、轨距挡板、挡板座及弹性橡胶垫板等组成，如图 1.14 所示。

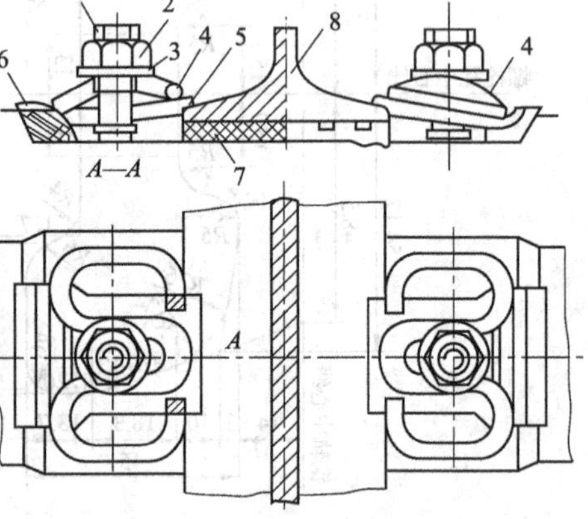


图 1.14　Ⅰ型弹条扣件

1—螺旋道钉；2—螺母；3—平垫圈；4—弹条；5—轨距挡板；6—挡板座；7—绝缘缓冲垫板；8—钢轨

弹条用于扣压钢轨，要求保持一定的扣压力及足够的强度。弹条由直径为 13 mm 的 $60Si_2Mn$ 或 $55Si_2Mn$ 热轧弹簧圆钢制成。弹条有 A、B 两种型号，其中 A 型弹条较长。对于 50 kg/m 钢轨除 14 号接头轨距挡板安装 B 型弹条外，其余均安装 A 型弹条。60 kg/m 钢轨一律采用 B 型弹条。

不同号码的轨距挡板及挡板座配合使用，可用来调整轨距。表 1.7 以 60 kg/m 钢轨为例，说明轨距挡板与挡板座号码的配置与调整轨距的关系。

**表 1.7　弹条Ⅰ型扣件轨距挡板及挡板座号码配置**

| 轨型 (kg/m) | 钢轨侧磨 (mm) | 轨距 (mm) | 左股钢轨 | | | | 右股钢轨 | | | |
|---|---|---|---|---|---|---|---|---|---|---|
| | | | 外侧 | | 内侧 | | 内侧 | | 外侧 | |
| | | | 挡板座号 | 挡板号 | 挡板座号 | 挡板号 | 挡板座号 | 挡板号 | 挡板座号 | 挡板号 |
| 60 | 4 | (1 435) | 4 | 10 | 2 | 2 | 2 | 6 | 4 | 10 |
| | 2 | (1 435) | 2 | 10 | 4 | 4 | 2 | 6 | 4 | 10 |
| | 0 | 1 435 | 2 | 10 | 4 | 4 | 4 | 6 | 2 | 10 |
| | | 1 437 | 4 | 6 | 2 | 2 | 4 | 6 | 2 | 10 |
| | | 1 439 | 4 | 6 | 2 | 2 | 2 | 10 | 4 | 6 |
| | | 1 441 | 2 | 6 | 4 | 4 | 2 | 10 | 4 | 6 |
| | | 1 443 | 2 | 6 | 4 | 4 | 4 | 10 | 2 | 6 |

2)Ⅱ型弹条扣件

Ⅱ型弹条扣件的外形与组装类同Ⅰ型弹条扣件。弹条Ⅱ型扣件是在弹条Ⅰ型扣件的基础上开发的，除弹条外，其余部件与弹条Ⅰ型扣件相同，仍为带挡肩、有螺栓扣件。在原使用弹条Ⅰ型扣件地段，可用弹条Ⅱ型扣件弹条更换原Ⅰ型扣件弹条。

弹条Ⅱ型扣件具有扣压力大、强度安全储备大、残余变形小等优点。适用于Ⅱ或Ⅲ型混凝土枕的 60 kg/m 钢轨线路。

轨距的调整仍用轨距挡板和挡板座的不同号码相互调配。

3)DTⅥ3 型扣件

地铁混凝土轨枕扣件目前只有 DTⅥ3 型扣件一种。适用于 60 kg/m 钢轨，混凝土轨枕碎石道床正线线路。DTⅥ3 型扣件为无螺栓无挡肩弹性不分开式扣件，如图 1.15 所示。其结构形式类似于英国的潘得罗尔(pandrol)无螺栓弹条扣件。DTⅥ3 型扣是由弹条、预埋铁座、绝缘轨距垫和橡胶垫板组成。扣压件 DⅠ弹条由直径为 18 mm 的 $60Si_2Mn$ 热轧弹簧圆钢制成，单个弹条扣压力为 8.25 kN，弹程为 10.5 mm。扣件(组装扣件节点)抗横向水平力能力为 35 kN(承受荷载循环 3×106 次)；扣件节点垂直静刚度为 40～60 kN/mm。绝缘轨距垫有 6、8、10、12 号四种，可利用不同规格的绝缘轨距垫调整轨距，可调量为＋4，－8 mm，不能调高。弹条一端扣压钢轨，另一端直接穿入铁座内，铁座的下半部分预埋在轨枕中，实现扣件对钢轨和轨枕的直接联结。预埋于混凝土中的铁座，承受横向力，阻止钢轨横向移动。

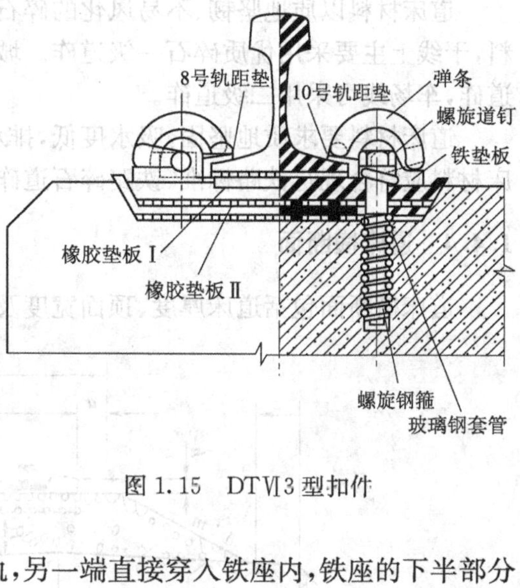

图 1.15　DTⅥ3 型扣件

DTⅥ3 型扣件扣压力较强，弹性好，安装方便。由于取消了螺栓联结的方式，使扣件的零部件减少，大大减小了扣件养护维修工作量。

# 典型工作任务 4　碎石道床认知

### 1.4.1　碎石道床的功用

(1)它承受轨枕传来的压力,并把这个力均匀传布于较大的路基面上。

(2)清洁的道床可顺利排除线路上的雨水和地表水,以保持轨枕及路基面的干燥,防止路基松软、翻浆而引起轨道下沉。

(3)道床具有一定弹性,可缓和列车对线路的冲击,并可减缓水平、方向的变化,以保持轨道的稳定性。

(4)饱满密实的道床,可防止轨道横向移动和线路爬行。

(5)道床是捣固整治水平的材料,也是拨正方向、阻止回弹的材料。

### 1.4.2　碎石道床的优点

结构简单,容易施工,减振、减噪性能较好,造价低,但其轨道建筑高度较大,因此造成结构底板下降,加大隧道的净空,排水设施复杂,养护工作频繁,更换轨枕困难;捣固时,粉尘飞扬,危害工作人员健康。为此,城市轨道交通的隧道内不采用碎石道床,而采用整体道床。高架混凝土桥面上的轻轨线也不采用碎石轨枕道床,而采用新型的道床形式,以减轻桥面荷载,减少维修工作量,同时还可避免列车运行时石子偶然飞落桥下,伤害行人。只有地面线及车场线道岔才采用木枕或钢筋混凝土枕的碎石道床。

### 1.4.3　碎石道床的材料及规格

道床材料以质地坚韧、不易风化的碎石为最好。目前我国多采用碎石、砂子为主要道床材料,干线上主要采用优质碎石一级道砟。城市轨道正线、辅助线、出入线和试车线应采用一级道砟,车场线可采用二级道砟。

道床材料要求质地坚固,吸水度低,排水性能强,不易风化。《地铁设计规范》规定,碎石道床材料应符合现行铁路标准《铁路碎石道砟》和《铁路碎石道砟底砟》的规定。

### 1.4.4　道床横断面

道床横断面包括道床厚度、顶面宽度及道床边坡坡度,如图 1.16 所示。

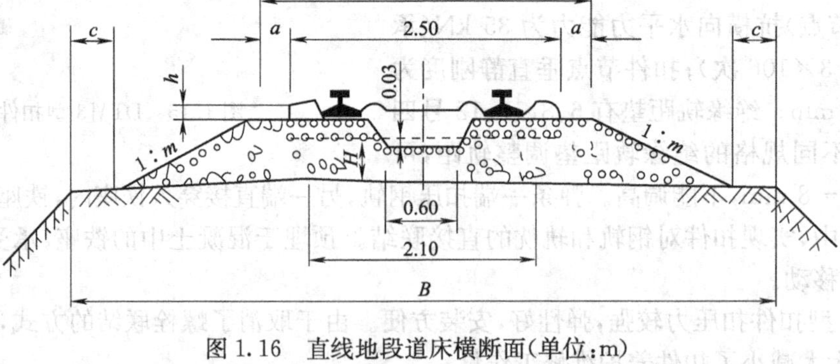


图 1.16　直线地段道床横断面(单位:m)

1. 道床顶面宽度

道床顶面宽度取决于轨枕长度，其在轨枕两端的伸出部分称为道床肩宽。道床顶面宽度等于轨枕长度与两端道床肩宽之和。道床应有适当的肩宽，使肩部石砟经常处于稳定状态，阻止石砟在列车振动下，从轨枕端部下面被挤出，以保持道床紧密和足够的横向阻力。道床肩宽根据具体情况的不同定为 20～40 cm，在曲线上，还应在曲线外侧适当加宽道床。

2. 道床厚度

道床厚度是指直线地段钢轨中心处轨枕底面至路基面的高度值或曲线地段内轨中心处轨枕底面至路基面的高度值。

因此保持道床一定的厚度，使路基承受较小而均匀的压力是必要的，从而保证路基顶面不发生永久变形和保持轨道稳定。道床厚度根据运量、轴重等运营条件和道砟质量、路基强度及轨枕间距等轨道条件确定。正线标准道床厚度见表 1.8。

**表 1.8 道床厚度(mm)标准**

| 五年内年计划通过总重(Mt) | | $W_{年}\geqslant 50$ | $50>W_{年}\geqslant 25$ | $25>W_{年}\geqslant 15$ | $W_{年}<50$ |
|---|---|---|---|---|---|
| 无垫层的碎石道床 | 一般路基 | 450 | 450 | 400 | 350 |
| | 不易风化的岩石、碎石路基 | 350 | 350 | 300 | 300 |
| 有垫层的碎石道床(碎石/垫层) | | 300/200 | 300/200 | 250/200 | 250/200 |
| 有砟桥面上的碎石道床 | $v_{max}\leqslant 120$ km/h | 250 | | | |
| | $v_{max}>120$ km/h | 300 | | | |

3. 道床边坡坡度

道床边坡陡度应保证列车动力作用下线路的稳定。实践证明，边坡过陡时，在列车动力作用下，道砟普遍坍落，会引起线路方向和水平发生变化，甚至不能保证列车安全。因此，道床边坡坡度应按规定设置。参照《地铁工务维修规则》规定，道床顶面宽度及道床边坡坡度如表 1.9所示。

**表 1.9 道床顶面宽度及边坡坡度标准**

| 线路类别 | | 顶面宽度(m) | 曲线外侧道床加宽 | | 砟肩堆高(m) | 边坡坡度 |
|---|---|---|---|---|---|---|
| | | | 半径(m) | 加宽(m) | | |
| 正线 | 无缝线路 | 3.3 | >800 | 0.10 | 0.15 | 1∶1.75 |
| | | 3.3 | ⩽800 | 0.15 | 0.15 | 1∶1.75 |
| | 普通线路 | 3.0 | >800 | 0.10 | | 1∶1.75 |
| | | 3.0 | ⩽800 | 0.15 | | 1∶1.75 |
| 站线 | | 2.9 | | | | 1∶1.50 |

道床应保持饱满、均匀和整齐，并应根据道床不洁程度有计划地进行清筛，保持道床弹性和排水良好。道床应保持密实，防止轨枕空吊、道床翻浆。

### 1.4.5 道床病害及整治

1. 道床病害成因

1)道砟材质不良

未采用优质道砟，道砟强度低，耐磨性和抗冲击性、抗压碎性能差，而且磨损后呈粉末状，容易出现翻浆、板结等病害，对行车安全威胁极大。道砟在列车动载的反复作用下，颗粒间相互挤压、磨损，道砟棱角磨圆，丧失弹性。

2)道砟级配原因

道砟的片状和针状颗粒都会减小道床颗粒间的咬合力，从而减小道床的弹性和道床阻力。

3)路基基床翻浆病害引发道床病害

路基基床翻浆发生在非渗水性或弱渗水性填料填筑的路基地段。

(1)路基基床密实度不足。在列车长期动载作用下，道砟颗粒嵌入基床形成道砟囊，致使地表水无法排出，形成翻浆、积水等路基基床病害。由于道砟囊分布比较复杂，其深度和范围随着形成时间的延长而不断加深和扩大。

(2)维修作业不当。日常维修作业或中修清筛道床作业中，将路基基面的平顺度破坏或将原有的路拱破坏，导致基床表面坑洼不平或反坡，路基表面排水不畅。

(3)外物脏污影响。刮风下雨将空气中的沙尘流入道床，货物列车粉状物散落在道床肩部与边坡上，客车的垃圾及粪便落人道床，这些物质严重污染道床，会减小道床的渗水性和弹性，形成板结、翻浆等道床病害。

2. 道床病害防治

1)改善道床质量

(1)坚持正线道砟使用一级花岗岩或石英岩道砟，严格控制片状和针状颗粒含量，最大限度降低含污量，使道砟的材质和级配符合标准。

(2)适时安排中修，清筛不洁道床。

(3)结合维修，对边坡污染严重区段进行边坡清筛，改善道床的渗水性，预防积水、翻浆病害的发生。

2)整治基床病害，恢复基床的密实度和排水顺畅

(1)对基床病害的现状进行调查、分析，然后采取相应措施进行整治。

(2)对基床填料不良或基床密实度不足引起的翻浆病害应采取基床土换填，改善基床填料的土质条件，彻底恢复路拱，设足横向排水坡，确保基面排水顺畅，有条件时可用氯丁橡胶、橡胶排水板、土工布等新型材料封闭路基面，隔绝地表水对路基面的浸泡，避免因基床土含水量大而导致路基基床承载力不足引发的基床病害。

(3)对因路拱破坏而引起的基床排水不畅、翻浆、积水等病害，应采取在路基一侧或两侧设横向的渗沟，用卵石和粗砂作反滤层，在路堑地段还应加深侧沟，以保证横向渗沟流水能顺利排走。

(4)对道砟囊引起的道床病害应根据道砟囊的深度和路堤或路堑等条件采取不同措施。

(5)对道砟囊较浅的路堤地段或侧沟有条件加深的路堑地段，应采取设横向渗沟的办法，此方法对行车干扰小、成本低、难度小，便于实施。

3)加强标准化作业，避免在中修和维修作业中对原有路基的破坏

在线路中修中，尤其是在人工清筛中，一定要避免对原有路拱造成破坏。在维修作业边坡清筛和整理道床作业时，要注意保持路基面的平顺，确保路基面不积水，排水顺畅。

4)综合整治接头病害，避免引发道床病害，形成恶性循环

对伤损钢轨接头、低接头进行焊补打磨，严重的进行更换，采用高弹性的胶垫，对失效轨枕进行更换，对坍砟接头、翻浆进行清筛及路基综合整治措施，保持接头线路的平顺和轨枕、道床状态良好。

# 典型工作任务5 防爬设备认知

列车运行时,车轮作用于钢轨,不仅产生竖向力和横向力,还由于车轮的阻力及制动力等原因而产生纵向力。这些作用力由钢轨基础的抵抗力来克服。如果抵抗力小于作用力,钢轨就会纵向移动,扣件阻力大于道床阻力时,还会带动轨枕一起移动,这种移动叫轨道爬行。作用于钢轨上的纵向水平力称为爬行力。

## 1.5.1 线路爬行原因

钢轨在动荷载作用下的波浪形挠曲:钢轨受机车车辆动荷作用而发生挠曲时,钢轨断面发生转动,轨顶被缩短,轨底被拉长。若钢轨与轨枕联结不牢,在受到车辆轴重时,钢轨产生挠曲,车轮前钢轨断面的转动引起轨底在垫板上顺着行车方向而滑动,造成爬行。

(1)列车制动:机车车辆的制动,也在运行的方向上产生爬行力。列车减速、限速或停车、制动往往会产生一些车轮沿钢轨滑行现象,引起与列车运行方向一致的爬行。

(2)列车运行阻力:列车运行时,机车要克服许多阻力,如车轮滚动和滑动摩阻力、曲线运行附加阻力等,速度高、轴重大的地段,容易产生爬行。

(3)钢轨温度变化:钢轨在温度应力作用下,钢轨伸缩也能造成线路爬行。

(4)轨道几何状态不良:列车通过时会引起轨道弹跳,降低道床阻力,增加轮对阻力,产生爬行。

## 1.5.2 线路爬行危害

爬行是轨道被破坏的重要原因之一,它能引起轨枕位置歪斜、间距不正和轨缝不匀等现象,钢轨爬行时,往往带动一部分轨枕和接头轨枕一起移动。在这种情况下,将因夹板带动道钉而把轨枕拉裂,或使轨枕离开捣固坚实的道床面而位移,造成线路沉陷,产生低接头,而且其他枕木的位移也使线路几何尺寸发生变化。道岔上发生爬行,能影响尖轨的正确位置或使转辙器失去灵活性。

## 1.5.3 轨道防爬设备

为防止线路爬行,必须提高轨道抵抗纵向移动的阻力,防止线路爬行的措施是加强轨道,加强接头夹板的夹紧力和中间扣件的扣压力及道床的阻力等。在维修工作中,拧紧螺栓,打紧浮起道钉,加强对道床的捣固,对防止轨道爬行是非常必要的。同时采用以防爬器和防爬支撑组成的防爬设备来共同抵抗钢轨爬行,还可以安装轨距杆或轨撑。

1. 防爬器

我国目前广泛使用的是穿销式防爬器。这种防爬器每个可以承受 30 kN 的爬行力。防爬器是由带挡板的轨卡和穿销组成,如图 1.17 所示。

穿销式防爬器与轨枕之间设置木制承力板。承力板的面积应不小于防爬器挡板的面积,厚度为 50 mm,允许误差为±10 mm;混凝土枕地段承力板呈楔形,窄面厚度为 50 mm,允许误差为±10 mm。防爬器可以和防爬支撑同时使用。

2. 防爬支撑

为了充分发挥防爬器的作用,在线路上使用时,在 3~5 根轨枕之间安装防爬支撑,形成一个整体,组成一组防爬设备,共同抵抗线路爬行力,如图 1.18 所示。

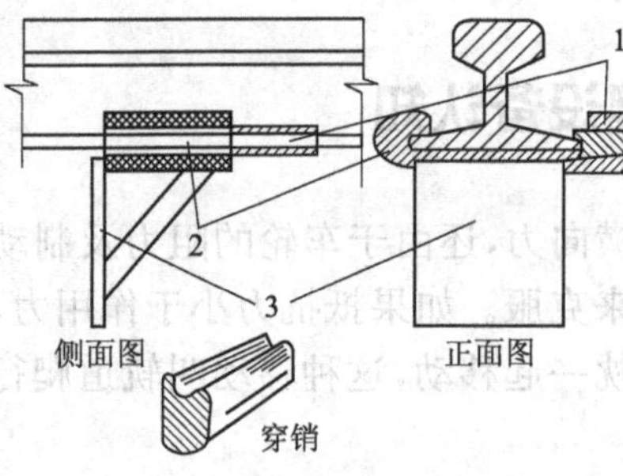


图 1.17　穿销式防爬器

1—穿销；2—轨卡；3—挡板

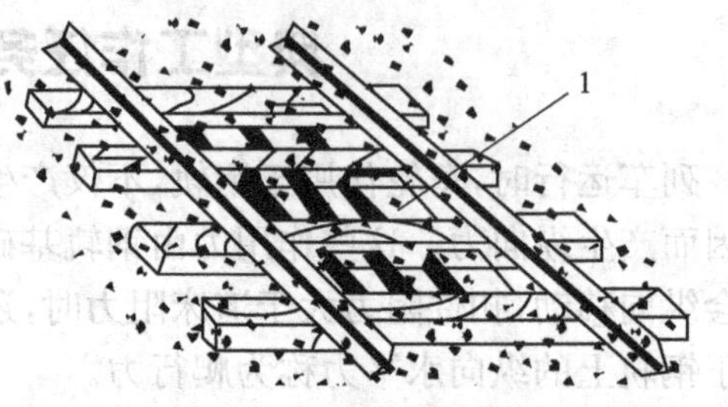


图 1.18　防爬设备安装图

1—防相支撑

防爬支撑可用木质、石料或钢筋混凝土等制造。防爬支撑断面积一般不小于 120 $cm^2$，安装时防爬器与轨枕之间应设承力板。混凝土枕地段安装防爬支撑时，如用混凝土或石料支撑，应在两端加楔形垫木，垫木斜面与混凝土枕坡面一致；如用木料支撑，应按轨枕间距与其斜坡面锯制。

3. 轨距杆和轨撑

曲线地段受列车横向力作用，钢轨会发生横移式向外倾斜，导致轨距扩大。为保证曲线轨道稳定，可以安装一定数量的轨距杆和轨撑。

除采用上述防爬措施外，现场有时也采用地锚拉杆的方法来加强线路防爬。

### 1.5.4　防爬设备安装规定及防爬措施

1. 安装规定

(1)曲线地段应按下列条件安装轨距杆或轨撑：

①铺设木枕时，正线半径为 800 m 及以下和站线半径为 450 m 及以下的曲线，按表 1.10 的规定安装。

半径为 350 m 及以下的曲线和道岔导曲线，可根据需要同时安装轨距杆和轨撑。

**表 1.10　轨距杆或轨撑安装数量**

| 曲线半径(m) | 轨距杆(根) | | 轨 撑(对) | |
|---|---|---|---|---|
| | 25 m 钢轨 | 12.5 m 钢轨 | 25 m 钢轨 | 12.5 m 钢轨 |
| $R<350$ | 10 | 5 | 14 | 7 |
| $350<R\leqslant450$ | 10 | 5 | 10 | 5 |
| $450<R\leqslant600$ | 6～10 | 3～5 | 6～10 | 3～5 |
| $600<R<800$ | 根据需要安装 | | | |

②铺设混凝土枕时，在行驶电力机车区段半径为 600 m 及以下的曲线，其他区段半径为 350 m 及以下的曲线可根据需要比照表 1.11 安装，或采用保持轨距能力较强的弹性扣件。设有轨道电路的线路安装轨距杆时，应使用绝缘轨距杆。

铺设木枕采用道钉联结的线路、道岔，防爬器安装数量和方式如表 1.11 和表 1.12 所示。正线、到发线上的道岔、绝缘接头、桥梁前后各 75 m 地段及驼峰线路，应增加防爬设备数量。其他站线的线路、道岔，应根据爬行情况，适当安装防爬设备。

表1.11　正线防爬设备安装数量和方式

| 线路及运营特征 | 安装方向 | 非制动地段(对) | | 制动地段(对) | |
|---|---|---|---|---|---|
| | | 25 m钢轨 | 12.5 m钢轨 | 25 m钢轨 | 12.5 m钢轨 |
| 复线单方向运行线路 | 顺向/逆向 | 6/2 | 3/1 | 8/2 | 4/1 |
| 单线两方向运量接近 | 顺向/逆向 | 4/4 | 2/2 | 6/4 | 3/2 |
| 单线两方向运量显著不同 | 运量大/运量小 | 6/2 | 3/1 | 8/2 | 4/1 |
| | 运量小/运量大 | — | — | 4/6 | 2/3 |

注:①表中分子表示制动方向安装对数,分母表示另一方向安装对数。

②到发线比照正线处理。

③非标准长度钢轨,可比照本表安装。

表1.12　正线道岔防爬器安装数量和方式

| 安装位置 | 安装方向 | 9号道岔(对) | | 12号道岔(对) | | 18号道岔(对) | |
|---|---|---|---|---|---|---|---|
| | | 单线 | 双线 | 单线 | 双线 | 单线 | 双线 |
| 尖轨跟后 | 正方向/反方向 | 4/4 | 4/4 | 6/6 | 8/4 | 6/6 | 6/6 |
| 中间部分 | 正方向/反方向 | — | — | — | — | 4/4 | 6/2 |
| 辙叉趾前 | 正方向/反方向 | 4/4 | 6/2 | 4/4 | 6/2 | 6/6 | 8/4 |

注:①到发线道岔比照正线道岔办理。

②其他型号道岔,可比照上表安装。

采用分开式扣件的木枕线路道岔,如无爬行时,可不安装防爬设备。铺设混凝土枕的线路、道岔,使用弹条扣件时,可不安装防爬设备。使用其他扣件时,对线路坡度大于6‰地段、制动地段、驼峰线路和正线、到发线上的道岔、绝缘接头、桥梁(明桥面)前后各75 m地段,可按具体情况适当安装防爬设备。在碎石道床地段,每组防爬设备的组成:单方向锁定为1对防爬器和3对支撑;双方向锁定为2对防爬器和3对支撑。

防爬设备应安装在钢轨中部,接头附近两根轨枕不宜安装。防爬支撑一般安装在钢轨底下,也可安装在与轨底边净距不小于350 mm的道心内。

2. 爬行观测桩的设置

普通线路正线(不含站内)应设置爬行观测桩。有防爬设备地段每0.5 km设置1对;无防爬设备地段每1 km设置1对。爬行观测桩应埋设牢固,标记清楚,便于检查,经常保持状态良好。

有固定建筑物可利用时,亦可在建筑物上设置观测标记。

线路爬行量大于20 mm时应及时整正。

### 1.5.5　轨道加强设备的伤损标准

轨道加强设备应保持数量齐全,作用良好,缺少时应有计划地补充。防爬设备的安装数量和方式与线路锁定要求不相适应时,应及时调整。

轨道加强设备伤损达到下列标准,应有计划地修理或更换:

(1)轨距杆折断或丝扣损坏,螺帽、垫圈、铁卡损坏或作用不良。

(2)轨撑损坏或作用不良。

(3)防爬器折损,穿销不紧或作用不良。

(4)防爬支撑断面小于 110 $cm^2$，损坏、腐朽或作用不良。

### 1.5.6 线路爬行病害产生的原因及整治方法

1. 线路爬行病害

(1)连续多处挤瞎轨缝能发生胀轨跑道，拉大轨缝能造成钢轨、夹板、螺栓伤损或拉断螺栓，爬行易产生和加剧钢轨接头病害；

(2)拉斜轨枕造成轨距、轨向不良，扣件(道钉)和轨枕损坏；

(3)捣固质量不能保持，轨枕吊板增多，产生和加大轨面坑洼；

(4)在道岔上会影响尖轨与基本轨靠贴或尖轨的扳动，甚至涉及联锁装置；

(5)在桥上会带动桥枕，扩大桥枕间距，甚至会带动钢梁并涉及支座和墩台。

线路爬行是线路的主要病害，对轨道结构的整体和稳定性起破坏作用，因此，必须从设备上采取措施防止爬行。

2. 预防线路爬行的措施

及时补充、更换缺少和损坏的防爬设备，打紧失效的防爬器，整修失效的防爬支撑，切实发挥防爬设备的作用。对于已安防爬设备仍不能锁定线路处，应增加防爬设备的数量。

及时调整轨缝，按规定拧紧接头螺栓和轨枕扣件螺栓，打紧浮起道钉，对损坏的螺栓道钉和扣件及时更换和整修。

线路维修时应做好捣固和回填作业，保持轨枕盒内道砟丰满并夯实，整好大平，保持线路平顺。

及时整治接头病害，减少列车对钢轨的冲击力。

3. 预防道岔爬行的措施

道岔爬行是引起枕木偏斜、轨缝不均、螺栓拉弯等病害的主要因素之一。因此，必须及时更换、补充失效和缺少的防爬设备，拧紧螺栓，消灭浮离道钉，使各部分联结零件经常处于良好状态。对主要道岔和绝缘接头前后 75 m 加强锁定，预防道岔爬行，同时应对道岔采用加强措施。

先对单侧进路，曲线通过的方向易变的道岔转辙部分，使用钢轨桩式的可调防横移桩。从尖轨尖端后第四根岔枕开始，每隔两根岔枕埋设有基础的钢轨桩一根，可以调节，便于作业。

采用绝缘可调式螺杆控制转辙部轨距，尖轨尖端处、尖轨中部、尖轨根端处各一根。

导曲线部分，改装 70 型扣板，用弹条 Ⅰ 型和 K 型分开式扣件加固板代替道钉联结，以增加轨道框架刚度，防止导曲线横向移动，控制道岔纵爬、横移。

导曲线部分支距点，用连二加固板或利用短轨距杆加固，有效地控制导曲线支距的变化。

辙叉部分，安装叉心压板和防横移绝缘螺栓杆。压板是比照混凝土枕尺寸，用扣板控制叉心，每个叉心安装 6 个，自叉心 40 mm 断面处开始，前后每隔两根枕木用木螺旋道钉固定，用扣板调整。绝缘螺栓杆是可调试的，每组道岔安装两根，直股一根，曲股一根，安装在叉心 40 mm断面处，这两种加固形式都是控制查照间隔、防止叉心横移的。

全面或重点安设弹性垫层，一般采用厚度为 10 mm 左右的胶垫。

改善道岔道床状态，对正线、到发线道岔，在维修时坚持清筛道床和清土作业，必要时在岔枕空内换填 20～40 mm 优质小石砟。

整体防爬锁定，正线、到发线道岔，包括前后 25 m 线路，全部采用连排锁定。

绝缘接头处更换高强绝缘螺栓及配件代替普通螺栓。

## 知识拓展

联结部件分接头联结部件与中间联结部件。接头联结部件有钢轨夹板和螺栓等，用于钢轨与钢轨的可靠联结，保持钢轨的连续性与整体性；中间联结部件又称扣件，是联结钢轨和轨枕的部件，其作用是固定钢轨位置，阻止钢轨纵、横向移动，防止钢轨翻转，确保轨距正常，并在机车车辆的动力作用下，发挥一定的缓冲减振性能，延缓线路残余变形的累积。

轨道加强设备主要有防爬设备、轨距杆、轨撑等，主要用于木枕线路。防爬设备能有效地防止钢轨与轨枕间发生相对的纵向位移，增加线路抵抗钢轨纵向爬行的能力；在线路曲线上安装轨撑和轨距杆，可提高钢轨横向稳定性，防止轨距扩大。

## 项目小结

在学习本项目时应重点掌握轨道各组成部分，判断各部分是否失效以及如何进行更换，能熟练、准确拆卸和安装，能熟练应用所学知识在工程实践中，根据不同的城市轨道交通线路进行安装与维护。

## 复习思考题

1. 钢轨断面由哪几部分组成？确定钢轨断面的主要因素是什么？

2. 钢轨类型怎样表示，目前我国地铁线路标准钢轨类型有哪几种？标准长度有几种？各是多少？标准缩短轨有几种、缩短量各是多少？

3. 钢轨的五种主要化学成分（碳、锰、硅、磷、硫）对钢轨材质有哪些影响？

4. 钢轨接头由哪些扣件组成？功用是什么？联结形式有哪几种？

5. 对钢轨接头螺栓有什么要求？螺栓扭矩的标准是多少？

6. 钢轨伤损的原因和决定钢轨使用寿命的主要因素有哪些？

7. 混凝土轨枕的优缺点及确定结构外形尺寸的原则是什么？

8. 中间扣件设计原则是什么？

9. 扣件应满足哪几方面的性能？

10. 地铁线路扣件的种类主要有哪些？

11. 轻轨线路常用扣件的种类有哪些？

12. 道床横断面有哪三个主要特征及其有关规定？

13. 轨道爬行的原因、危害及防止措施？

14. 防爬设备安装有什么规定？如何布置防爬设备？

# 项目2 无砟轨道组成

## 项目描述

无砟轨道组成是城市轨道交通主要结构形式。本项目主要介绍无砟轨道连接部件、接触轨、无砟轨道结构形式、轨道几何形位等知识。通过该项目的学习，掌握城市轨道交通无砟连接部件的结构组成以及适用范围；接触轨的形式以及主要组成；无砟轨道结构类型以及适用范围；轨道几何形位认知等知识，能够对城市轨道交通无砟轨道组成有深刻的认知。

## 拟实现的教学目标

1. 能力目标

(1)能根据城市轨道交通结构形式选择合理的无砟轨道连接部件；

(2)能根据不同的工程环境选择合理的接触轨形式；

(3)能正确认知轨道几何形位。

2. 知识目标

(1)掌握无砟轨道连接部件组成、作用及适用范围；

(2)了解接触轨的形式以及主要组成；

(3)掌握无砟轨道结构类型以及适用范围；

(4)掌握轨道几何形位要素。

3. 素质目标

(1)具有良好的职业道德，勤奋学习，勇于进取；

(2)具有科学严谨的工作作风；

(3)具有较强的身体素质和良好的心理素质。

近几年城市轨道交通在我国发展迅速，在大城市公共交通中日益显现出它的骨干作用，但同时也不可避免地给城市环境带来诸如噪声、振动、电磁辐射、景观以及日照等负面影响，其中以运营期的噪声、振动影响尤为突出。过量的噪声和振动将严重影响人们的正常工作、休息，损害身心健康、降低工作效率，同时将引起受振物体的疲劳损坏，降低使用寿命。因此，在当前大规模修建轨道交通的形势下，选择技术可行、经济合理、对环境影响小的轨道结构，将直接关系到今后沿线的环境质量及综合开发效益。

从城市轨道交通运营的特征来看，有砟轨道具有养护维修量大的缺点，同时在隧道内维修工作条件极差。而无砟轨道结构与有砟轨道结构相比，具有稳定性、平顺性、刚度均匀性好，维修工作量少、简洁易清洗等优点。

# 典型工作任务 1　无砟轨道联结零件认知

在项目 1 中我们介绍了有砟轨道联结零件，本项目不再介绍，这里结合城市轨道交通无砟轨道结构形式主要介绍适用于城市轨道交通无砟轨道扣件形式。城市轨道交通无砟轨道扣件是钢轨与轨枕或其他轨下基础连接的重要联结件，它的作用是固定钢轨，阻止钢轨纵向和横向位移，防止钢轨倾斜，并能提供适当的弹性，将钢轨承受的力传递给轨枕或道床承轨台。扣件由钢轨扣压件和轨下垫层两部分组成。

## 2.1.1　扣件的主要性能

1. 有足够的强度和耐久性

城市轨道交通运营时间长、行车密度高、维修条件差，要求钢轨扣件必须具有足够的强度和耐久性，以确保行车安全。

2. 有一定的轨距和水平调整性能

城市轨道交通多采用整体道床结构，线路曲线半径小，钢轨存在磨耗。这就要求扣件应具有一定的轨距、水平调整性能，以解决曲线钢轨磨耗和结构的不均匀沉降及施工误差所造成的轨距、钢轨水平超限。

3. 有良好的绝缘性能

城市轨道交通一般均利用走行轨作为回流轨，这就要求扣件必须具备良好的绝缘性能，防止电流通过扣件泄漏，造成结构钢筋和市政管线的电腐蚀。

4. 有良好的减振弹性

城市轨道交通穿行于居民区内，对减振降噪的环保要求很高，钢轨扣件必须具有良好的减振性能，衰减轨道振动，降低噪声传播。

5. 有良好的减振弹性

扣件结构应力求简单，零部件少，具有一定的通用互换性，造价低，施工和维修方便。

## 2.1.2　扣件的主要设计参数

城市轨道交通钢轨扣件的设计参数必须考虑其相关工程的情况：线路敷设方式、线路技术参数、行车速度、车辆轴重及钢轨类型等。扣件的主要设计参数包括：扣压力、防爬阻力、节点刚度、耐疲劳性能、轨距及水平调整量、绝缘性能等。

1. 扣压力及防爬阻力

扣件的扣压力和防爬阻力是一对共生参数，静态防爬阻力等于扣压力乘以综合摩擦系数。扣件的扣压力的大小是确保钢轨稳定的关键，它与车辆的轴重、速度及是否采用无缝线路及轨下垫层的性能有关。当车辆轴重大、速度较高，采用一般线路时，要求钢轨扣件的扣压力就大；轴重轻、速度低，采用无缝线路时，扣压力可以小一些。扣压力的大小应保证在扣件的使用周期里，当列车制动时，钢轨不发生永久性位移。对于城市轻轨，一般轴重低于 160 kN，速度不超过 100 km/h，故对扣件扣压力的要求不是很高，理论计算及实践证明，单一扣压件的扣压力在 6～8 kN 是可以满足要求的。值得注意的是：过大的扣压力并不是有利的，这将导致轨下弹性垫层的初始压缩量增大，损失减振弹性。

2. 扣件节点刚度

扣件的节点刚度是考查扣件弹性的指标，包括静刚度值、动刚度值及动静比，均需通过室内试验确定。扣件垂向静刚度值是取扣件压缩变形曲线某一段的割线斜率来确定的，一般 20～40 kN/mm 比较合适；动刚度值是扣件的重要指标，表明扣件在动荷载作用下的弹性，即减振性能；设计扣件动静比应控制在 1.4 以下。

3. 轨距及水平调整性能

考虑城市景观及运营维修的方便，城市轨道交通地下线、高架线多采用整体道床，在施工、运营中结构均会有施工误差，产生不均匀的沉降。同时，也会因轮轨互相作用使轨距及钢轨水平发生变化而超限。

轨距调整量主要是解决施工误差和钢轨侧磨而致轨距超限的问题，故要求负的调整量要大。考虑城市轨道交通工务大修周期长，日常维修条件差，要求扣件的轨距调整量比国铁的大，整体道床扣件轨距调整量一般可设计为＋8、－12 mm。

结构的沉降绝大部分是在结构设计时考虑并采取措施，但小量的变化仍需钢轨扣件来调整。就目前的结构及轨道施工技术，对地下线要求钢轨扣件有 20～30 mm 的水平调整量。水平调整量的大小与地质情况密切相关，在不良地质条件下，需要扣件有大的水平调整量。对于高架线，要求钢轨扣件有 30～40 m 水平调整量，主要解决由于相邻桥墩的沉降差落值及梁的收缩徐变而引起的梁面上拱。

4. 绝缘性能

城市轨道交通对钢轨扣件的绝缘性能要求很高，一方面是走行轨作为供电回流轨的要求，另一方面是移动闭塞信号的要求。扣件绝缘性能不好，长此以往，除导致大量电流泄漏、浪费电能外，还会因杂散电流而腐蚀结构钢筋和市政管线。

在城市轨道设计中，供电、信号等专业对钢轨扣件的绝缘性能都会提出具体要求。就目前的材料技术，达到这些要求是完全可行的。通常扣件中的单个绝缘部件常态绝缘电阻均可以达到 $10^8$ Ω 以上，能满足对扣件的绝缘要求。

5. 耐久性能

扣件的耐久性是通过疲劳试验来验证的，疲劳试验能验证扣件抵抗重复荷载的性能，我国通常是取小半径曲线上的扣件所受的最大荷载来进行试验的。设计扣件时，要依据地铁实测小半径 200 m 曲线地段扣件所受的力，并参照国内外同类扣件的设计荷载。要求组装扣件疲劳荷载一般取竖向 50 kN，横向 30 kN，能承受 300 万次疲劳荷载的循环试验，各部件不损坏。

### 2.1.3　城市轨道交通主要扣件结构形式

城市轨道交通钢轨扣件从结构形式上大致分为两种：一种是带铁垫板的弹性分开式扣件，用于整体道床和地面线木枕碎石道床，另一种是不带铁垫板的弹性不分开式扣件，用于地面线和高架线混凝土枕碎石道床，一般采用国铁扣件。从扣压件形式上分也有两种：一种是有螺栓的弹条扣件，用于高架线、地面线和地下线的整体道床，可以根据无缝线路对扣件扣压力的要求适时调整；另一种是无螺栓弹条扣件，多用于地下线整体道床和地面线碎石道床。

1. 地铁线路扣件

我国地铁线路使用的扣件为 DT 系列，其中主要有 DTⅠ、DTⅡ、DTⅢ、DTⅣ、DTⅥ、DTⅥ2 型和 DTⅦ、DTⅧ2 等型号。

(1)DTⅠ型扣件

这种扣件为全弹性分开式，如图 2.1 所示。扣压件为弹性扣板，扣压力较强，用轨距块调整轨距，原为四边形，调量＋4 mm、－8 mm，个别调量不够，北京地铁二期工程现为六边形，其调量为＋8 mm、－12 mm，高低调量为－5 mm，＋10 mm。轨下设一层 10 mm 厚的沟槽形橡胶垫板，铁垫板下设一层 8 mm 厚塑料垫板，主要起绝缘作用。扣件与轨枕连接，采取在轨枕内预埋玻璃钢套管，螺栓道钉可拧进取出，使用方便。北京地铁一、二期工程采用了 DTⅠ型扣件，经过多年试铺使用和运营实践，扣件状态良好。

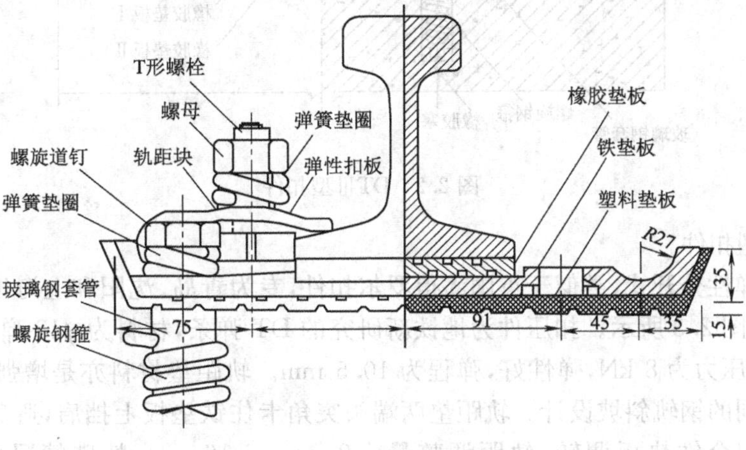


图 2.1　DTⅠ型扣件(单位:mm)

(2)DTⅢ、DTⅣ型扣件

这两种扣件均为全弹性分开式，二阶减振，结构形式相同，如图 2.2 所示。DTⅢ、DTⅣ型分别用于 60 kg/m、50 kg/m 的钢轨，适用于整体道床一般减振地段。主零部件为：

①压件。采用地面铁路重型的 ω 弹条，材料为 60Si2Mn 和 55Si2Mn，弹性好扣压力大。

②轨距垫。材料为增强聚酰胺 6，不仅可以调整轨距，还能起到绝缘隔振作用，多一道阻挡迷流电荷的防线。当受列车振动，为了防止轨距垫纵向串动，轨距垫卧进铁垫板挡肩内。

③铁垫板。材料为 KTH350-10，一般规格为 328 mm×170 mm×18 mm，铁垫板上梅花孔使 T 形螺栓旋转 90°定位后，垂直于钢轨，避免前后滑动。设置铁垫板能增强扣件保持轨距的能力，改善轨枕受力状态，延长扣件和轨枕的使用年限，又能增加扣件高低调整量。

④橡胶垫板。设置橡胶垫板可以减缓列车对轨下基础的冲击，弥补刚性道床的弹性不足，从而减少振动和噪声，又能起到绝缘的作用。

⑤螺旋道钉。材料为 Q235、M24 梯形螺纹，其长度应使玻璃钢套管下部空 5～8 mm，以避免进入少量杂质而影响拧紧程度。

⑥玻璃钢套管。材料为酚醛树脂，外径 $\phi$39.5，距套管顶部 20 mm 处开始设螺纹，能增加螺旋道钉抗横向力强度。

DTⅢ、DTⅣ型扣件静刚度较小，为 210 kN/cm 左右，弹性较好。减振对比试验较 DTⅠ型扣件，加速度传递函数值减少 5～10 dB。北京地铁复八线复兴门至西单段铺设 DTⅣ型扣件；上海地铁 1 号线一般减振地段铺设了 DTⅢ型扣件，运行后使用情况良好。

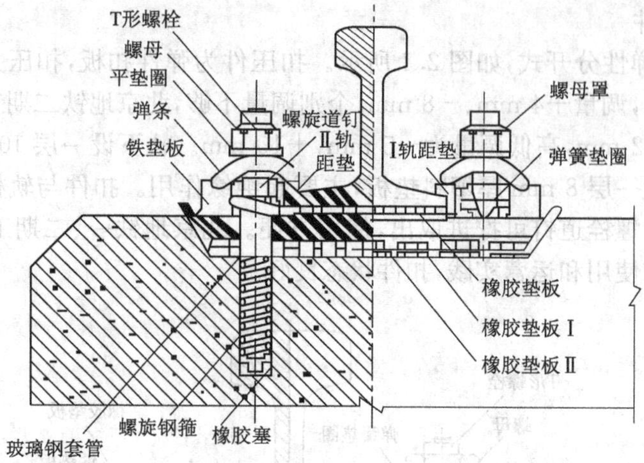


图 2.2　DTⅢ型扣件

(3)DTⅥ型扣件

扣件为全弹性分开式，类似于英国潘得罗尔扣件，专为青岛、沈阳和上海地铁 2 号线轨道铺设研制的，如图 2.3 所示。扣压件为地铁新研究的 DT 弹条，材料为 $\phi$18 弹簧钢，扣压力较强，单个弹条扣压力为 8 kN，弹性好，弹程为 10.5 mm。轨距垫材料亦是增强聚酰氨 6，扣压钢轨斜坡按不同的钢轨斜坡设计。轨距垫两端头突角卡住铁垫板上挡肩，避免纵向串动。设有 4 个号码，配合铁垫板调转，轨距调整量＋8 mm、－16 mm，特殊情况可调＋14 mm、－22 mm。橡胶垫板，在轨下和铁垫板下分别设一层厚 10 mm 和 16 mm 的圆柱形粒子。做减振对比试验，相当于两层 10 mm 厚橡胶垫板的减振效果。

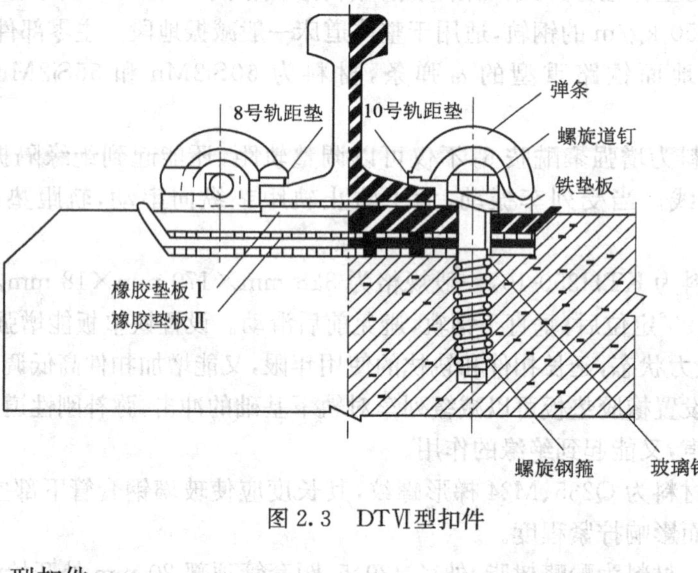


图 2.3　DTⅥ型扣件

(4)DTⅥ2 型扣件

为二阶弹性分开式扣件如图 2.4 所示，无挡肩，无 T 形螺栓，带铁垫板。弹条为 18“e”型，弹条扣压力为 8 kN，弹程 10.5 mm，调高量 30 mm，轨距调整量为＋8、－12 mm 节点静刚度 20～40 kN/mm，刚度与 DTⅢ相同，扣件用 T30 螺旋道钉及尼龙套管与轨枕联结，e 型弹条直接穿入铁垫板的铁座内。扣件的主要优点是结构简单，无“T”形螺栓，零部件少，造价低，有利于制造，安装和维修，为少维修型扣件。无挡肩型使扣件的轨距和高度的调整能力增强，调整储备量增大，能满足地铁最不利情况下使用要求。缺点是 e 型弹条经长期运营后会发生小量松弛，使扣压力有所降低。该扣件已在北京地铁及天津地铁大量应用，经现场通车观测，扣件性能和减振效果良好，适用于地下线。

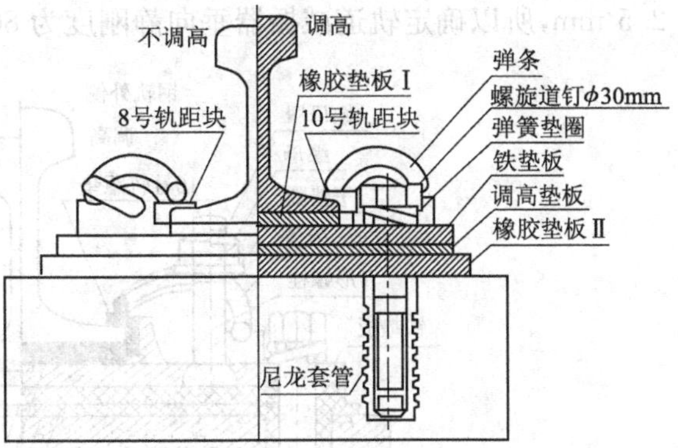


图 2.4　DTⅥ 2 型扣件

(5)DTⅦ型扣件

为半弹性分开式，如图 2.5 所示。该扣件专为伊朗德黑兰地铁研究设计的，适用于 54 kg/m钢轨和整体式道床，一般减振地段。轨距垫等材料同 DTⅥ型。

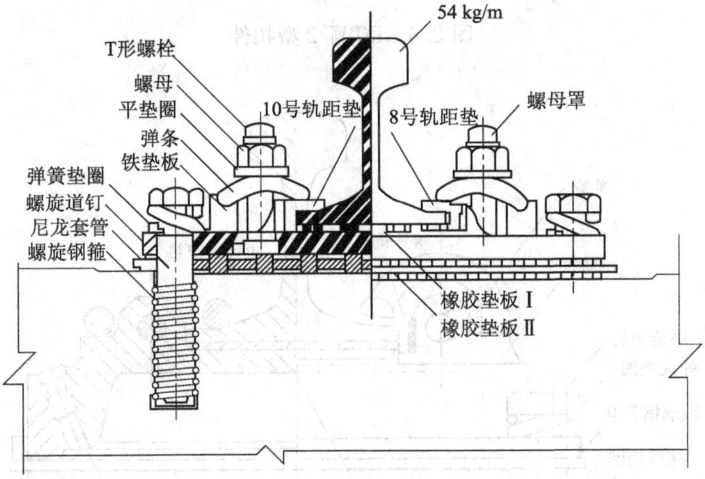


图 2.5　DTⅦ型扣件

(6)DTⅦ 2 型扣件

该扣件为小阻力弹性分开式，如图 2.6 所示为 DTⅦ 型扣件的改进型，无挡肩，适用于轨道交通高架线路。扣压件为 13 mm 的 $\omega$ 型弹条，通过预埋套管与轨枕连接，螺旋道钉采用 M30，采用绝缘轨距块调整轨距。铁垫板下采用 8 mm 厚的橡胶垫板，铁垫板下采用 12 mm 厚微孔胶垫，梁端部分的轨下采用不锈钢板或复合橡胶板。轨距调整量为＋8、－12 mm，高低调整量 30 mm。该扣件在北京、天津地铁和上海地铁 2 号线东延伸段高架线路上使用，是一种技术成熟的扣件。

(7)轨道减震器扣件

为了降低地铁和轻轨交通的振动和噪声，减少对附近居民的影响，研究出轨道减振器扣件。该扣件为全弹性分开式、三阶减振，适合于枕式整体道床，较高减振地段，如图 2.7 所示。轨道减振器是国内轨道减振的新形式，能有效地减少振动与噪声。根据减振原理，结合轨道交通特点，确定外形为椭圆形。减振器的刚度 $k$ 越小，由钢轨到结构底板的振动传递率也越小。但 $k$ 值过小，会影响轨道的稳定性和列车安全运行。另外，橡胶反复变形过大，也容易疲劳老化。根据北京地铁实测资料，轨下支承点所受的动载，平均最大值为 32 kN，考虑垂直变形

2.5 mm，所以确定轨道减振器垂向静刚度为 80 kN/cm。

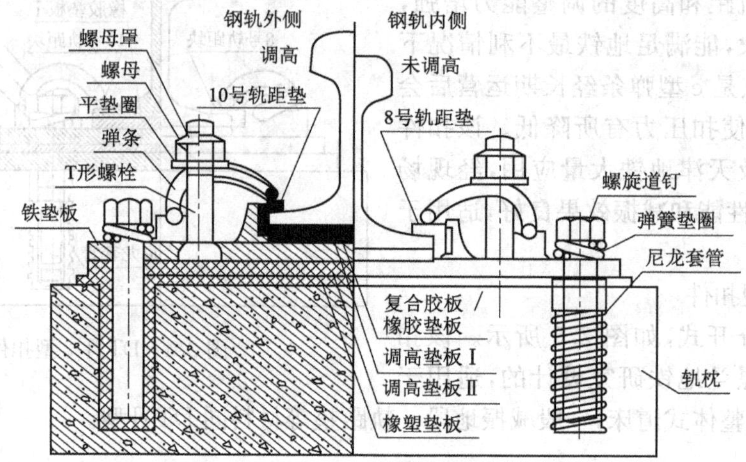


图 2.6　DTⅦ 2 型扣件

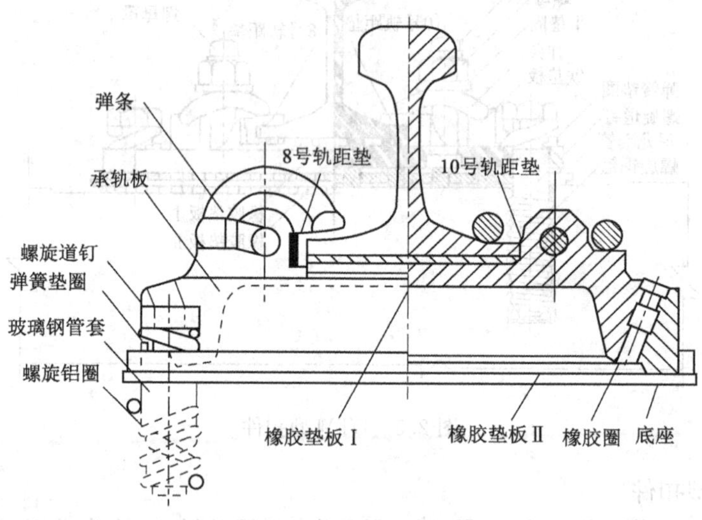


图 2.7　轨道减震器扣件

(8) Ⅰ型轨道减振器扣件

适用于 60 kg/m 钢轨，减振要求较高地段短轨枕式整体道床。13 号线高架车站及地面车站轨道采用了这种扣件。2003 年底通车的八一通线高架车站也将采用这种扣件。

Ⅰ型轨道减振器扣件是无挡肩弹性分开式扣件，如图 2.8 所示。它是由 ω 型弹条、T 形螺栓、轨道减振器、轨距垫、橡胶垫板及螺纹道钉等组成。扣压件采用国铁通用件 ω 弹条(B 型)，当螺母扭矩为 100 N · m 时，钢轨两侧弹条对钢轨的初始扣压力为 15 kN，当扭矩150 N · m 时，初始扣压力为 27.5 kN。扣件节点垂直静刚度 10～15 kNmm，横向静刚度为 20～25 kN/mm。扣件抗横向疲劳荷载 40 kN，荷载循环 300 万次。轨距垫用以调整轨距，又能起到隔振和绝缘作用，轨距垫共有 4 个号码，利用钢轨两侧不同规格的轨距垫及采用铁垫板倒边使用来调整轨距，轨距调整量为＋8、－12 mm。橡胶垫板：在轨下设一层，厚 12 mm，在轨道减振器下设一层，厚 8 mm，均为沟槽形结构。水平调整量一般为＋10 mm。

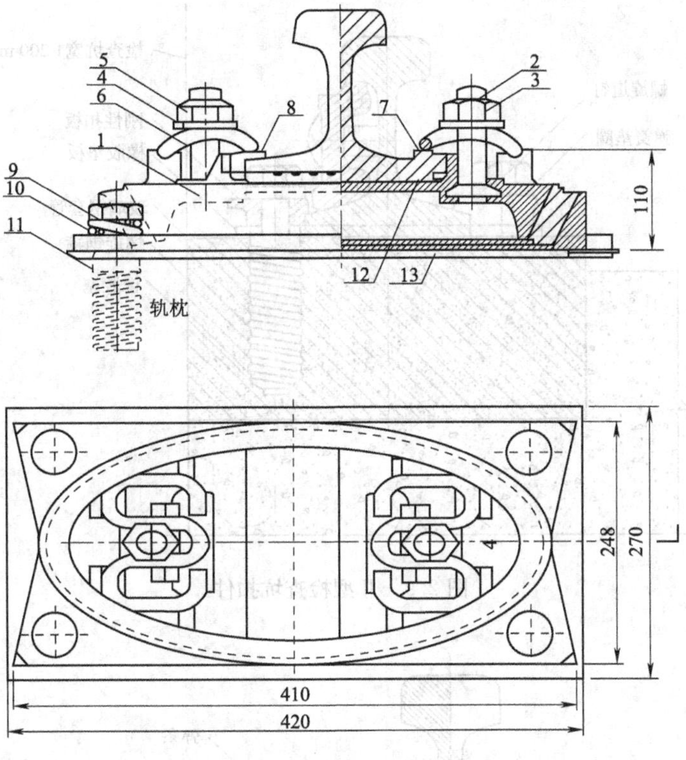


图 2.8　Ⅰ型轨道减振器扣件(单位:mm)

1—轨道减振器;2—T形螺栓;3—螺母;4—平垫圈;5—螺母罩;6—B型弹条;7—8号轨距垫;8—10号轨距垫;9—螺旋道钉;10—弹簧垫圈;11—玻璃钢套圈;12—橡胶垫板;13—橡胶垫板

轨道减振器的承轨板、底座与橡胶圈硫化为一整体,橡胶圈受剪,橡胶圈抗拉力大于150 kN。预埋在混凝土短轨枕中的预埋件玻璃钢套管抗拔力大于60 kN。用螺旋道钉将轨道减振器与短轨枕(预埋玻璃钢套管)连接,用T形螺栓和ω弹条将钢轨与轨道减振器连接,安装ω弹条时,螺母扭矩宜控制在100～120 N·m。

(9)检查坑扣件

检查坑宽1 200 mm,要求扣件较短,一般均为无挡肩式半弹性扣件,分为Ⅰ型、Ⅱ型和Ⅲ型三种检查坑扣件。

①Ⅰ型检查坑扣件

为半弹性不分开式,铁垫板焊在预埋于承轨台内的角钢上,轨下设绝缘层。用螺栓和扣板固定钢轨,保持轨距能力强。因扣件结构复杂,零件较多,不能调整轨距,要求安装扣件现场焊接,承轨台面施工精度不宜保证等缺点,逐步为Ⅱ型、Ⅲ型检查坑扣件替代。

②Ⅱ型检查坑扣件

这种扣件为弹性不分开式,如图2.9所示。北京地铁一期工程太平湖车辆段和古城车辆段扩建,铺设了这种扣件,扣压件为中间和接头两用的刚性扣板,短的扣压端用于接头。可少量调整轨距,与短轨枕联结的方式亦采用预埋玻璃钢套管。扣件结构简单,零部件少,造价低,施工维修方便,经过十几年运营使用状态良好。

③Ⅲ型检查坑扣件

这种扣件为半弹性分开式,见图2.10所示。它与Ⅵ型扣件基本相同,也取消弹条上的螺栓。上海地铁2号线采用Ⅲ型检查坑扣件。

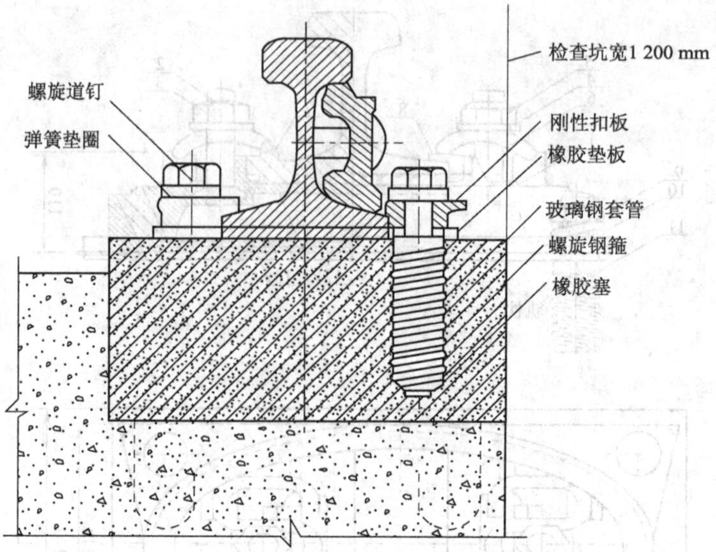


图 2.9　Ⅱ型检查坑扣件

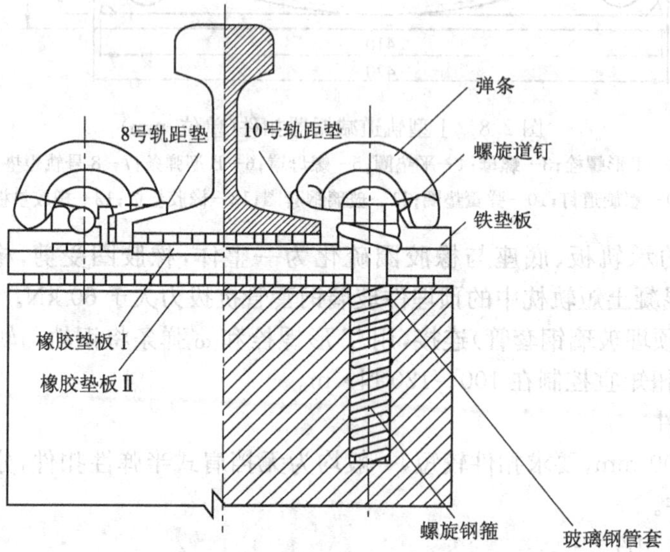


图 2.10　Ⅲ型检查坑扣件

2. 轻轨线路常用扣件

(1)轻轨Ⅰ型扣件

如图 2.11 所示。通过 B 形弹条和 T 形螺栓等紧固钢轨，绝缘轨距块兼作绝缘和调整轨距之用。轻轨Ⅰ型扣件结构简单、使用安装方便，通用性好，而且造价较低。其主要技术性能如下：

①抗横向力≥400 N；

②轨顶标高调整量 10 mm；轨距调整量：有备件时为－8～＋4 mm，无备件时－4～0 mm。在进行扣件设计和研制时，分别对车辆轨道荷载下产生横向力、垂直力、钢轨倾翻力矩、绝缘轨距块、T 形螺栓的锚固力进行了理论分析和计算。用于有砟轨道静刚度为 50 kN/mm，动刚度

为静刚度的 1.5 倍；用于无砟轨道的静刚度为 20 kN/mm，动刚度为静刚度的 1.5 倍。

(2)轻轨Ⅱ型扣件

如图 2.12 所示，轻轨Ⅱ型是类似"科隆蛋"的高效能减振扣件。该扣件上下铁垫板用硫化橡胶联成整体，在荷载作用下，橡胶以承受剪力为主，产生较大的剪切变形，因而弹性较好，硫化橡胶既减振又起绝缘作用，具有良好的绝缘性能。另一个突出的特点是：扣件承受垂直荷载时，轨下衬垫(用塑料制作)压缩变形小，扣压钢轨的部件不容易松弛。试验表明轻轨Ⅱ型扣件各项技术性能都优于轻轨Ⅰ型，但由于构造较复杂，造价高，除非环境要求极高的地段，一般不轻易使用。它的主要技术指标为：

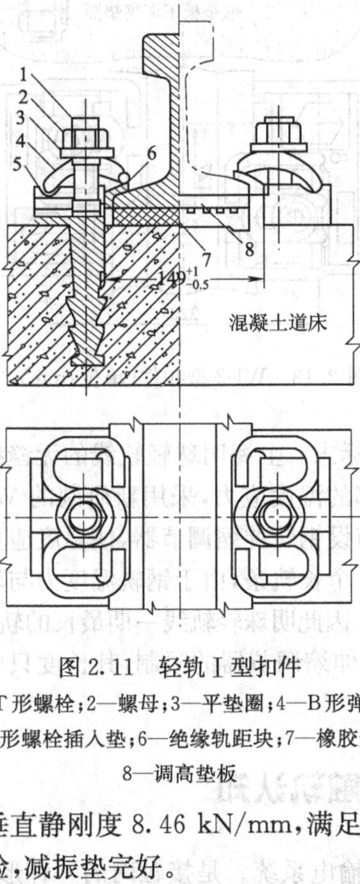


图 2.11 轻轨Ⅰ型扣件

1—T 形螺栓；2—螺母；3—平垫圈；4—B 形弹条；5—T 形螺栓插入垫；6—绝缘轨距块；7—橡胶垫板；8—调高垫板

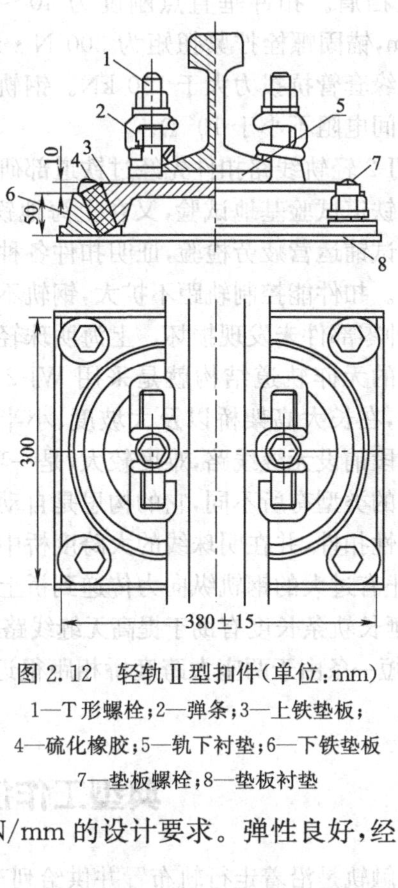


图 2.12 轻轨Ⅱ型扣件(单位：mm)

1—T 形螺栓；2—弹条；3—上铁垫板；4—硫化橡胶；5—轨下衬垫；6—下铁垫板；7—垫板螺栓；8—垫板衬垫

①垂直静刚度 8.46 kN/mm，满足不大于 10 kN/mm 的设计要求。弹性良好，经百万次疲劳试验，减振垫完好。

②结构设计合理，在 30 kN 横压疲劳荷载作用下，各部件良好无损，轨距扩大 3.5 mm。

③减震效果好，加速度幅值从钢轨到承托梁衰减 97.7%，加速度自振频率谱从钢轨到承托梁衰减 99.3%，有明显的社会环境效应。

④绝缘性能好，在洒水状态下，两股钢轨绝缘电阻能满足设计要求。

(3)WJ-1 型扣件

弹性分开式，采用 ω 形弹条固定件，由预埋于混凝土承轨台内的塑料套管和锚固螺栓配合紧固铁垫板。铁垫板上设有 T 形螺栓孔座，轨下采用含不锈钢的复合胶垫。铁垫板与承轨台间设置 5 mm 绝缘缓冲击胶垫，钢轨调高量为 40 mm，轨距调整量±20 mm，扣压力 4 kN，T 型螺母扭矩 80 N·m。WJ-1 型扣件是九江大桥上无砟枕承轨台道床结构专用扣件，运营效果良好，但也出现一些问题，如 T 形螺栓容易歪斜、紧固的螺母易松动、抗扭矩不稳定、部分弹条断裂等问题。

(4)WJ-2 型扣件

该扣件是在 $W_J$-1 型扣件基础上，经过研制改造得到的，如图 2.13 所示。钢轨调高量为40 mm，其中轨下调整量为 10 mm，铁垫板下调整量为 30 mm，轨距调整量为 ±20 mm（每股轨±10 mm），可承受最大横向力 40 kN（疲劳荷载）。承轨台上的支撑块不设挡肩。扣件垂直点刚度为 40～60 kN/mm，锚固螺栓拧紧扭矩为 300 N·m，预埋绝缘套管抗拔力大于 100 kN。钢轨与承轨台间电阻不小于 $10^8$ Ω。

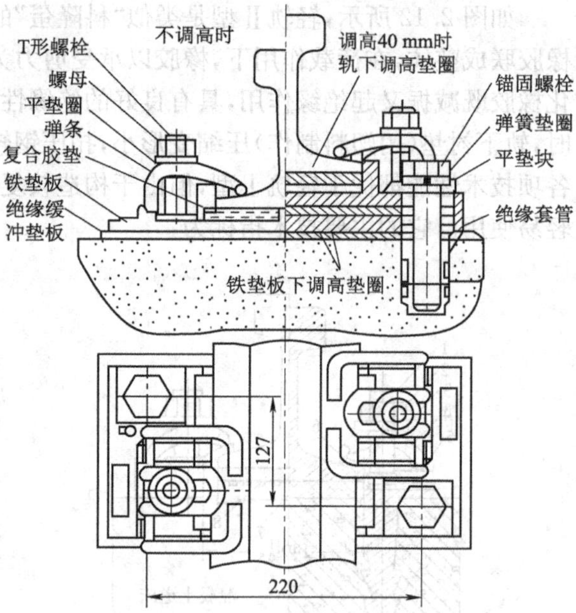


图 2.13　WJ-2 型扣件（单位：mm）

WJ-2 轻轨线路扣件先经过铁道部研究院环形铁道试验基地试验，又在上海地铁 1 号线上试铺运营疲劳检验，证明扣件各种性能良好。扣件能控制轨距不扩大，钢轨不爬行，各种零部件未发现损坏。上海明珠轻轨高架线的无砟轨道结构就是采用 WJ-2 轻轨扣件，在长大高架桥以及大坡度、小半径曲线地段铺设无缝线路，难度较大，是一项技术进步的标志。上海明珠轻轨线的无缝线路与以往铺设的类型有所不同，它的构思是自动放松钢轨内部的温度应力，采用新研制的 WJ-2 型小阻力弹性扣件，并在明珠线的大跨度桥中和道岔前后布设钢轨伸缩调节器，使温度应力自行放散，防止有过大的钢轨纵向力传递到桥上。全线共设 8 个长轨条，由于钢轨温度力与轨条长度无关，延长轨条长度有助于提高无缝线路防爬锁定能力，因此明珠轻轨线一期最长的轨条达 5.8 km，最短一条由于两座大跨度桥相距很近，又受到钢轨伸缩调节器的限制，其长度只能缩短为 342 m。

## 典型工作任务 2　接触轨认知

接触轨是沿着走行轨布置并供给列车电能的特殊输电系统。是接触网的一种形式，又称为第三轨，其功用与架空接触网一样，通过它将电能输送给电动车组。不同点在于接触轨是敷设在铁路旁的钢轨。电动车组由伸出的受电靴与之接触而接受电能。

接触轨供电方式最早出现在伦敦地铁，从 19 世纪 80 年代开始，接触轨开始广泛应用于城市轨道交通。接触轨供电方式在国内最早应用于 1969 年建成并试运营的北京地铁 1 号线，接触轨系统采用直流 825 V 的电压等级，以后随牵引变电所设备的改造而成为直流 750 V，安装方式为上部接触授流方式，接触轨安装于线路前进方向的左侧，接触轨的材质为低碳钢，该接触轨系统的主要技术参数如下：

(1)接触轨型号 JU-52，钢号为 05 铝（05AI）。

(2)接触轨截面积：6 543 $mm^2$。

(3)接触轨标准长度 12.5 m。

(4)接触轨单位电阻 0.125 Ω · mm$^2$/m(在 15 ℃时)。

(5)绝缘子采用电瓷材料,分为瓷件、上帽、下座三部分。

(6)防护罩:木板。

(7)端部弯头长度:2 300 mm。

20 世纪 60 年代初,北京建造我国第一条接触轨系统的地铁线以来,接触轨技术已走过了 50 多年的发展历程,北京地铁后续新建线路中也不断对接触轨技术进行了革新,大力推动了接触轨技术的发展,随着我国地铁建设事业的蓬勃发展,天津、武汉、广州等城市也相继建设采用的接触轨技术的地铁线路,接触轨技术也不断得到发展:安装方式由以上部接触授流为主导发展成为上部接触授流与下部接触授流方式并存,并有向下部接触授流方向发展的趋势;导电轨由低碳钢材料发展成为钢铝复合材料,绝缘支座除采用传统的电瓷外,还开发出环氧树脂材料、硅橡胶材料等,防护罩由木板材料发展成玻璃钢材料;电压等级方面广州地铁开发出直流 1 500 V 电压等级的接触轨系统,并已经成功应用。表 2.1 是目前国内接触轨的应用情况。

**表 2.1 目前国内接触轨的应用情况**

| 线路 | 长度(km) | 建成时间 | 技术特点 |
|---|---|---|---|
| 北京一号线 | 24.17 | 1969 年 | 750 V,上部接触授流,采用低碳钢轨、木防护罩 |
| 北京二号线 | 16.1 | 1976 年 | 750 V,上部接触授流,采用低碳钢轨、木防护罩(改进型) |
| 北京复八线 | 12.7 | 1999 年 | 750 V,上部接触授流,采用低碳钢轨、玻璃钢防护罩(试验段),采用 3 000 V支柱绝缘子 |
| 北京 13 号线 | 40.85 | 2003 年 | 750 V,上部接触授流,采用低碳钢轨、玻璃钢防护罩 |
| 北京八通线 | 18.96 | 2003 年 | 750 V,上部接触授流,采用低碳钢轨、玻璃钢防护罩,复合绝缘子 |
| 天津一号线 | 26.2 | 1984～2001 年 | 750 V,上部接触授流,采用钢铝复合轨 |
| 武汉一号线 | 28.5 | 2004 年 | 750 V,下部接触授流,采用钢铝复合轨 |
| 广州四号线 | 41.14 | 2005～2007 年 | 1 500 V,下部接触授流,采用钢铝复合轨、整体绝缘支架、玻璃钢防护罩 |

接触轨系统的电压等级可采用 DC 750 V 或 DC 1 500 V,电压的允许波动范围应符合表 2.2所示。目前国内除了广州地铁采用 DC 1 500 V 的电压等级外,其他采用接触轨系统的地铁都采用 DC 750 V 的电压等级。

**表 2.2 直流牵引供电系统的接触轨系统电压值**

| 标称值 | 最高值 | 最低值 |
|---|---|---|
| DC 750 V | DC 900 V | DC 500 V |
| DC 1 500 V | DC 1 800 V | DC 1 000 V |

## 2.2.1 接触轨的形式

接触轨可按授流接触方式及材质进行分类,分别如下:

1. 上部接触授流方式

接触轨的授流面朝上,受电靴通过下压力取流。此方式安装维修方便,受流方式简单,但该方式只能从顶部和线路外侧对接触轨进行防护,因此防护不够严密,安全性稍差,接触轨表面容易附着杂物、粉尘、冰雪等,对列车取流会产生一定的影响。上部接触授流方式接触轨如图 2.14 所示。

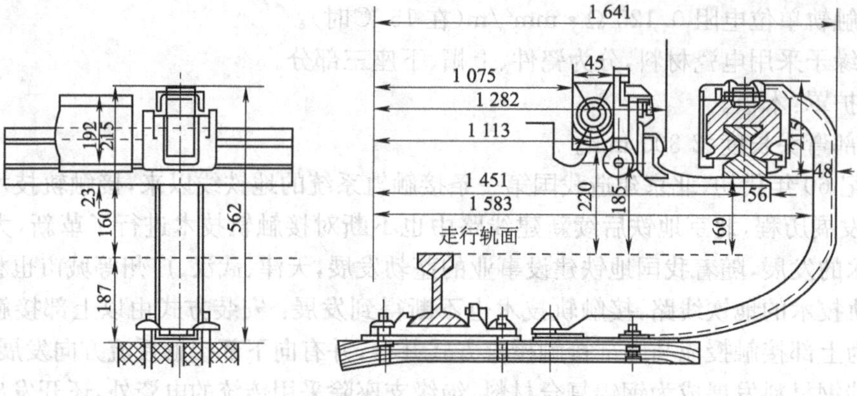


图 2.14　接触轨位置(单位:mm)

2. 下部接触授流方式

接触轨的授流面朝下,受电靴通过上抬力取流。此方式受气候条件影响小,接触轨不易附着杂物、粉尘及冰雪,且可以从顶部和内、外侧对接触轨进行防护,防护罩可以紧密地罩住接触轨,防护更加严密,有利于防止人员无意识地触及接触轨带电部分,因而安全性更高,但同时也带来维修时观察不方便及需拆卸防护罩的问题。此外,由于下部授流方式中列车受流器的上抬力与接触轨的挠度方向相反,因而有助于提高受流质量,并可在挠度允许范围内增大接触轨支架的间距,减少其数量,从而节省投资。下部接触授流方式接触轨如图 2.15 所示。

3. 侧部接触授流方式:

接触轨的授流面与轨顶面垂直,机车受电靴通过侧向压力取流。侧部接触授流方式的接触轨虽其表面不易附着杂物,但也只能从列车顶部和线路外侧对接触轨进行防护,亦存在防护不够严密、安全性稍差的问题。侧部接触授流方式接触轨如图 2.16 所示。

图 2.15　下磨式接触轨安装效果图

图 2.16　侧磨式接触轨安装示意图

4. 接触轨材质形式

接触轨按材质可分为高导电率低碳钢导电轨和钢铝复合轨。低碳钢导电轨主要的特点是磨耗小、制作工艺成熟、价格较低,主要规格有 DU48 和 JU52 型,如图 2.17 所示。如北京地铁系统。钢铝复合轨是由钢和铝组合而成,如图 2.18所示,其工作面是钢,而其他部分是铝。它的主要

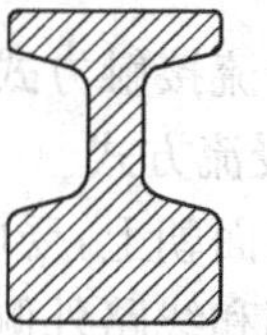

图 2.17　低碳钢导电轨

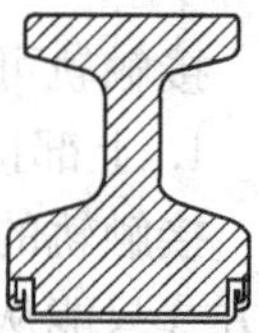

图 2.18　钢铝复合轨

特点是导电率高、重量轻、磨耗小、电能损耗低。

### 2.2.2 接触轨主要结构组成

接触轨系统作为向地铁列车提供电能且无备用的供电设备，主要由接触轨、绝缘支座、端部弯头、膨胀接头、防护罩、中间接头、中心锚结、电连接和接地线等组成。

1. 接触轨

接触轨是接触轨系统中的导电轨，早期的接触轨一般由低碳钢制成，有耐磨、价廉、安装简单等优点，但也存在自重大、电阻率高、电能损耗大等缺点。我国早期使用的接触轨型号为JU-52，钢号为05铝(05AI)，后为伊朗研制过DU48型接触轨。由于低碳钢接触轨的电阻率高、电能损耗大，为了降低电阻率，以减少供电系统中牵引变电所的数量，降低运营时接触轨能量的损耗，国外发达国家20世纪70年代研制出导电性能及耐磨性能都好的钢铝复合轨。钢铝复合轨是由不锈钢带通过机械方法与铝合金型材结合的接触轨，采用特殊的结构使不锈钢卡在铝合金型材上，使之不会脱落，由高导电性铝型材作为导电主体，用不锈钢作为接触轨的顶部耐磨表面。由于铝合金的热膨胀系数大于不锈钢，所以使不锈钢带紧扣在铝合金上尤为重要，不能出现分层脱离的现象，并且必须始终保持铝合金与不锈钢带的良好导电率，同时须考虑不锈钢带与铝合金本体的电极电位及复合界面可能产生的电化学腐蚀。钢铝复合轨的耐磨性、导电性、耐蚀性、综合力学性能以及与钢的热膨胀特性匹配的要求与制造工艺关系密切，制造也较为复杂，我国对钢铝复合接触轨的研究和开发起步较晚，但近年来发展迅速，已推出较为成熟的产品，实现了钢铝复合轨的国产化。与传统的低碳钢接触轨相比，钢铝复合导电轨具有以下几方面的优越性。

(1)导电性能好、电流容量大：铝合金的导电率为低碳钢导电率的3～4倍，故钢铝复合导电轨的导电性能高于低碳钢导电轨。

(2)重量轻，易安装。由于不锈钢耐磨覆层较薄，而铝合金本体所占的体积相对大得多，钢铝复合导电轨的重量小于相同截面低碳钢导轨重量的一半以下，无须起重设备，容易弯曲，安装成本低。

(3)耐腐蚀、耐磨性好，使用寿命长。钢铝复合导电轨的滑动接触面多采用铬不锈钢，具有良好的耐腐蚀性和耐磨性，从而可延长接触电轨与受电靴的寿命。

(4)经济效益好。主要体现在：相同的运量下，采用钢铝复合导电轨所需的电压降及牵引能耗成比例下降，所需变电站、变压器等的布置可更远，容量可减小，钢铝复合导电轨重量轻，安装费用少，接触轨使用寿命长也可节省费用。

可见钢铝复合轨具有比低碳钢导电轨更多的优越性而具有广阔的发展前景采用钢铝复合轨已成一种必然的趋势。目前世界上已有60余条城市轨道交通线采用了这种复合轨，应用钢铝复合接触轨的运营线路已经超过1 000 km，运行情况良好。国内近年新建的北京地铁5号线、天津地铁1号线、武汉轻轨线、广州地铁4号线、5号线等的接触轨也都采用钢铝复合轨。钢铝复合接触轨的整体结构大部分与普通钢轨相似，有些形状虽比普通钢轨复杂，但一般也是由轨头、轨腰、轨底三部分构成。轨头部分与受电靴接触部位的材料一般为不锈钢，轨的主体材料为铝合金。这也是钢铝复合接触轨区别于普通钢轨的一个显著特征。

不同制造厂家的钢铝复合轨在整体结构、钢铝结合的形式、不锈钢带厚度、截面积等都有所不同。典型的钢铝复合轨从整体结构上可以归为两大类，即C形和工字形。其中工字形结构使用的历史长，比较成熟，也是目前采用较多的一种结构。C形和工字形钢铝复合轨如

图 2.19、图 2.20、图 2.21 所示。

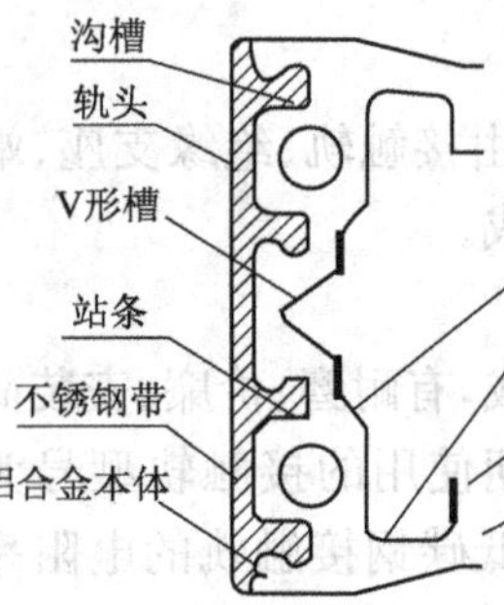


图 2.19　C形钢铝

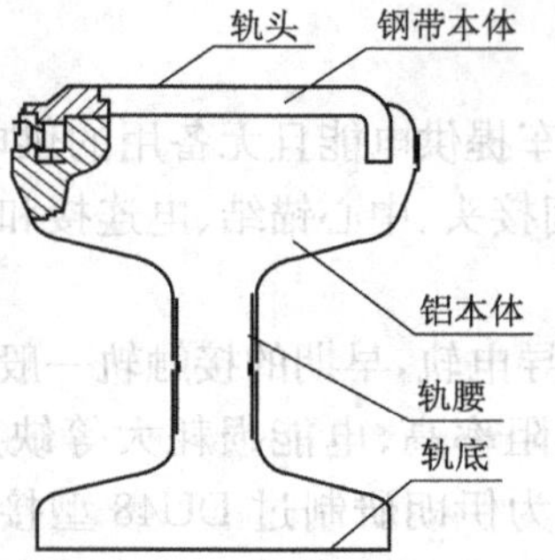


图 2.20　工字形双包式

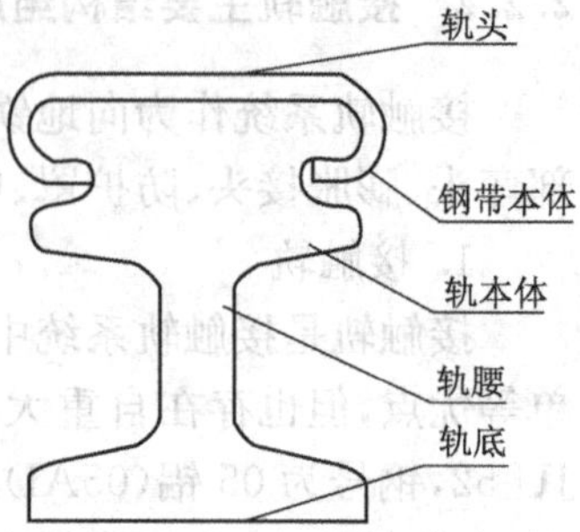


图 2.21　工字形外包式

2. 绝缘支座

绝缘支座是接触轨系统中支撑接触轨并起绝缘作用的装置，一般有绝缘子式及整体绝缘支架式，其中上部接触授流与下部接触授流的整体绝缘支架又不相同早期北京地铁 1 号线接触轨系统的绝缘支座采用绝缘子式，由 3 部分组成：(1)瓷件 材料为电磁，工作电压 1 000 V，抗弯 800 kg；(2)下座 材料为 HT15233 灰铸铁；(3)上帽 材料为 11T15233 灰铸铁。另外，瓷件与下座间还设有 1～5 层的油毡纸垫片。瓷制品易碎，不利于安装、维护，随着技术的发展，出现复合材料绝缘子及整体绝缘支架型的绝缘支座。复合材料绝缘子是用玻璃纤维增强不饱和聚酯树脂膜塑料高温模压制成型，颜色为灰色，安装技术与传统绝缘子基本相同。玻璃纤维增强不饱和聚酯树脂膜塑料具有质轻、绝缘、高强、吸水率低、变形小、具有良好的耐候性等许多优点且具有很强的可设计性，易于根据线路使用要求进行结构设计，使绝缘支撑具备良好的受力性能，满足各种负荷受力要求。绝缘子上部通过螺钉连接金属头和两个接触轨卡子将接触轨抱住定位；绝缘子下部通过带大垫圈的螺栓将下部绝缘子压盖固定在槽钢底座上，再将底座同道床或轨枕连接。绝缘子主体为圆柱形空心结构，带环状防污槽，下部为方形法兰盘。金属头嵌入绝缘体中，带防脱、防转动槽。接触轨卡子左右各一件，鸭嘴结构，外侧带 2 条竖肋，螺钉通过中间开孔同金属头连接。绝缘子压盖是带有孔边加强的固定孔的盖状结构，绝缘体柱状主体与压盖一体成型。750 V 上接触式接触轨系统复合材料绝缘子的主要性能为：污耐受电压≥5 kV；工频干耐受电压≥40 kV；工频湿耐受电压≥20 kV；爬电距离≥180 mm；抗弯载荷≥20 kN；抗压载荷≥30 kN。外观如图 2.22 所示。

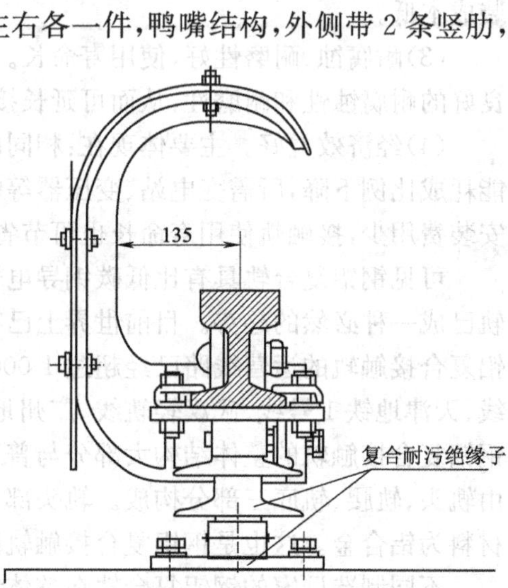


图 2.22　复合绝缘端子示意图(单位：mm)

750 V 上接触式接触轨系统的整体绝缘支架采用 SMC 片状模塑料(玻璃纤维增强不饱和聚酯片材)在高温高压下使用金属对模的模压成型法压制成型，主要性能为：污耐受电压≥5 kV；工频干耐受电压≥40 kV；工频湿耐受电压≥20 kV；爬电距离≥180 mm；抗弯强度≥200 MPa；抗弯载荷≥16 kN。外观如图 2.23 及图 2.24 所示。

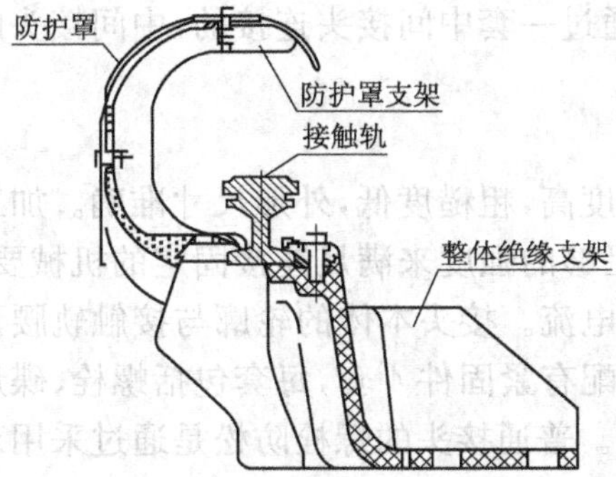


图 2.23 上接触式整体绝缘支架示意图

图 2.24 上接触式整体绝缘支架实物图

采用模压工艺制造。主要包括以下部件：支架本体、接触轨托架、接触轨扣件接触轨托架和支架本体通过各自接触面的齿槽咬合，经螺栓连接成为一体，齿槽咬合起到了垂直限位的作用，同时接触轨安装时可进行上下微调；接触轨托架与接触轨扣件也经螺栓连接成为一整体；接触轨扣件具备的特殊结构可防止接触轨扣件沿接触轨敷设方向左右摆动。绝缘支架的长孔，可使整体绝缘支架在水平方向 30 mm 的调整余量，在垂直方向有 40 mm 的调整余量，从而保证接触轨的相关安装距离。整体绝缘支架结构如图 2.25 及图 2.26 所示。

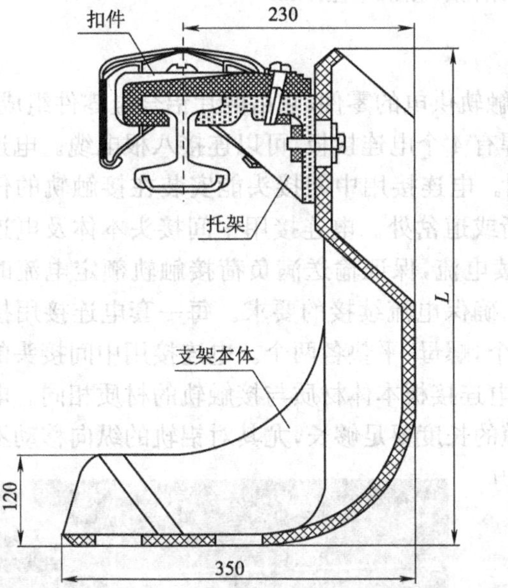


图 2.25 下接触式整体绝缘支架示意图(单位:mm)

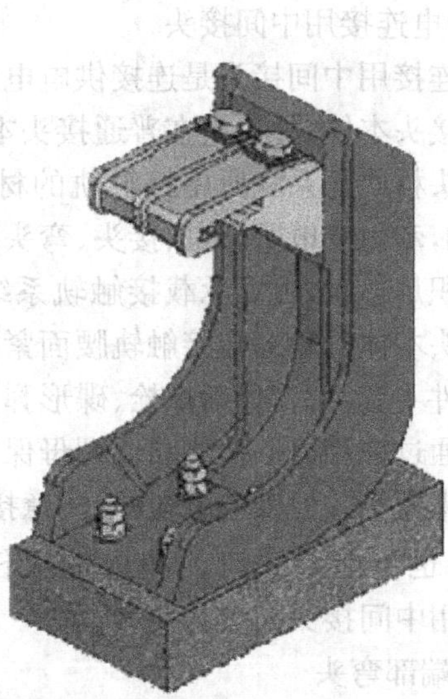

图 2.26 下接触式整体绝缘支架效果图

整体绝缘支架应能承受气温变化及空气污染，室外应用时应能够耐受紫外线。整体绝缘支架表面自洁性好，并可用一般的清洁剂清洗，并对盐溶液有抗腐蚀能力，不易溶入酒精、苯、碳氢化合物等有机溶剂。由于道床结构有多种，如整体道床、板式道床、碎石道床等，绝缘支座也通过相配套的底座安装固定在道床上。

3. 中间接头

中间接头用于固定连接相邻接触轨并传导电流，按用途分为普通中间接头及电连接用中间接头；每一段接触轨、端部弯头或膨胀接头都是通过一套中间接头连接的，中间接头的材质与系统所用的接触轨的材质相同并且尺寸要配套。

(1)普通中间接头

普通中间接头本体毛坯采用挤压成型，表面强度高，粗糙度低，外形尺寸准确。加工时只需根据需要长度锯断，并打孔即可。因此，它具有足够的强度来满足连接固定的机械要求，同时它的截面积足够大，可以承载接触轨系统的持续电流。接头本体的轮廓与接触轨腰面紧密相贴，确保电流续接的要求。每一套普通中间接头配有紧固件 4 套，每套包括螺栓、碟形弹垫各一个，螺母、平垫各两个。螺栓、螺母规格为 M16。普通接头的螺栓防松是通过采用双螺母防松。普通中间接头本体上有四个 $\phi 17$ 孔，且对称分布，并预先在工厂加工好。因此，安装方便，无安装方向要求。具体结构如图 2.27 所示。

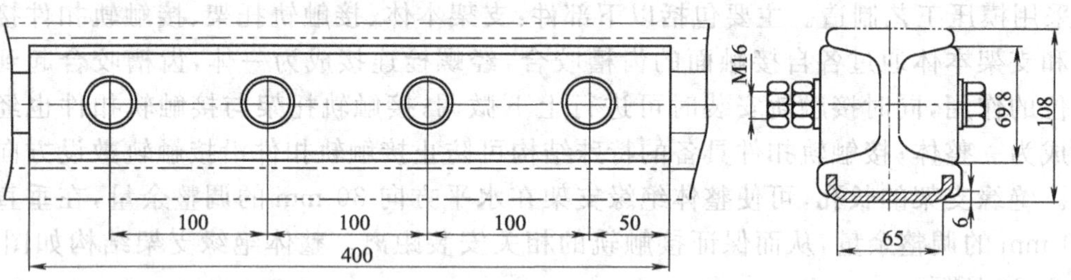


图 2.27　普通接头结构示意图(单位:mm)

(2)电连接用中间接头

电连接用中间接头是连接供电电缆向接触轨供电的零件，它由两片铝合金零件组成，一块是普通接头本体，另一块在普通接头本体上焊有 4 个电连接板，可以连接八根电缆。电连接用中间接头材质与系统所用接触轨的材质相同。电连接用中间接头能安装在接触轨的任何位置，例如，牵引变电所出口、接头、弯头、电分断或道岔处。电连接用中间接头本体及电连接板的截面积足够大，可以承载接触轨系统的持续电流，保证输送满负荷接触轨额定电流时不过热。接头本体的轮廓与接触轨腰面紧密接触，确保电流续接的要求。每一套电连接用接头配有紧固件 4 套，每套包括螺栓、碟形弹垫各一个，螺母、平垫各两个。电连接用中间接头的螺栓防松是通过采用碟形弹垫和双螺母保证的。电连接板本体材质与接触轨的材质相同。电连接板是用来连接柔性供电电缆的，注意接入电缆的长度要足够长，尤其对铝轨的纵向移动不应有所影响，也不能给铝轨的侧边造成任何应力。电连接用中间接头如图 2.28 所示。

图 2.28　电连接用中间接头

4. 端部弯头

安装在一段接触轨断口处、用于引导受电靴可靠进入或平稳离开一区段接触轨的部件。端部弯头一般采用与系统所用相同类型的接触轨加工制造。端部弯头因制造厂家的不同而有多种型号，目前没有统一尺寸规定，一般可分为高速和低速两种，高速端部弯头长度一般为 5.2 m，端部弯头两端的高度差一般≥126 mm，低速端部弯头长度一般为 3.4 m，端部弯头两端的高度差一般≥129 mm。端部弯头采用两个绝缘支架进行支撑,端部弯头一般与接触轨有同样的截面和形状,能与任意成品接触轨断面相匹配,可通过电连接用中间接头或普通中间接头进行连接,连接部位没有坡度,因此能够保证端部弯头与接触轨之间密贴,而不会形成高低差,保证受电靴顺利通过。端部弯头具有良好的耐电弧烧损、耐冲击特性,具有自熄弧功能。合理的坡度可满足行车速度要求和耐电弧要求,5.2 m 的高速端头的坡度一般为 1∶41,3.4 m 低速端头的坡度一般为 1∶22。每一个端部弯头的端部都经过预弯,坡度更大一些,这样能保证端部弯头具有更好的自熄弧特性。典型的端部弯头结构图纸如图 2.29 所示。

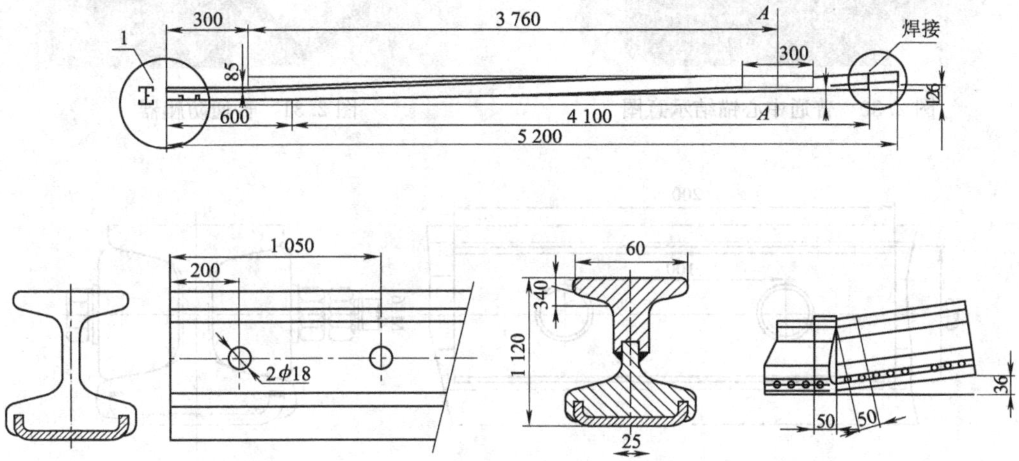


图 2.29 端部弯头的结构图(单位:mm)

5. 中心锚结

中心锚结是接触轨锚段中部用于防止接触轨纵向移动的装置,可防止接触轨向两侧不均匀窜动,保持膨胀区段的中点位置。中心锚结一般分为普通中心锚结和大坡度中心锚结,一般情况下中心锚结采用普通中心锚结,在线路纵向坡度超过一定数值时(例如 20‰)用大坡度中心锚结。

1)普通中心锚结

普通中心锚结一般设置在锚段的中部,安装在整体绝缘支架两侧,如图 2.30 所示。

普通中心锚结一般由两组普通防爬器组成,如图 2.31 所示。每套普通防爬器由一对梯形截面铝块组成,用 2 套紧固件连接,每套包括螺栓、碟形弹垫各一个,螺母、平垫各两个。普通防爬器的螺栓防松是通过采用碟形弹垫和双螺母保证的。普通防爬器每个铝块上都已钻好 2 个 ϕ17 mm 孔,用不锈钢螺栓紧固在轨腰上。与接触轨连接采用两套 M16 不锈钢螺栓。普通防爬器的结构如图 2.32 所示。

2)大坡度中心锚结

大坡度中心锚结一般有两种:斜拉绝缘子式和双组普通中心锚结式。斜拉绝缘子式如图 2.33及图 2.34 所示。

双组普通中心锚结式的大坡度中心锚结结构形式与普通中心锚结的结构基本相同,由于两组普通中心锚结的间距较小,一般间距为 600～700 mm,因此中间两组防爬器一般为单孔形式的防爬器。

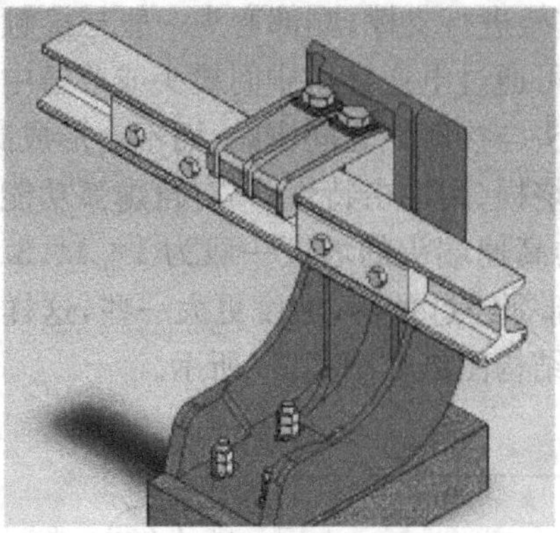

图 2.30　普通中心锚结示意图

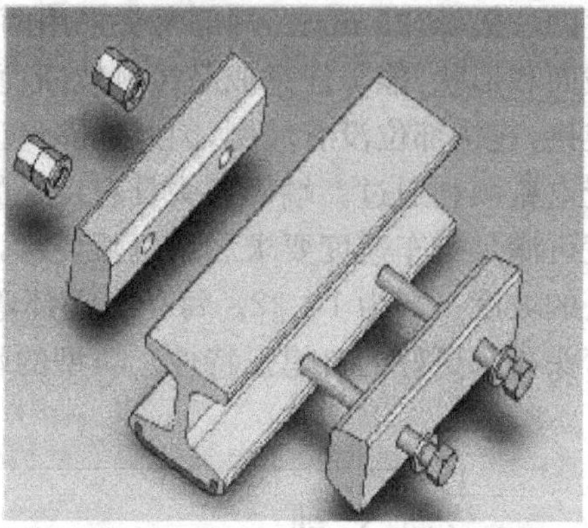

图 2.31　普通防爬器

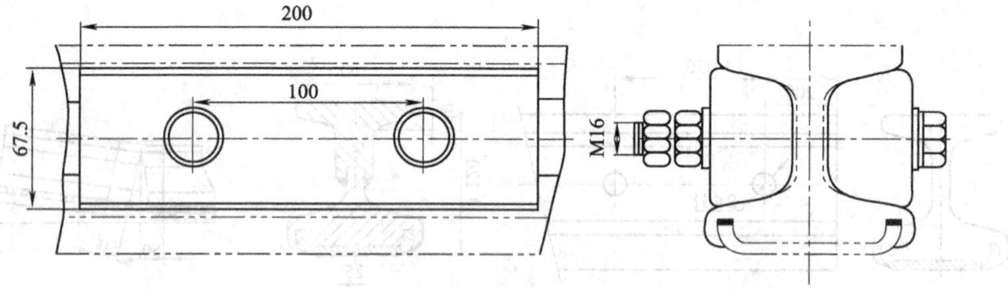


图 2.32　普通防爬器的结构图(单位:mm)

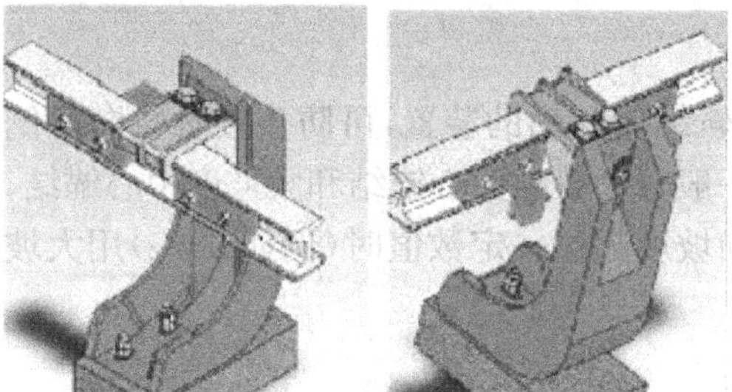

图 2.33　大坡度中心锚结示意图

图 2.34　大坡度中心锚结实物图

6. 膨胀接头

由于环境温度的变化或运行中电流产生的热量都会造成接触轨温度的变化。使接触轨因热胀冷缩而产生长度变化。因此需要安装膨胀接头在机械和电气特性两方面连接两根长轨中间的空隙。国产常见的膨胀接头一般由两根长轨(左右滑轨)和一根短轨组成。为了保证受电靴顺利通过膨胀接头,长轨和短轨一般要对角切掉 15°(长短轨的接缝为斜角),这样可以使表面连续,间隙可以调整并且可以重合,以便使受电靴可以平滑的从一端过渡到另一端。左右滑轨的作用是让受电靴在膨胀点过渡时减小运行中产生的电弧。为了帮助电能转换,在设计上考虑了一个中间块用来协助受电靴。

长轨和短轨的连接靠锚固夹板(特殊的长普通接头)通过三个螺栓安装在左右滑轨及中间轨的两侧,锚固夹板与短轨为固定连接,而两根长轨在连接锚固夹板的位置开有长孔,这种锚固夹板是一种特殊的夹板，与左右滑轨接触的面比中间低 0.1～0.2 mm，而且三个螺栓的紧固力矩也不相同，中间螺栓的紧固力矩为 50 N·m，两边为 20 N·m。锚固夹板两边在螺栓紧固力矩的作用下，发生弹性变形，使其与左右滑轨密切相接，加上锚固夹板与左右滑轨及中间轨的接触面涂有导电脂，因此，具有良好的导电性能。在滑轨外采用双蝶簧和双螺母的防松措施，保证了磨损后和振动的情况下，夹板与滑轨之间始终保持适当的压紧力。总之，膨胀接头这种结构可以满足膨胀接头两侧的接触轨因热胀冷缩而产生长度变化时，使其左右伸缩自如得到补偿，又具有良好的导电性能。这样既保证电流续接良好，又使左右滑轨随温度变化伸缩导向准确。电流连接器主片、副片采用紫铜材质，导电性好，表面镀银，使得主副片滑动时接点接触良好，导电性能提高。U 形螺栓上配有弹簧，弹簧在螺栓紧固压缩 6～11 mm，弹力为 480～500 N，主副片之间的摩擦力为 124～130 N，这个力使主副片即紧密相切，又能左右滑动。铜垫板、U 形螺栓垫板等导电零件也采用紫铜材质，表面镀银，既保证了电气连接的可靠性，又不会产生任何电化学腐蚀。膨胀接头的载流量一般应大于接触轨的载流量。膨胀接头与接触轨可用普通中间接头进行连接。膨胀接头结构如图 2.35 所示。

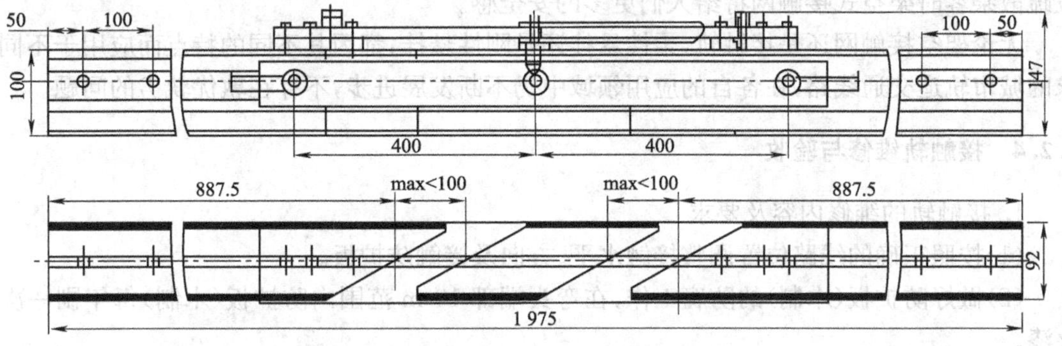


图 2.35　膨胀接头结构（单位：mm）

7. 防护罩

防护罩的作用是在尽可能地避免人员无意中触碰到带电设备，一般采用玻璃纤维增强树脂材质制造。上部授流接触系统的防护罩如图 2.36 所示，下部授流接触系统的防护罩的如图 2.37所示。

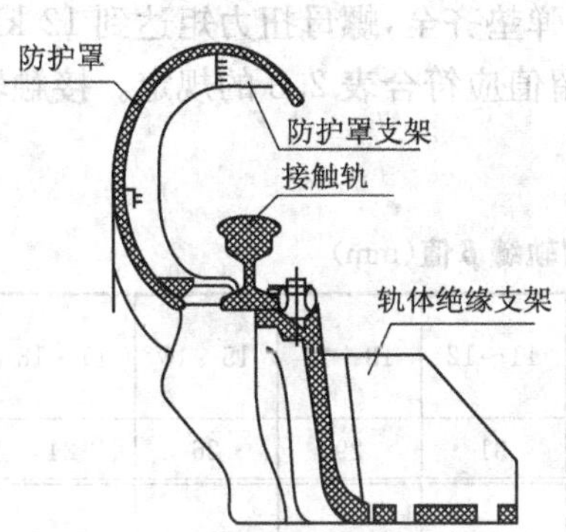


图 2.36　上部接触授流接触轨系统防护罩

图 2.37　下部接触授流接触轨系统防护罩

### 2.2.3　接触轨与其他接触网形式的比较

架空接触网与接触轨用于城市地铁和城轨交通已有多年的历史，在我国也属于成熟技术，均能满足行车要求。新技术、新材料的出现使两大类型接触网都有了新的进步，都在不断发展完善当中。柔性架空接触网需要架设支柱，支持悬挂接触网要安装腕臂或横跨，横跨由金属桁架或横向承力索、上下定位绳组成。在城市中间密布支架和电线网，影响市容，有碍观瞻。当然通过巧妙的规划设计可以减少不利影响。刚性架空接触网一般只应用于地铁隧道，不仅减小隧道净空，而且其汇流排载流面积大，无张力架设，不会发生断线事故，即使发生故障，故障范围也很小，可靠性优于柔性架空接触网，减少了维修工作量。接触轨授电接触轨位置低，没有明显的高大部件(如立柱、横向承力索、金属桁架等)，城市景观好，对电磁污染较易采取防护措施。这也是国内外某些城市轨道交通采用接触轨受电方式的原因之一。钢铝复合轨用作接触轨，改善了接触轨授流形式的技术性能，扩大了接触轨授流方式的应用范围与前景。在安全性方面，封闭运行的城市轨道交通采用架空式接触网或接触轨都完全能保证安全，但在发生事故疏散乘客时架空式接触网将给人们更多的安全感。

无论架空接触网还是接触轨，柔性悬挂还是刚性悬挂，都因其不同的特点而应用于不同需求的城市轨道交通线路，在各自的应用领域中仍不断发展进步，不存在孰优孰劣的问题。

### 2.2.4　接触轨维修与验收

1. 接触轨的维修内容及要求

(1)按照正确的线路位置调整接触水平、方向及接触防护板。

(2)做好防护板(木制)的防腐工作，在弯头端部 10 m 范围内防护板(木制)每年刷一次防火漆。

(3)擦拭绝缘子。

(4)维修接触轨弯头，接触轨弯头端部与走行轨面应在同一水平面上，容许误差为 +5 mm、−5 mm、−10 mm。既有线高出走势轨顶面，在改造困难时保留设计标准。

(5)整修托架及绝缘子底座，地脚螺栓、螺母定期涂油防锈。

(6)清理接触轨弯头易燃物。

(7)防护板托架及防护板各连接螺栓必须齐全紧固，严禁凸出接轨限界。

(8)紧固接触轨夹板时，必须保证夹板螺栓落槽、弹垫齐全，螺母扭力矩达到 12 kN · m。

(9)调整接触轨轨缝时，接触轨膨胀接头轨缝预留值应符合表 2.3 的规定。接触轨弯头处接头，一般不留轨缝，绝缘接头处预留 50 mm 的轨缝。

**表 2.3　接触轨膨胀接头预留轨缝 $\beta$ 值**(mm)

| | | | | | | | | | | | |
|---|---|---|---|---|---|---|---|---|---|---|---|
| 洞内 | 施工温度(℃) | 0～2 | 3～4 | 5～6 | 7～8 | 9～10 | 11～12 | 13～14 | 15～16 | 17～18 | 19～20 |
| | $\beta$值 | 42 | 40 | 37 | 35 | 33 | 31 | 29 | 26 | 24 | 22 |
| | 施工温度(℃) | 21～22 | 23～24 | 25～26 | 27～28 | 29～30 | 31～32 | 33～34 | 35～36 | 37～38 | 39～40 |
| | $\beta$值 | 20 | 18 | 15 | 13 | 11 | 9 | 7 | 4 | 2 | 0 |

续上表

| | | | | | | | | | | | |
|---|---|---|---|---|---|---|---|---|---|---|---|
| 洞外 | 施工温度(℃) | −20～−19 | −18～−17 | −16～−15 | −14～−13 | −12～−11 | −10～−9 | −8～−7 | −6～−5 | −4～−3 | −2～−1 |
| | $\beta$值 | 43 | 42 | 41 | 40 | 39 | 37 | 36 | 35 | 34 | 33 |
| | 施工温度(℃) | 0～2 | 3～4 | 5～6 | 7～8 | 9～10 | 11～12 | 13～14 | 15～16 | 17～18 | 19～20 |
| | $\beta$值 | 32 | 31 | 30 | 29 | 28 | 26 | 25 | 24 | 23 | 22 |
| | 施工温度(℃) | 21～22 | 23～24 | 25～26 | 27～28 | 29～30 | 31～32 | 33～34 | 35～36 | 37～38 | 39～40 |
| | $\beta$值 | 10 | 9 | 8 | 7 | 6 | 4 | 3 | 2 | 1 | 0 |
| | 施工温度(℃) | 41～42 | 41～42 | 41～42 | 41～42 | 41～42 | 41～42 | 41～42 | 41～42 | 41～42 | 41～42 |
| | $\beta$值 | 10 | 9 | 8 | 7 | 6 | 4 | 3 | 2 | 1 | 0 |

注：接触轨温度一般与环境温度相同；若不同，施工温度按接触轨轨温预留轨缝$\beta$值预留。

2. 玻璃钢防护板维修内容及要求

(1)安装接触轨防爬器地段，托架边缘与绝缘子边缘的距离必须大于 120 mm；无防爬器地段，托架边缘与绝缘子边缘的距离必须大于 60 mm。

(2)整修玻璃钢防护板时，螺栓必须从里向外穿，加平垫圈和螺母。扣板螺栓必须从里向外穿，螺母处加一平垫圈和一弹垫，螺栓头处不加平垫圈。在安装扣板螺母时，必须先用铁锤敲打一遍，然后拧紧，再用铁锤敲打一遍，再拧紧一遍。托架螺栓上第一个螺母时，螺母的拧紧程度要适中，加装备用螺母时，必须用两扳手相对拧紧，第一个螺母允许少量回旋。

(3)玻璃钢防护板搭接在托架上，其最短长度不能小于 50 mm，孔眼不能打豁，否则必须换板。

(4)伸出螺母部分的螺母，必须定期点油且不得污染防护板。

(5)接触轨膨胀接头及长度大于 12 m 的接触轨轨端部弯头第二块防护板处必须使用规定长度的膨胀防护。

3. 接触轨维修周期

(1)接触轨及其防护设备应定期检查、保养及维修。发现缺少或损坏时，应及时补充和修理。

(2)接触轨及其防护设备的维修周期应符合表 2.4 的规定。

**表 2.4 接触轨维修周期**

| 区段 | 设备名称 | 维修周期 | 区段 | 设备名称 | 维修周期 |
|---|---|---|---|---|---|
| 洞内、高架桥及地面线 | 接触轨、防护支架 | 6 个月 | 车场及专用线 | 接触轨、防护支架 | 12 个月 |
| | 防护板(木制) | 12 个月 | | 防护板(木制) | 12 个月 |
| | 防护板刷漆(木制) | 12 个月 | | 防护板刷漆(木制) | 12 个月 |
| | 陶瓷 | 6 个月 | | 陶瓷 | 12 个月 |
| | 玻璃钢防护板 | 12 个月 | | 玻璃钢防护板 | 12 个月 |

4. 接触轨静态几何尺寸容许偏差值

接触轨静态几何尺寸容许偏差管理值，按作业类别确定。其静态几何尺寸容许偏差管理值必须符合表 2.5 的规定。

**表 2.5 接触轨静态几何尺寸容许偏差管理值(单位:mm)**

| 项目 | 作业验收 | 经常保养 | 项目 | 作业验收 | 经常保养 |
|---|---|---|---|---|---|
| 轨距 | ±8 | ±10 | 水平 | ±6 | ±8 |

注:1. 轨距:接触轨中心距相邻走行轨内侧的最短水平距离(直线地段),标准为 700 mm。

2. 水平:接触轨顶面与相邻走行轨顶面的垂直距离(直线地段),标准为 140 mm。

3. 曲线地段:接触轨与走行轨共同倾斜,相对位置保持不变,轨距、水平随之倾斜。

# 典型工作任务 3 无砟轨道结构认知

城市轨道交通结构主要采用整体道床结构形式。

## 2.3.1 整体式道床

整体式道床优点是整体性好,坚固、稳定、耐久;轨道建筑高度小,减少隧道净空,节省投资;轨道维修量小,适应地铁和轻轨交通运营时间长、维修时间短的特点。

1. 无枕式整体道床

该类道床也称为整体灌注式道床,其轨道建筑高度小,道床混凝土强度等级为 C30,自下而上施工,先使用专用施工机具把联结扣件的玻璃钢套管按设计位置预埋在道床内,上面做成承轨台,然后再安装钢轨和扣件。施工方法繁琐,机具复杂,进度又慢,承轨台抹面精度不易保证,难以达到设计要求的精度。1970 年北京地铁一期工程十几组道岔整体道床采用此种形式,经过 30 多年运营使用,技术状态良好。香港、美国旧金山、加拿大等地铁也铺设了此类无枕式整体道床。

2. 轨枕式整体道床

这类道床可分为短枕式和长枕式两种。

(1)短枕式整体道床

这种道床轨道建筑高度一般为 550 mm 左右,道床混凝土强度等级为 C30,轨下道床厚度一般小于 160 mm,一般设中心排水沟,如图 2.38 所示。

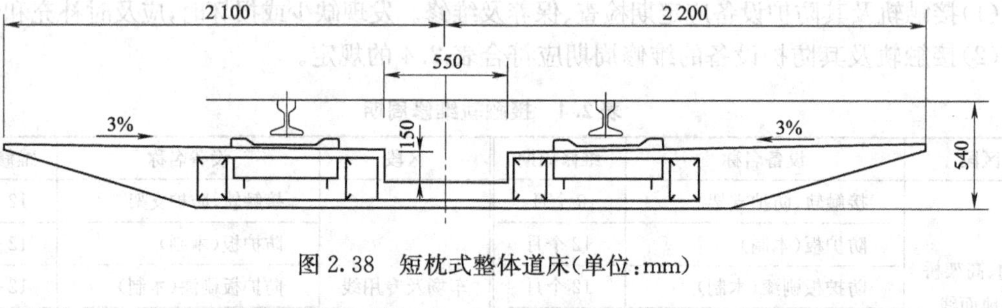


图 2.38 短枕式整体道床(单位:mm)

短轨枕在工厂预制,混凝土强度等级为 C50,其横断面为梯形,底部外露钢筋钩,以加强与道床混凝土的联结。这种道床稳定、耐久,结构比较简单、造价较低,施工容易,进度较快。北京地铁一、二期工程近 90 km(单线)均铺设这种道床,经多年运营使用状态良好。天津地铁亦铺设这种道床。为了减少振动和噪声,还研制了弹性短枕式道床、塑料短枕式道床、短木枕式道床。

在短枕与道床间设橡胶减振套，经过光弹性试验，可以降低道床应力，减少振动。北京地铁东四十条站试铺了这种弹性短枕式整体道床，现场测试车辆簧下振动加速度值较一般地段整体道床减少30%左右，减振效果良好。但减振套的材质及更换技术还需进一步研究解决，所以这种道床未能得到推广。

塑料短枕式道床的短轨枕采用塑料材质制作，四周及底部还设有橡胶套，具有良好的减振及绝缘性能，国内曾对此种道床进行过研究，但造价昂贵，未能实施。奥地利等国家地铁铺有此类道床。前苏联地铁铺设过短木枕式整体道床，北京地铁在道床弹性过渡段，采用了梯形短木枕式整体道床。因埋在道床内的短木枕更换困难，因此此类道床使用亦受限制。

(2)长枕式整体道床

这种道床，设侧向水沟，如图2.39所示。一般长轨枕预留圆孔，道床用纵向筋穿过，加强了与道床的联结，使道床更坚固、稳定和整洁美观。这种道床适用于软土地基隧道，可采用轨排法施工，进度快，施工精度亦容易得到保证。上海和新加坡地铁铺设这种道床使用状况良好。

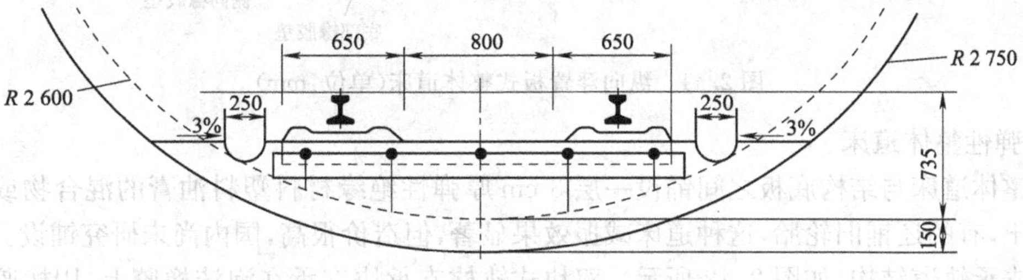


图2.39 长枕式整体道床(单位:mm)

3. 浮置板式整体道床

这种道床是在浮置板下面及两侧设有橡胶垫，减振效果明显，如图2.40所示。

浮置板较重，需要较大吊装机具，施工进度难以保证，更换底部橡胶垫困难，大修时要中断地铁正常运营，造价也高。根据新加坡地铁使用经验，发现浮置板式道床对隧道外减振、减噪效果明显，但地铁车厢内振动和噪声较大，超过了环境保护的标准。德国、新加坡等国家的地铁，我国广州、香港部分地铁区段铺设了这种道床。

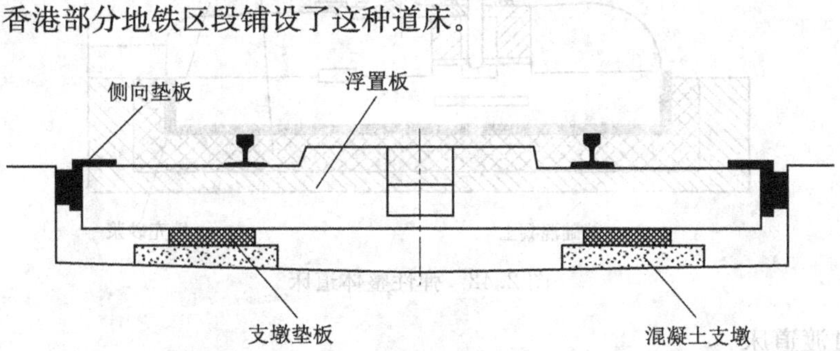


图2.40 浮置板式整体道床(单位:mm)

4. 纵向浮置式整体道床

针对浮置板式道床的缺点，国内研究了纵向浮置式整体道床，如图2.41所示。该类道床由浮置板、橡胶垫、道床承台和联结挡板等组成，浮置板长(沿钢轨方向)为2 200 mm，宽为60 mm，高为240 mm，板重约730 kg，一块浮置板上设置4组扣件，可设挡肩，其端部道床设纵向挡墙，内预埋角钢，用螺栓和挡板压紧浮置板，限其横向位移，扣件对应部件的侧向及底部与道床承台之间设橡胶垫，起到减振、减噪的作用，亦能调整浮置板的高低，道床设中心排水沟。这种道床的主要优点在于：①浮置板较轻，制造和铺设较为简便；②高低调整量较大，可达＋50 mm、－12 mm；③可以维修，不影响地铁正常运营；④减振效果显著，尤其是对低频域振动。

这种道床较轨枕式道床施工难度大，要求严格控制施工的精度。莫斯科基辅地铁铺有这种道床，国内还正在进行研究，未正式应用。

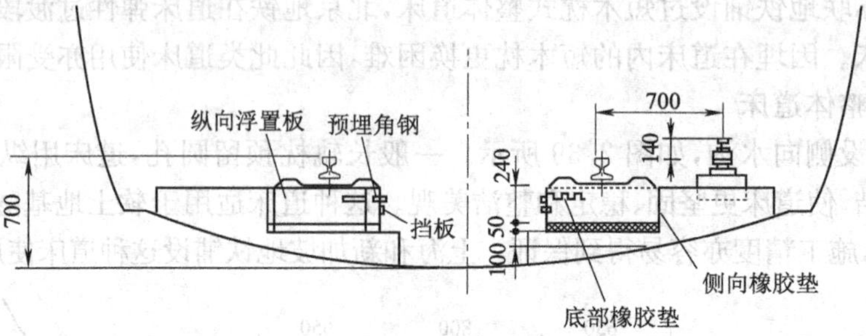


图 2.41　纵向浮置板式整体道床(单位：mm)

5. 弹性整体道床

在整体道床与结构底板之间铺设一层 3 cm 厚弹性绝缘材料塑料油膏的混合物或橡胶沥青混凝土，有的还铺旧轮胎，这种道床减振效果显著，但造价很高，国内尚未研究铺设。还有一种弹性支承轨道结构，如图 2.42 所示。双块式轨枕支承块支承在泡沫橡胶上，用橡胶套把泡沫橡胶套在轨枕上，用水泥砂浆把轨枕，连同橡胶套与基底混凝土粘牢，现已在美国的华盛顿、巴尔的摩、亚特兰大、费城等城市地下铁路隧道中采用。这种轨道的支撑刚度约为 10 kN/mm，具有很好降低噪声及减振性能。

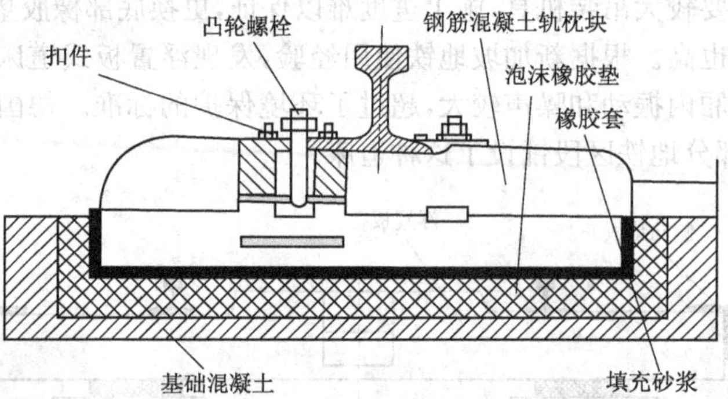


图 2.42　弹性整体道床

6. 弹性过渡道床

整体道床和碎石道床弹性不同，衔接处需设置弹性过渡段。北京地铁一、二期工程采用梯形短木枕拼装式整体道床，上海地铁采用道砟厚度渐变办法过渡，使用效果均很好。由于地铁扣件弹性好，采用道砟厚度渐变的办法比较适宜，铺设也简便。

### 2.3.2　高架桥轨道结构

1. 无砟整体轨道道床结构

这种结构是通过扣件把钢轨与混凝土桥面联结起来。应用较广泛的是混凝土梁上二次灌注混凝土纵向承轨台。图 2.43、图 2.44 为我国设计的轻轨交通用的高架桥无砟轨道结构，纵向承轨台高 150 mm 分段断开，以利排水，两纵向支承间设置防脱轨矮墙，代替通常使用的护轨。

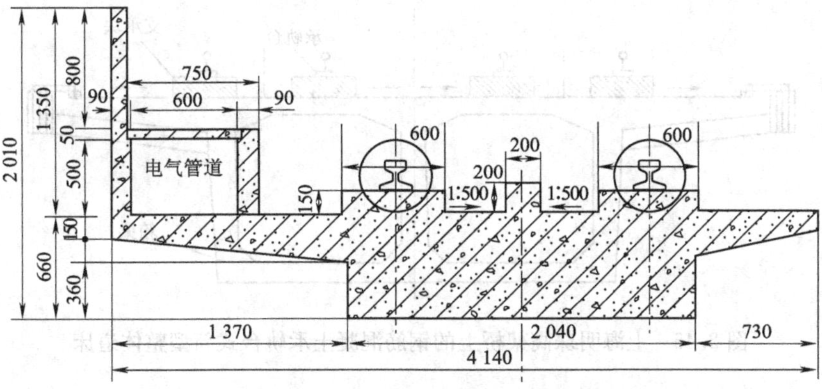


图 2.43　高架混凝土桥无砟轨道结构(单位：mm)

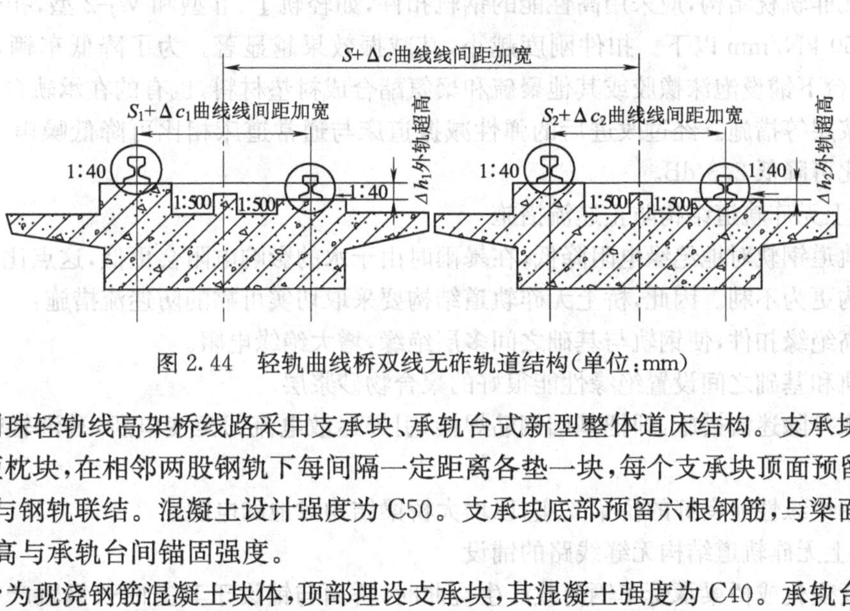


图 2.44　轻轨曲线桥双线无砟轨道结构(单位：mm)

上海明珠轻轨线高架桥线路采用支承块、承轨台式新型整体道床结构。支承块为钢筋混凝土预制短枕块，在相邻两股钢轨下每间隔一定距离各垫一块，每个支承块顶面预留两只锚固螺栓孔，并与钢轨联结。混凝土设计强度为 C50。支承块底部预留六根钢筋，与梁面预埋钢筋联结，以提高与承轨台间锚固强度。

承轨台为现浇钢筋混凝土块体，顶部埋设支承块，其混凝土强度为 C40。承轨台与桥面之间，通过预埋于桥面的联结钢筋，使两者结合为一个整体。承轨台标准长度选为 2.3 m，不仅为施工创造了有利条件，而且当承轨台破损后，便于在不影响运营条件下进行修复，克服了一般轨下整体道床的缺点。两相邻承轨台留有适当间隙(100～120 mm)，以利于桥面横向排水和电缆的穿行。轨道标准高度为 0.50 m，承轨台顶面高度差 0.05 m，以便于养护作业进行和防脱轨装置的安装。

承轨台式整体道床与其他整体道床施工工艺相比，要求严，难度大。进行高架桥面梁体施工时，预留好与承轨台相连的预埋钢筋，位置准确，以免施工承轨台时有较大的偏差；每一个支承块通过扣件固定在钢轨底部，相邻支承块不宜直接相连，各自自由度大。当浇筑承轨台时，每个支承块应准确就位，顶面的坡度必须达到规定的要求，以保证轨底坡设置的标准；在桥面上进行承轨台作业时，必须采取有效措施，以防止轨道上部构架在施工中横向移动；支承块承轨台和梁体之间，必须按施工工艺要求，对接触面严格处理，以确保二次浇灌施工缝的结合强度。在高架桥上施工，由于工作面窄，各种施工干扰很大，桥的允许载重又限制了大型铺轨设备的进入。因此研制并采用轻巧、灵活的小型铺轨机具是十分必要的。图 2.45 位上海明珠高架桥上的钢筋混凝土承轨台式新型整体道床。

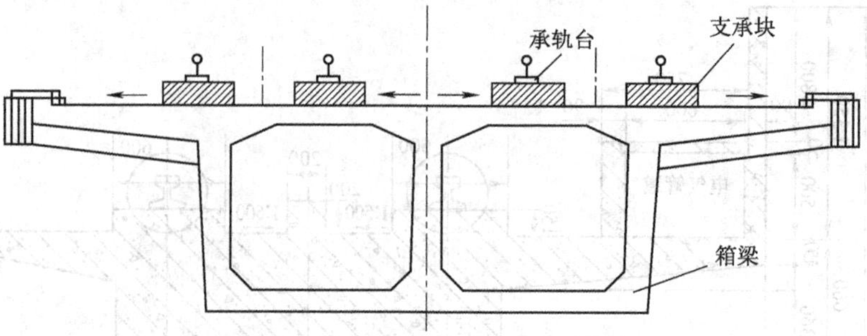


图 2.45　上海明珠高架桥上的钢筋混凝土承轨台式新型整体道床

(1)桥上无砟轨道减振降噪措施

对于无砟轨枕结构，应采用高性能的钢轨扣件，如轻轨Ⅰ、Ⅱ型和 $W_J$-2 型，扣件节点的静刚度应在 50 kN/mm 以下。扣件刚度越小，其减振效果越显著。为了降低车辆运行冲击噪声，在承轨台下铺设泡沫橡胶或其他聚硫和聚氨酯合成衬垫材料，也有的在承轨台上设置弹性聚合物砂浆层等措施。经过改进后的弹性减振道床与通常道床相比可降低噪声 10 dB，与有碴轨道相比可降低 2.3 dB。

(2)桥上无砟轨道结构防止迷流措施

无砟轨道钢轨对地绝缘电阻降低，在暴雨时由于水的影响电阻会更低，这点比隧道内的无砟轨道结构更为不利。因此，桥上无砟轨道结构要采取切实可靠的防迷流措施：

①用高绝缘扣件，使钢轨与基础之间多层绝缘，增大绝缘电阻。

②钢轨和基础之间设置绝缘性能很好的聚合物砂浆层。

③采取排除迷流措施，即把基础钢筋焊接，引导迷散电流回至变电所，香港轻轨交通采用此种形式。

④采用绝缘性能良好的桥梁支座，以增大桥梁结构对地的电阻。

(3)桥上无砟轨道结构无缝线路的铺设

当温度变化或桥梁承受车辆荷载产生挠曲时，桥面与铺设于其上的长钢轨产生相对位移而产生附加相互作用力。这些作用力与桥跨大小、温度跨度、温度约束条件、钢轨断面、扣件和伸缩调节器性能、车辆荷载、墩台形式等因素有关。桥上铺设长钢轨无缝线路时，梁轨之间相互作用的各种纵向力和横向力(温度应力、伸缩力、挠曲力、断轨力等)应进行合理组合，既要考虑各种不利情况，又要使各种不利组合是实际可能发生的。除对焊接长钢轨进行强度、稳定性验算外，还要对桥梁、墩台的结构和部位进行强度和稳定性验算。

## 2.3.3　独轨轨道结构

独轨线路是一种中、小运量的轨道交通系统，一般认为独轨轨道每高峰小时运输乘客少于1 万人次。日本是对独轨线路情有独钟的国家，东京、大阪的独轨轨道都在城市轨道交通中发挥着重要的作用。除日本外，其他国家修建独轨线路主要用于游乐场，如美国佛罗里达、洛杉矶的迪斯尼乐园。

独轨线路特别适合在大坡道和小半径曲线区段发挥作用，其最小半径($R_{min}$)和线路最大坡度($i_{max}$)如表 2.3 所示。日本跨坐式独轨线路的线路中心距，直线段 3.7 m，曲线段适当加宽。圆曲线最小长度不小于 20 m。

**表 2.6　独轨线路的最小半径和最大坡度**

| 跨坐式独轨线路 | | | 悬挂式独轨线路 | | |
|---|---|---|---|---|---|
| 运营线路 | $R_{min}$(m) | 60 | 运营线路 | $R_{min}$(m) | 30 |
| | $i_{max}$(%) | 6 | | $i_{max}$(%) | 6 |
| 其他线路 | $R_{min}$(m) | 30 | 其他线路 | $R_{min}$(m) | 30 |
| | $i_{max}$(%) | 10 | | $i_{max}$(%) | 12 |

1. 独轨线路的类型

早在 1824 年，英国就出现了第一条独轨运输线路，用马牵引车辆。1888 年法国人在爱尔兰铺设 15 km，由蒸汽机车牵引的跨坐式独轨线路，开始了独轨线路实用化阶段。1893 年德国人发明了悬挂式独轨线路。

独轨线路基本上分为跨坐式(图 2.46)和悬挂式(图 2.47)两种类型。

图 2.46　跨坐式独轨线路

图 2.47　悬挂式独轨线路

跨坐式独轨线路的车体重心在轨道梁的上方，运行时车体跨坐在轨道梁上；悬挂式独轨线路的车体重心在轨道梁的下方运行时，转向架悬挂着车体沿轨道梁运行。

2. 独轨线路组成

独轨线路的轨道由轨道梁、支柱和基础构成。轨道梁的作用是引导独轨列车运行，直接承受车轮传来的巨大压力，并将力通过立柱传递到基础上。轨道梁的上表面是车辆走行轮的行驶路面，两个侧面是水平导向轮的导轨，也是水平稳定轮的支撑(图 2.48)。支柱的作用是支撑轨道梁，承受由轨道梁传速的列车荷载。日本采用高架混凝土轨道梁，梁跨 20 m，车轮采用橡胶充气轮胎；澳大利亚独轨线路的轨道部分采用了全钢封闭箱形结构轨道梁，车轮采用钢轮；夏威夷独轨线路则将高架独轨移到了地面，有关的设施都埋于地下。

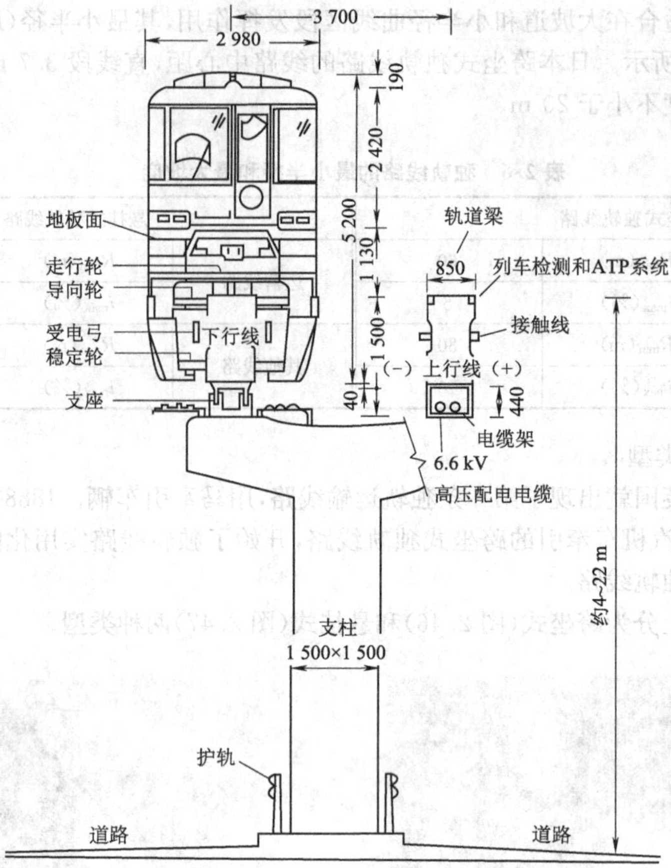


图 2.48　跨坐式独轨线路的轨道架构(单位:mm)

3. 跨坐式独轨线路的道岔

跨坐式独轨线路道岔见图 2.49。跨坐式独轨线路道岔由一定长度的道岔梁组成。道岔梁一端可以移动,整根梁与梁下方的支撑台车固定在一起,由台车上的电机驱动。

图 2.49　出入车库的独轨列车通过道岔

道岔梁可分为两类:一类是柔性铰接型(图 2.50),可使道岔梁连续弯成曲线;另一类为简易铰接型,转辙时道岔梁在转辙点前方保持一定距离的直线。

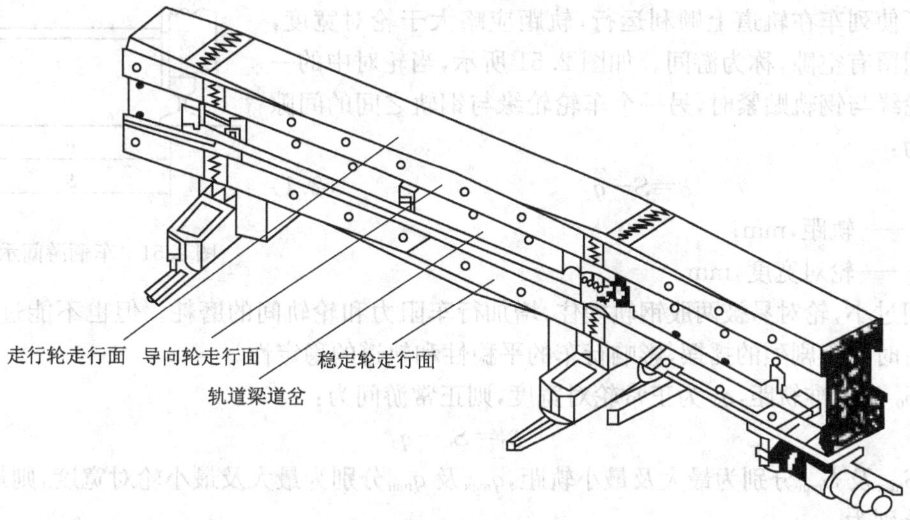


图 2.50　柔性铰接型轨道梁道岔

# 典型工作任务 4　轨道几何形位认知

轨道几何形位是指轨道的几何形状、相对位置和基本尺寸。轨道几何尺寸正确与否，对列车的安全运行、乘客的旅行舒适及设备的使用寿命和养护费用等起着决定性作用。

轨道由直线和曲线组成。轨道直接承受车轮的轮重，并引导其运行，为确保列车安全运行，轨道的两股钢轨之间，应保持一定的距离，两股钢轨的顶面应位于同一水平或保持一定的相对高差。钢轨的轨向必须正确，直线上应保持顺直，曲线上应保持与半径相适应的圆顺度。为使钢轨顶面在锥形踏面的车轮荷载作用下受力均匀，轨道的两股钢轨均应向内侧倾斜，使之有适当的轨底坡。所以，轮与轨是一组相互作用、互相配合的不同结构体系。

## 2.4.1　轨道几何形位基本要素

轨道几何形位要素有：轨距、水平、高低、方向和轨底坡。各种轨道几何形位都存在一定高偏差，但不得超过其容许值，称之为轨道几何尺寸的容许偏差。

1. 轨距

轨距是钢轨踏面下 16 mm 范围内两股钢轨工作边之间的最小距离。我国地铁、轻轨线路直线轨距标准规定为 1 435 mm，称为标准轨距。

轨距用道尺（也叫轨距尺）进行测量。轨距误差，规定宽不得超过 6 mm，窄不得超过 2 mm。所以在线路直线部分，轨距不应大于 1 441 mm，不应小于 1 433 mm。在日常检查时，通常每 6.25 m 检查一处，即在每节 25 m 钢轨的接头、中间（俗称大腰）及两个四分之一处（俗称小腰）共检查四处；每节 12.5 m 钢轨的接头及中间各检查一处。在日常管理上采用的标志符号，大于标准的误差用“＋”号，小于标准的误差用“－”号。另外，轨距的变化率正线一般不超过 1‰，困难时不超过 2‰；其他线困难时不超过 3‰。因为在短距离内如有显著的轨距变化，即使不超过允许误差，也会使机车车辆发生剧烈的摇摆。限制轨距变化率，对于保证行车平稳、保持轨道方向是非常重要的，特别是在高速行车地段尤为重要。

为了使列车在轨道上顺利运行，轨距应略大于轮对宽度，两者之间留有空隙，称为游间。如图 2.51 所示，当轮对中的一个车轮轮缘与钢轨贴紧时，另一个车轮轮缘与钢轨之间的间隙(游间)为：

$$\delta = S - q \tag{2.1}$$

式中　$S$——轨距，mm；

$q$——轮对宽度，mm。

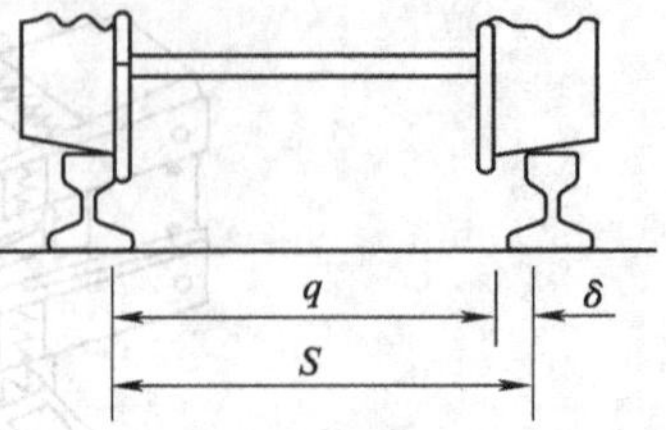


图 2.51　车辆游间示意图

游间过小，轮对易被两股钢轨楔住，增加行车阻力和轮轨间的磨耗。但也不能过大，以免列车运行时产生剧烈的摇摆，影响行车的平稳性和轨道的稳定性。

设 $S_0$ 为标准轨距，$q_0$ 为正常轮对宽度，则正常游间为：

$$\delta_0 = S_0 - q_0 \tag{2.2}$$

设 $S_{max}$ 及 $S_{min}$ 分别为最大及最小轨距，$q_{max}$ 及 $q_{min}$ 分别为最大及最小轮对宽度，则最大及最小游间分别为：

$$\delta_{max} = S_{max} - q_{min} \tag{2.3}$$

$$\delta_{min} = S_{min} - q_{max} \tag{2.4}$$

表 2.7 所例为地铁车辆轮对尺寸，如表 2.8 为直线轨道计算的正常、最大及最小游间。

**表 2.7　地铁车辆轮对尺寸**

| 轮缘厚度 | | 轮背内侧距 | | | 轮对宽度 | | |
|---|---|---|---|---|---|---|---|
| 最大 | 最小 | 最大 | 正常 | 最小 | 最大 | 正常 | 最小 |
| 32 | 22 | 1 355 | 1 353 | 1 351 | 1 419 | 1 417 | 1 395 |

**表 2.8　直线轨道游间**

| | 最大 | 正常 | 最小 |
|---|---|---|---|
| 游间 | 46 | 18 | 14 |

必须指出，表 2.8 所列的游间值，没有把车轴挠曲对轮对宽度的影响以及轨距的弹性扩大考虑在内。

2. 水平

水平指的是轨道上两股钢轨顶面相对水平。线路上两股钢轨顶面，在直线段、应保持同一水平。线路上实际存在两种形式的钢轨水平误差：一种是水平差，就是在较长的距离内，一股钢轨顶面始终高于另一股；另一种是三角坑(扭曲)，就是在一段不太长的距离内，钢轨顶面连续出现两个正负不同的水平差。检查三角坑时，基长为 6.25 m，但在延长 18 m 的距离内两点出现的水平偏差不应超过规定值。

图 2.52　线路三角坑示意图

通常水平差即使超过允许误差标准，也只是引起车辆的摇晃和两股钢轨的不均匀受力及磨耗。但如果在 18 m 的距离内有超过允许偏差的三角坑管理值(尽管水平都不超限)，就有可能使车辆的四个车轮只有三个正常压紧钢轨，另一个悬空。如果此时再有一个巨大的横向力作用，悬空的车轮就有可能爬上钢轨顶面，造成脱轨事故。因此，线路上如发现超限三角坑，须及时消除。

3. 高低

一股钢轨顶面纵向的高低差，叫做线路的前后高低。由于有前后高低而存在不平顺，危害甚大。因为列车通过这些钢轨时，冲击动力增加，使道床变形加快，反过来又扩大不平顺，从而使列车对轨道的破坏力更大，形成恶性循环。这种破坏作用往往同不平顺（坑洼）的深度成正比，而同它的长度成反比，即长度越短，破坏力越大。

4. 轨向（方向）

轨道的方向，在直线是否平直，在曲线上是否圆顺，叫做轨向。直线轨道实际并不是一条理想的直线，而是由许多波浪形“曲线”组成，不过这些曲线的长度大约为 10～20 m，一般肉眼不易辨认。

如果直线不直，方向不良，势必引起列车的摇晃和蛇行运动。在行驶高速列车的轨道上，线路方向对行车的平稳性尤为重要。相对轨距来说，轨道方向则是主要的，只要方向保持在容许范围内，则轨距变化对车体振动的影响就不至很大。

在无缝线路地段，若轨道方向不良，则到了高温季节，在一定条件下，会引起胀轨跑道，严重威胁行车安全。

5. 轨底坡

钢轨向轨道中心倾斜，这种倾斜度称为轨底坡。由于车轮踏面主要部分为 1∶20 的圆锥面，故在直线上钢轨不应竖直铺设，而要适当地向道心倾斜。如果钢轨保持竖直，车轮的压力将离开钢轨的中心线而偏向道心一侧，且微向外斜，其结果使钢轨头部磨损不均，腰部弯曲，轨头与轨腰连接处易发生纵裂，甚至折损。

设置轨底坡后，不但可以使车轮压力更集中于钢轨的中轴线，减少荷载的偏心距，降低轨腰应力，而且还可以减小轨头由于接触应力而产生塑性变形，因为在轨头中部塑性变形的积累远较两侧缓慢。

在地铁运营的实践中，规定轨底坡为 1∶40。这是因为在机车车辆的动力作用下，轨道被弹性挤开，轨枕产生挠曲和弹性压缩，加上垫板与轨枕不密贴，扣件的扣压力不足等原因，以及车轮踏面经过一段时期的运行后，原来 1∶20 的踏面也被磨耗接近 1∶40 的坡度，故将直线轨道的轨底坡标准定为 1∶40。

混凝土轨枕的轨底坡，一般在灌注混凝土枕时直接作在承轨台上。在曲线地段，里股钢轨的轨底坡由于轨枕随外轨超高而抬高，使曲线里股钢轨向轨道外侧倾斜，这种情况称为“小反”，必须避免，否则将影响列车运行的安全与平稳。曲线里股根据外股的超高度，通过垫楔形木垫板或砍削枕木作适当的调整，如表 2.9 的规定，以保证其不向轨道外方倾斜。当轨顶面由于磨耗不均，以形成横向坡度时，轨底坡应按磨耗轨顶坡予以适当的调整。

**表 2.9　里股钢轨轨底坡调整范围**

| 外轨超高(mm) | 轨枕面最大斜度 | 楔形垫板或木枕砍削的倾斜度 | | |
|---|---|---|---|---|
| | | 铁垫板或承轨台倾斜度 | | |
| | | 0 | 1∶20 | 1∶40 |
| 0～75 | 1∶20 | 1∶20 | 0 | 1∶40 |
| 80～125 | 1∶12 | 1∶12 | 1∶30 | 1∶17 |

## 知识拓展

### 2.4.2 城市轨道交通线路平面与纵断面及线路限界

由于国铁的列车类型、运行条件、运行速度与城市轨道交通有较大的差别，故线路参数也有较大差别。国铁的普通铁路、客运专线和高速铁路的有关线路参数可参照有关设计规范确定，以下讨论的是城市轨道交通的平纵断面线路参数。

1. 线路平面

线路平面是线路中心线在水平面上的投影，线路平面由直线、圆曲线和缓和曲线所组成。城市轨道交通线路受都市建筑群的影响，曲线很多且是不可避免的。小半径曲线增加了轮轨的磨耗，加大了线路养护维修工作量。因此，应尽可能减少曲线数量，只有无法避让障碍或吸引客流情况下才采用曲线，但也尽可能采用大半径曲线。车站站台计算长度段线路应设在直线上，在困难地段可设在曲线上，其半径不应小于 800 m。圆曲线最小长度为 20 m，困难条件下为一个车辆的全轴距。曲线最大超高值 120 mm，按曲线半径及行车速度确定缓和曲线长度。区间正线行车速度按 80 km/h 设计，车站两端 70 km/h。通往市郊、站间距离较大的线路，其速度可以有所提高。表 2.7 所列最小曲线半径仅考虑保证列车运行安全最基本要求，实际线路设计应综合考虑车辆类型、列车设计运行速度、工程投资、运营支出，并进行技术经济比较，选择“实际许用最小曲线半径”通常其值大于表 2.10 所列。

**表 2.10 最小曲线半径(m)**

| 线路 | | 一般情况 | | 困难情况 | |
|---|---|---|---|---|---|
| | | A型车 | B型车 | A型车 | B型车 |
| 正线 | $v\leqslant 80$ km/h | 350 | 300 | 300 | 250 |
| | 80 km/h$\leqslant v\leqslant$100 km/h | 550 | 500 | 450 | 400 |
| 联络线、出入线 | | 250 | 200 | 150 | |
| 车场线 | | 150 | 110 | 110 | |

注：除同心圆曲线外，曲线半径以 10 m 的倍数取值。

线路平面圆曲线与直线之间应根据曲线半径、超高设置及设计速度等因素设置缓和曲线，其长度应符合有关规定。道岔附带曲线可不设缓和曲线和超高，但其曲线半径不得小于道岔的导曲线半径。地铁线路不宜采用复曲线。在困难地段，有充分技术经济依据时可采用复曲线。当两圆曲线的曲率差大于 1/2 500 时，应设置中间缓和曲线，其长度根据计算确定，在困难情况下不得小于 20 m。正线及辅助线的圆曲线最小长度，对于不同类型的车辆，取值有所不同。地铁列车的车辆有 A 型车和 B 型车等类型，国曲线最小长度，A 型车不宜小手 25 m，B 型车不宜小于 20 m，在困难情况下不得小于一个车辆的全轴距。

正线及辅助线上两相邻曲线间的夹直线长度（不含超高顺坡及轨距速减段的长度），A 型车不宜小于 25 m，B 型车不宜小于 20 m，在困难情况下不得小于一个车辆的全轴距；车场线上的夹直线长度不得小于 3 m。

2. 线路纵断面

线路纵断面是线路中心线展直后在纵向垂直面上的投影。

线路纵断面是由坡段及连接相邻坡段的竖曲线组成，坡段的特征由坡段长度和坡度值表示。线路坡度以轨面高程升降的高度与其长度之比的千分率来表示，上坡为正，下坡为负，平坡为零，不同坡段的分界点称为变坡点。

从行车角度上来说，线路坡度应尽可能平缓，但受城市地质条件以及穿越市区的河流等地理条件的影响，有时必须要设置较大的坡度。轨道由地下延伸到地面的时候，也需要爬坡。除了这些特殊情况以外，隧道内由于排水的需要，也不宜设置平坡。

由于区间隧道施工采用盾构法，有条件采用“高站位、低区间”纵断面形式。“高站位、低区间”纵断面具有如下优点：节省车站工程费用，列车进站上坡有利制动，出站下坡有利加速，节能省电，减少隧道温升。这种线形必须在区间线路的最低处设置排水泵房，以排除区间隧道渗漏水和其他积水。

区间隧道的坡度按设计规范规定：正线的最大坡度不宜大于30‰，困难地段可采用35‰，联络线、出入线的最大坡度不宜大于40‰(均不考虑各种坡度折减值)。最大限制坡度的使用将影响线路的输送能力、运营质量和工程数量，线路坡度值的选用应进行技术经济比较后才可确定，通常尽可能不用足限制坡度。最小坡度：一般地段为3‰，个别地段为2‰。隧道内和路堑地段的正线最小坡度不宜小于3‰，困难地段在确保排水的条件下，可采用小于3‰的坡度；地面和高架桥上正线最小坡度在采取了排水措施后不受限制。

车站站台计算长度段线路应设在一个坡道上。有条件时车站宜布置在纵断面的凸形部位上，并设置合理的进、出站坡度。车站站台计算长度段线路坡度宜采用2‰，在困难条件下，可设在不大于3‰的坡道上。地面和高架桥上的车站站台计算长度段线路宜设在平坡道上，在困难地段可设在不大于3‰的坡道上。

车场线宜设在平坡道上，条件困难时，库外线可设在不大于1.5‰的坡道上。

道岔宜设在不大于5‰的坡道上，在困难地段可设在不大于10‰的坡道上。

折返线和停车线应布置在面向车挡或区间的下坡道上，隧道内的坡度宜为2‰，地面和高架桥上的折返线、停车线，其坡度不宜大于1.5‰。

规范规定，坡段与坡段相连，相邻两坡段坡度值的代数差大于等于2‰时，必须于变坡点设置竖曲线，即在垂直面上，用圆顺的曲线连接前后坡段，以改善列车的运行条件。区间线路竖曲线半径为5 000 m，困难地段为3 000 m，站段为3 000 m，辅助线为2 000 m，见表2.11。

**表2.11　竖曲线半径(m)**

| 线　别 | | 一般情况 | 困难情况 |
|---|---|---|---|
| 正线 | 区间 | 5 000 | 3 000 |
| | 车站端部 | 3 000 | 2 000 |
| 联络线、出入线 | | 2 000 | |
| 车场线 | | 2 000 | |

车站站台计算长度内和道岔范围内不得设置竖曲线，换言之，该地段相邻坡度的代数差不大于2‰，竖曲线离开道岔端部的距离不应小于5 m。碎石道床线路竖，曲线不得与平面缓和曲线重叠；当不设平面缓和曲线时，竖曲线不得与超高顺坡段重叠。线路坡段长度不宜小于远期列车长度，并应满足相邻竖曲线间的夹直线长度的要求，其夹直线长度不宜小于50 m。曲线的最大超高宜为120 mm，当设置的超高值不足时，一般允许有不大于60 mm的欠超高。隧道内及隧道外U形结构的整体道床地段轨道曲线超高，宜采用外轨抬高超高值的一半、内轨

降低超高值一半的办法设置，高架线、地面线的轨道曲线超高，宜采取外轨抬高超高值的办法设置。曲线超高值应在缓和曲线内递减，无缓和曲线时，应在直线段递减。超高顺坡率不宜大于 2‰，困难地段不应大于 3‰。

3. 线路限界

列车在运行过程中，它的外轮廓线始终与周围一切建筑物和各种设备的轮廓线之间保持着一个空间的安全距离称为限界，如图 2.53，图 2.54 所示。

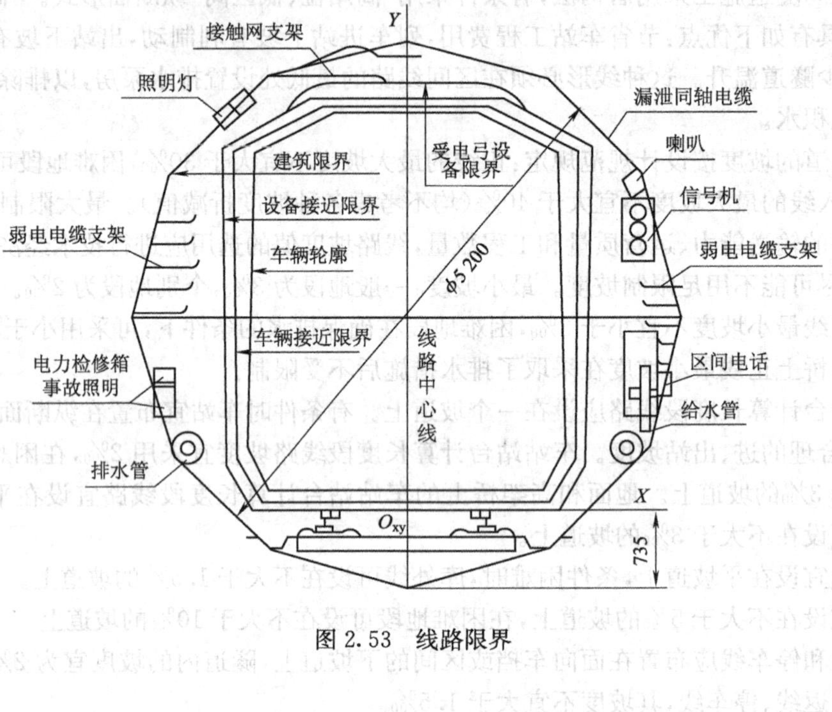


图 2.53　线路限界

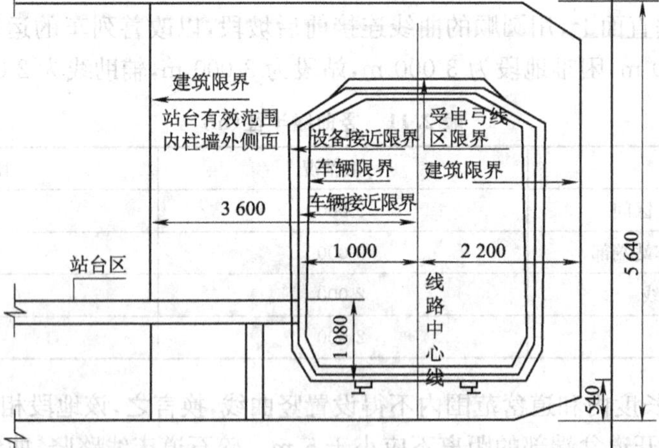


图 2.54　车站限界（单位：mm）

(1)建筑限界：沿线一切建筑物的外轮廓严禁向车辆运行空间方向侵入的安全警戒线。

(2)设备限界：沿线建筑物上所安装的一切设备，其外轮廓严禁向车辆运行空间方向侵入的安全警戒线。

(3)车辆限界:车辆的制造、安装以及工程列车上所装载的施工料具不得向建筑物方向超出的安全警戒线。车辆在线路上运行时,以线路中心线为基准,绘制车辆各部最外各点的静态轮廓线,并考虑其有可能发生的变化或振动,形成动态轮廓线,再结合轨道的几何偏差所引起的车辆位移确定车辆限界。

地铁限界是以地铁车辆的轮廓尺寸和运行的动力性能为基本依据,再综合考虑线路特性、设备安装、施工方法等因素,以确定地下构筑物的大小和各种设备互相间的尺寸关系及界限。地铁限界按车辆在平直线路上运行制定。在曲线段和道岔区,其限界必须按车辆的有关尺寸、不同的曲线半径和超高以及不同的道岔类型齿加宽和加高。竖曲线地段的建筑限界,应在直线地段上根据不同竖曲线半径及车辆的有关尺寸计算的加高量进行加高。

车辆限界是在直线上运行的车辆轮廓尺寸基础上,考虑车辆运行的偏移、倾斜,各联结件和走行部分的磨耗,以及空气单簧一侧失效等因素,经计算求得的。它的决定因素主要有:车辆主要尺寸、静态和动态时的车辆横向偏移量、静态和动态时的车辆垂直偏移量、静态和动态时的车辆偏转角。其中车辆主要尺寸如下:车体长度、车体最大宽度、车体顶面距轨顶面高度、车辆定距、转向架轴距和客室地板面距轨顶面高度。

设备限界是在车辆限界的基础上,考虑各种因素在内的安全预留量而确定的。除与行车直接有关的设备(如站台、接触网的滑触线)外,所有安装后的设备均不得侵入设备限界。

建筑限界是隧道最小横断面有效内轮廓尺寸限界。在建筑限界与设备限界间的空间,应满足安装设备和管线的需要。

接触网限界是在隧道内安装接触网及其支架的尺寸限界,它决定于车辆受电弓升起高度允许值,可能的偏移、倾斜允许磨耗量以及接触网安装需要的高度。在一般情况下,在车辆限界的基础上确定地铁限界以后,再综合考虑施工方法、施工误差、衬砌厚度,曲线地段矩形隧道建筑限界加宽的几种具体做法:圆曲线地段可根据不同曲线半径的车辆设备限界进行加宽,缓和曲线地段加宽方法,其精确计算可按缓和曲线上各点曲率半径和轨道超高值逐一求得,也可采用近似计算法,当线路无缓和曲线而有超高过渡段时,其限界应进行加宽量计算。

区间及站内两相邻线路中心线间的距离为线间距。线间距是根据有关限界、相邻线路间设置的与行车有关的技术设备和办理不同性质作业而确定的,规定地铁电动客车组,其半宽为 1.5 m,加上列车间的安全距离,故两正线直线地段最小线间距取 3.6 m。曲线部分区间及站内线路中心线间的水平距离,线路中心线至建筑接近限界的水平距离,均按曲线半径大小,根据曲线上建筑接近限界加宽办法计算确定。

车站站台面至轨顶的高度为 1 100 mm,比车辆地板面至轨顶低 30 mm,主要考虑有利于乘客上、下车和当车轮直径因磨耗而缩小时仍不致比站台面低这一因素确定。

## 项目小结

在学习本项目时应重点掌握城市轨道交通无砟轨道连接部件的类型及适用范围,接触轨、无砟轨道结构形式、轨道几何形位等,能根据城市轨道交通结构形式选择合理的无砟轨道连接部件,能根据不同的工程环境选择合理的接触轨形式。

## 复习思考题

1. 扣件应满足哪几方面的性能？
2. 地铁线路扣件的种类主要有哪些？
3. 轻轨线路常用扣件的种类有哪些？
4. 接触轨的形式？
5. 接触轨的主要组成？
6. 整体道床的优越性有哪些？
7. 轨枕式整体道床的结构尺寸要求？
8. 轨道几何形位要素有哪些？

# 项目 3　曲线轨道设置

## 项目描述

曲线轨道是城市轨道交通轨道结构的重要组成部分。本项目主要介绍曲线轨道外轨超高设置、小半径曲线轨距加宽设置、缓和曲线设置、曲线轨道缩短轨设置、曲线轨道方向整正等知识。通过该项目的学习，掌握曲线外轨超高设置原理及方法；曲线轨距加宽设置原理及加宽方法；缓和曲线设置原理及其长度确定；曲线轨道缩短轨设置原理及配置方法；曲线轨道方向整正原理及方法等知识，能够对城市轨道交通曲线轨道设置有深刻的认知。

## 拟实现的教学目标

1. 能力目标

(1)能根据规范规定进行曲线超高的检算；

(2)能根据规范规定进行小半径曲线轨距加宽的设置；

(3)能根据规范规定确定缓和曲线的长度；

(4)能根据规范规定进行曲线内轨缩短量和缩短轨根数的计算，并进行缩短轨的配置；

(5)能运用绳正法整正曲线的基本原理进行曲线轨道方向的整正。

2. 知识目标

(1)掌握曲线外轨超高设置原理及方法；

(2)掌握曲线轨距加宽设置原理及加宽方法；

(3)掌握缓和曲线设置原理及其长度确定的要求；

(4)掌握曲线轨道缩短轨设置原理及配置方法；

(5)掌握曲线轨道方向整正原理及方法。

3. 素质目标

(1)培养独立自主分析问题、解决问题的能力；

(2)增强分工协作的意识；

(3)具备一定的协调组织能力。

## 典型工作任务 1　曲线轨道外轨超高设置

### 3.1.1　外轨超高设置的原理

列车在曲线上行驶时，由于惯性离心力作用，将列车推向外股钢轨，加大了外股钢轨的压力，使旅客产生不适等，严重时会导致列车倾覆或挤翻外轨使车辆颠覆。因此需要把曲线外轨适当抬高，使列车的自身重力产生一个向心的水平分力，以抵消离心惯性力，达到内外两股钢轨受力均匀和垂直磨耗均匀等，满足旅客舒适感，提高线路的稳定性和安全性。

### 3.1.2　外轨超高的计算

列车以速度 $v$ 沿半径为 $R$ 的圆曲线运动时，产生的离心力 $F$，其值可由下式计算：

$$F = m\frac{v^2}{R} = \frac{G}{g}\frac{v^2}{R} \tag{3.1}$$

式中　$G$——车体重力(kN)；

$g$——重力加速度($m/s^2$)；

$v$——行车速度(m/s)；

$R$——曲线半径(m)。

若将曲线轨道设置外轨超高 $h$ 后，如图 3.1 所示，使离心力 $F$ 与车体的重力 $G$ 的合力 $Q$ 作用于轨道中心 $O$ 点，此时内外两股钢轨所受的垂直压力相等，钢轨的支撑反力 $E_1 = E_2$。由图 3.1 可知：

$$\sin\gamma = \frac{h}{S_1}, \tan\gamma = \frac{F}{G} \tag{3.2}$$

式中，$S_1$ 为两股钢轨中心间的距离，$S_1 = 1\ 500$ mm。

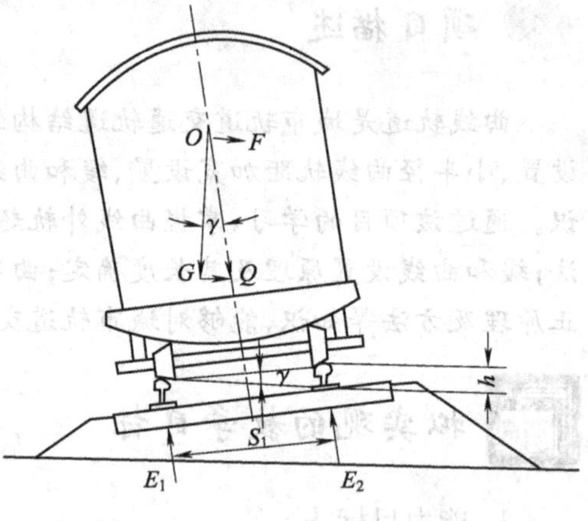


图 3.1　外轨超高示意

由于 $h$ 很小，所以 $\gamma$ 很小，因此可以认为 $\sin\gamma \approx \tan\gamma$，故平衡离心力所需要的外轨超高可表示为：

$$h = \frac{S_1 F}{G} = \frac{S_1}{G}\frac{G}{g}\frac{v^2}{R} = \frac{S_1}{g}\frac{v^2}{R} \tag{3.3}$$

将 $S_1 = 1\ 500$ mm，$g = 9.8\ m/s^2$ 带入上式，则超高公式为：

$$h = \frac{1\ 500 \times \left(\frac{1}{3.6}\right)^2}{9.8}\frac{v^2}{R} = 11.8\frac{v^2}{R} \tag{3.4}$$

式中　$h$——外轨超高值(mm)；

$v$——行车速度(km/h)；

$R$——曲线半径(m)。

式(3.4)是按某列车以速度 $v$ 通过曲线时推导出来的超高计算式。实际上通过曲线的各次列车速度各不相同，因此，为了合理的设置超高，式(3.4)中的速度 $v$ 应采用各次列车的平均速度 $v_0$，即

$$h_0 = 11.8\frac{{v_0}^2}{R} \tag{3.5}$$

曲线外轨超高计算值，应取为 5 mm 的整倍数。最大超高值是根据行车速度、车辆性能、轨道结构稳定性和乘客舒适度确定。《地铁设计规范》规定：曲线地段超高的最大限度不得超过 120 mm。

### 3.1.3　外轨超高的检算

1. 外轨未被平衡的超高

对实际曲线来说，曲线实设超高 $h_0$ 是根据平均速度 $v_0$ 由式(3.5)计算确定的，曲线实设超高一旦设置，即为固定值。当行驶速度 $v$ 和平均速度 $v_0$ 不一致的列车通过时，实际设置的外

轨超高和实际需要的外轨超高不可能完全适应。如果 $v > v_0$，则实际需要的外轨超高大于实际设置的外轨超高，实设超高不足，曲线上外轨有"欠超高"。此时，离心力 $F$ 大于实际设置超高所提供的向心力，外轨承受偏载，离心力未被平衡，使旅客感觉不舒适；反之，如果 $v < v_0$，则实际需要的外轨超高小于实际设置的外轨超高，实设超高过大，曲线上外轨有"过超高"。此时，离心力 $F$ 小于实际设置超高所提供的向心力，内轨承受偏载向心力在平衡离心力后有多余，使乘客不适。

现将"欠超高"和"过超高"，统称为未被平衡的超高。若存在未被平衡的超高，则必然存在未被平衡的离心加速度。当 $v > v_0$ 时，有

$$\Delta h = h - h_0 = \frac{S_1}{g}\frac{v^2}{R} - \frac{S_1}{g}\frac{v_0^2}{R} = \frac{S_1}{g}(a - a_0) = \frac{S_1}{g}\Delta a = 153\Delta a \qquad [3.6(a)]$$

式中 $\Delta h$——未被平衡的超高，为欠超高(mm)；

$a$——列车以速度 $v$ 通过曲线时的离心加速度($m/s^2$)；

$a_0$——列车以平均速度 $v_0$ 通过曲线时的离心加速度($m/s^2$)；

$\Delta a$——未被平衡的离心加速度($m/s^2$)。

同理，当 $v < v_0$ 时，有

$$\Delta h = 153(-\Delta a) \qquad [3.6(b)]$$

式中 $\Delta h$——未被平衡的超高，为过超高(mm)；

$\Delta a$——未被平衡的向心加速度($m/s^2$)。

由于欠(过)超高是标量，而加速度是矢量，但不论加速度的符号是正(离心)还是负(向心)，对旅客乘车的舒适度的影响是一样的，为能统一表达欠超高、过超高与未被平衡的加速度的关系，将式[3.6(a)]、式[3.6(b)]算出的未被平衡的加速度取绝对值，即为：

$$\Delta h = |153\Delta a|$$

由于未被平衡的加速度或未被平衡的超高使内轨或外轨产生偏载，引起内外轨不均匀磨耗，并影响旅客乘车的舒适性，因此必须对未被平衡的加速度进行限制，进而对未被平衡的超高进行限制。未被平衡的超高应当满足下式：

$$\Delta h \leqslant 153[\Delta a] \qquad (3.7)$$

式中 $\Delta h$——未被平衡的超高(mm)；

$[\Delta a]$——未被平衡的加速度的容许值($m/s^2$)。

若采用未被平衡的超高度来表示未被平衡离心加速度的限值，则当未被平衡的加速度的容许值取 0.4 $m/s^2$时，允许未被平衡的超高度为 61 mm，各城市地铁由于行车速度不同，允许最大未被平衡的超高度不完全一致，以北京地铁为例：允许最大未被平衡的超高度为 60 mm。《地铁设计规范》规定，允许有不大于 61 mm 的欠超高。

2. 曲线轨道上的限速

曲线轨道外轨超高按平均速度计算设置后，除行车条件有较大变化需予调整外，一般是固定的。在既定的超声条件下，通过该曲线的列车最高速度必定受到未被平衡的容许超高度 $[\Delta h]$ 的限制，由式(3.4)可知：

$$h_0 + [\Delta h] = 11.8\frac{v_{max}^2}{R}$$

最高行车速度 $v_{max}$ 应为：

$$v_{max} = \sqrt{\frac{(h_0 + [\Delta h])R}{11.8}} \qquad (3.8)$$

式中 $v_{max}$ ——通过曲线的最高行车速度(km/h);

$h_0$ ——按平均速度设置的超高度(mm);

$[\Delta h]$ ——未被平衡的容许欠超高(mm);

$R$ ——曲线半径(m)。

**【例 3.1】** 已知地铁某段线路曲线半径为 800 m,测得通过该段线路列车的速度分别为 67、58、63、62、70 km/h,所需的外轨超高度为多少?

**【解】**

(1)平均速度 $v_0$

$$v_0=\frac{67+58+63+62+70}{5}=64\ (\text{km/h})$$

(2)计算超高

$$h=\frac{11.8{v_0}^2}{R}=\frac{11.8\times 64^2}{800}=60.4\ (\text{mm})\quad 取\ h=60(\text{mm})$$

(3)检算外轨超高

列车通过该曲线的最高行车速度为 70 km/h,所需的外轨超高量为:

$$h_{高}=\frac{11.8\times 70^2}{800}=72.3\ (\text{mm})$$

则未被平衡的超高度(欠超高)为:

$$\Delta h_{欠}=72.3-60=12.3(\text{mm})<61(\text{mm})$$

列车通过该曲线的最低行车速度为 58 km/h,所需的外轨超高量为:

$$\Delta h_{低}=\frac{11.8\times 58^2}{800}=49.6\ (\text{mm})$$

则未被平衡的过超高为:

$\Delta h_{过}=60-49.6=10.4(\text{mm})<60(\text{mm})$(参考北京地铁标准)

综上,外轨超高值 $h=60$ mm 满足要求。

### 3.1.4 外轨超高设置的方法

在设置外轨超高时,主要有线路中心高度不变法和外轨提高法两种方法。线路中心高度不变法是内外轨分别各降低和抬高超高值一半而保证线路中心标高不变的方法。外轨提高法是保持内轨标高不变而只抬高外轨的方法。

线路中心高度不变法,可使车辆通过曲线时,其重心高度几乎不变,从而避免了不必要的上下振动。在陡坡地段,线路纵向坡度也不会因设置外轨超高而使线路中线坡度加大。但是,由于这种设置超高的方法在处理道床方面较复杂,对养护维修作业技术要求也高,因而,对于普通道床轨道结构,我国《地铁设计规范》规定将超高全值设在外轨上,采用加厚外侧道床的办法来实现。

《地铁设计规范》指出,已建成的地铁线路,超高顺坡率一般不大于 2‰,困难地段不大于 3‰,经多年运营实践证明,未发现技术问题,是可行的。另外,参考《铁路线路维修规则》,结合目前各城市地铁线路外轨超高设置情况,对地铁曲线超高的顺坡作如下说明:

(1)曲线超高应在整个缓和曲线内顺完,顺坡坡度在正线一般应不大于 1‰,困难情况下不大于 2‰;其他线一般不大于 2‰,困难情况下不大于 3‰。

(2)如缓和曲线长度不足，顺坡可延伸至直线上，顺坡率一般不大于 2‰，困难情况下不大于 3‰。

(3)如因地形限制，不能设置缓和曲线时，则在直线上顺坡，顺坡长度(单位:m)不短于 $10\times h\times v_{\max}$，在困难地段也不得短于 $7\times h\times v_{\max}$。

(4)为了保证行车安全及旅客舒适度的要求，一般不宜设置复曲线。在困难地段，有充分技术经济依据时，可采用复曲线。当两圆曲线的曲率差 $(1/R_1)-(1/R_2)>1/2\ 500$ 时，应设置中间缓和曲线。两曲线超高不相等时，应在缓和曲线范围内从较大超高向较小超高均匀顺坡。

(5)同向曲线两个超高顺坡终点间的直线长度，对于正线及辅助线型，A 型车不宜短于 25 m，B 型车不宜短于 20 m，在困难情况时也不短于一个车辆全轴距；车场线的夹直线长度不得小于 3 m。

(6)同向曲线如果两个超高顺坡终点间距离不满足上述要求时，而两曲线的超高顺坡剩余量相等，则直线部分可以保留这一剩余量相等的超高，以 B 型车为例，夹直线情况如图 3.2(a)、(b)、(c)所示。

(7)同向曲线如果两曲线的超高顺坡剩余量不相等，困难情况下，则可在直线部分把剩余量从较大超高均匀的向较小超高顺坡，如图 3.2(d)所示。

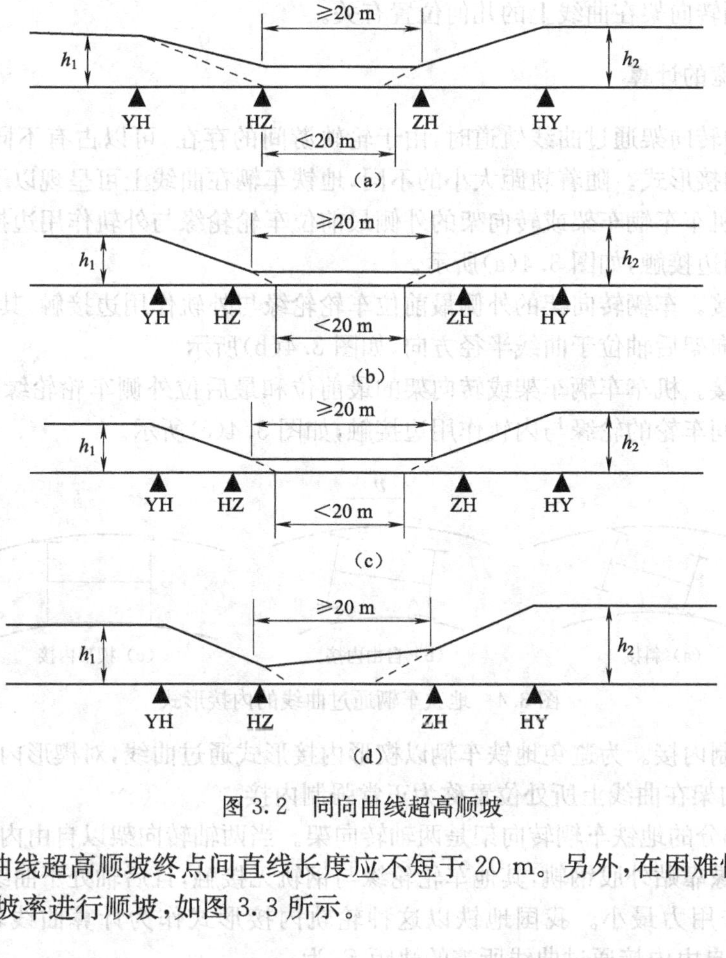


图 3.2　同向曲线超高顺坡

(8)两反向曲线超高顺坡终点间直线长度应不短于 20 m。另外，在困难情况下可以采用不大于 3‰的顺坡率进行顺坡，如图 3.3 所示。

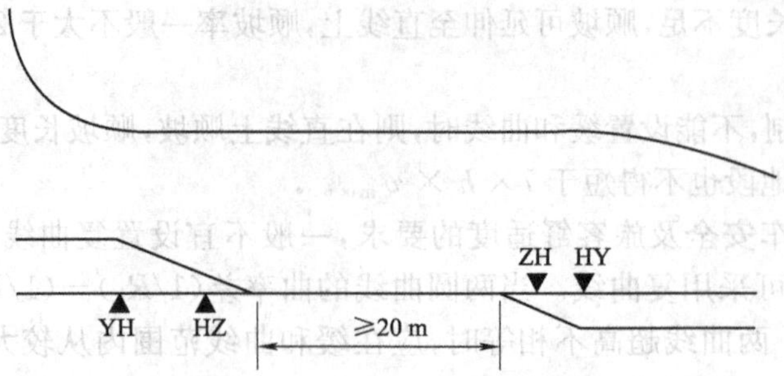


图 3.3　反向曲线超高顺坡

## 典型工作任务 2　小半径曲线轨距加宽设置

### 3.2.1　轨距加宽设置的原理

地铁车辆由直线进入曲线轨道时，仍然存在保持其原有行驶方向的惯性，只是受到外轨的引导作用方才沿着曲线轨道行驶。对于小半径曲线轨道，为使地铁车辆顺利通过而不致被楔住或挤开轨道，减小轮轨间的横向作用力，以减少轮轨磨耗，轨距要适当加宽。曲线轨距的加宽值与地铁车辆转向架在曲线上的几何位置有关。

### 3.2.2　轨距加宽的计算

地铁车辆的转向架通过曲线轨道时，由于轮轨游间的存在，可以占有不同的几何位置，即可以有不同的内接形式。随着轨距大小的不同，地铁车辆在曲线上可呈现以下四种内接形式：

(1)斜接。机车车辆车架或转向架的外侧最前位车轮轮缘与外轨作用边接触，内侧位车轮轮缘与内轨作用边接触，如图 3.4(a)所示。

(2)自由内接。车辆转向架的外侧最前位车轮轮缘与外轨作用边接触，其他车轮轮缘与钢轨无接触，且转向架后轴位于曲线半径方向，如图 3.4(b)所示。

(3)楔形内接。机车车辆车架或转向架的最前位和最后位外侧车轮轮缘同时与外轨作用边接触，内侧中间车轮的轮缘与内轨作用边接触，如图 3.4(c)所示。

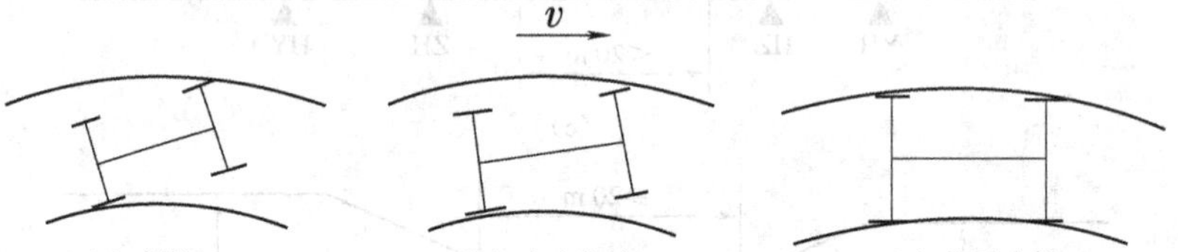


(a) 斜接　　(b) 自由内接　　(c) 楔形内接

图 3.4　地铁车辆通过曲线的内接形式

(4)正常强制内接。为避免地铁车辆以楔形内接形式通过曲线，对楔形内接所需轨距增加 $\delta_{min}/2$，此时转向架在曲线上所处位置称为正常强制内接。

我国绝大部分的地铁车辆转向架是两轴转向架。当两轴转向架以自由内接形式通过曲线时，前轴外轮轮缘靠贴外股钢轨，其他车轮轮缘与钢轨无接触，且后轴处于曲线半径方向上，这种状态轮轨间作用力最小。我国地铁以这种轮轨内接形式作为计算曲线轨距的依据。由图 3.5可得车辆自由内接通过曲线所需的轨距 $S_f$ 为：

$$S_f = q_{max} + f_0 + \Delta S \tag{3.9}$$

式中　$S_f$——自由内接所需轨距(mm)；

$q_{max}$——最大轮对宽度(mm)；

$f_0$——外矢距，其值为：

$$f_0 = \frac{(L+b)^2}{2R}$$

其中　$L$——转向架固定轴距，A 型车辆取 2 500 mm，

$b$——轮缘与轨头的接触点至轮轴中线的距离，因其值甚小，可忽略不计，

$R$——曲线半径；

$\Delta S$——轨距允许负误差，$\Delta S=2$ mm。

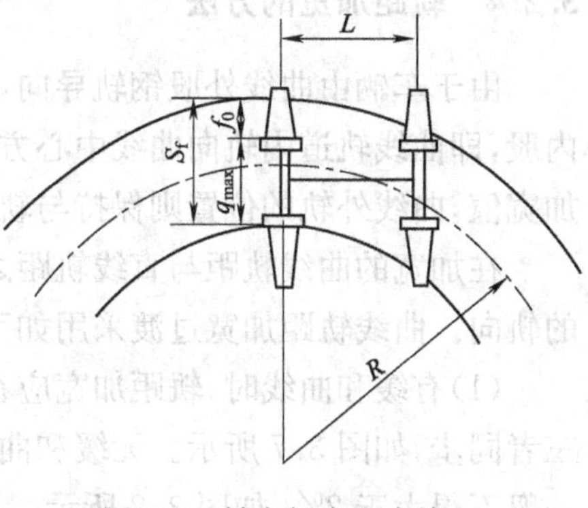

图 3.5　转向架自由内接

若用 $S_0$ 表示直线轨距，则曲线轨距加宽值 $\Delta S$ 应为：

$$\Delta S = S_f - S_0 \tag{3.10}$$

由于地铁车辆固定轴距尚未统一，因此上述公式对于同一半径的加宽值就有出入，另外，鉴于国内外对曲线轨距加宽有逐渐减小的趋势，对上述计算的轨距加宽值还要做一些修正。

### 3.2.3　轨距加宽的标准

曲线轨道的最大轨距，应切实保障行车安全，不使其掉道。在最不利情况下，当轮对的一个车轮轮缘紧贴一股钢轨时，另一个车轮踏面的 1∶10 斜坡段部分，应全部在轨头顶面范围内滚动，如图 3.6 所示。曲线上容许最大轨距 $S_{max}$ 由下式计算：

$$S_{max} = d_{min} + T_{min} - \varepsilon_r + a - r - \varepsilon_s \tag{3.11}$$

式中　$d_{min}$——车辆车轮最小轮缘厚度，其值为 22 mm；

$T_{min}$——车轮最小轮背内侧距离；

$\varepsilon_r$——车辆车轴弯曲时轮背内侧距离减小量，取 2 mm；

$a$——轮背至轮踏面斜度为 1∶20 与 1∶10 变坡点的距离，取 100 mm；

$r$——钢轨顶面圆角宽度，取 12 mm；

$\varepsilon_s$——钢轨弹性挤开量，取 2 mm。

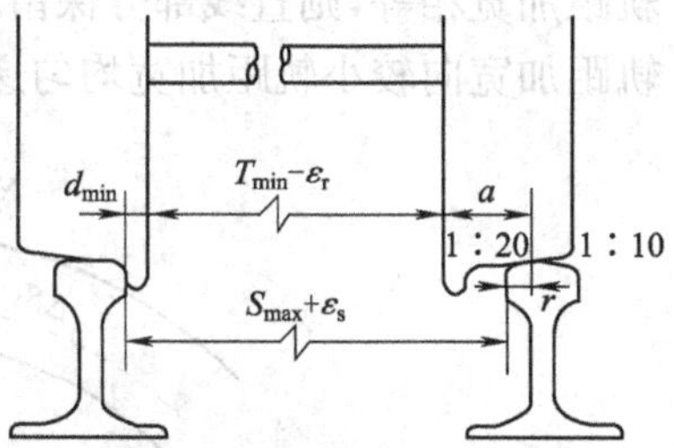

图 3.6　曲线轨道最大允许轨距

将上述采用的数据带入式(3.11)得：

$$S_{max} = 22 + 1\ 350 - 2 + 100 - 12 - 2 = 1\ 456(\text{mm})$$

因轨距的容许偏差不得超过 6 mm，所以曲线轨道最大容许轨距应为 1 450 mm，即最大允许加 15 mm。《地铁设计规范》规定，半径小于等于 200 m 的曲线地段，其轨距应按表 3.1 进行加宽。

**表 3.1　曲线地段轨距加宽值**

| 曲线半径(m) | 加宽值(mm) | | 轨距(mm) | |
|---|---|---|---|---|
| | B 型车 | A 型车 | B 型车 | A 型车 |
| 200≥$R$>150 | 5 | 10 | 1 440 | 1 445 |
| 150≥$R$>100 | 10 | 15 | 1 445 | 1 450 |

### 3.2.4　轨距加宽的方法

由于车辆由曲线外股钢轨导向，为保持曲线外股钢轨圆顺，故规定曲线轨距加宽值应加在内股，即曲线轨道内轨向曲线中心方向移动，使其与线路中心线的距离等于1 435/2加上轨距加宽值，曲线外轨的位置则保持与轨道中心半个轨距的距离不变。

在加宽的曲线轨距与直线轨距之间，需要有一定的过渡段，使轨距递减均匀，能保持较好的轨向。曲线轨距加宽过渡采用如下方法：

(1)有缓和曲线时，轨距加宽应在整个缓和曲线内均匀递减，使其与超高顺坡和正矢递减三者同步，如图3.7所示。无缓和曲线时，则由圆曲线的始终点开始向直线均匀递减，递减率一般不得大于2‰，如图3.8所示。

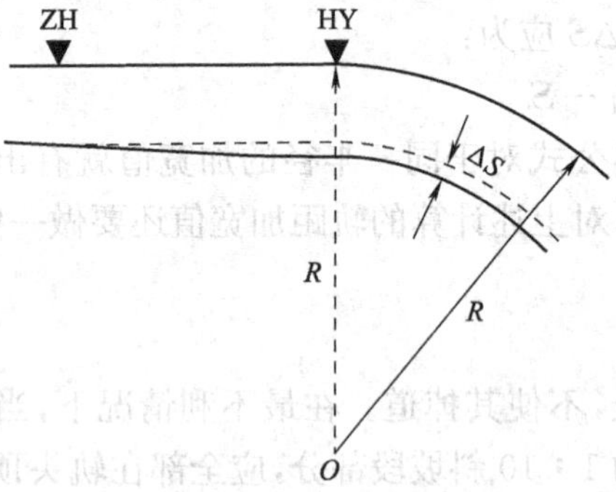


图3.7　缓和曲线上轨距加宽递减

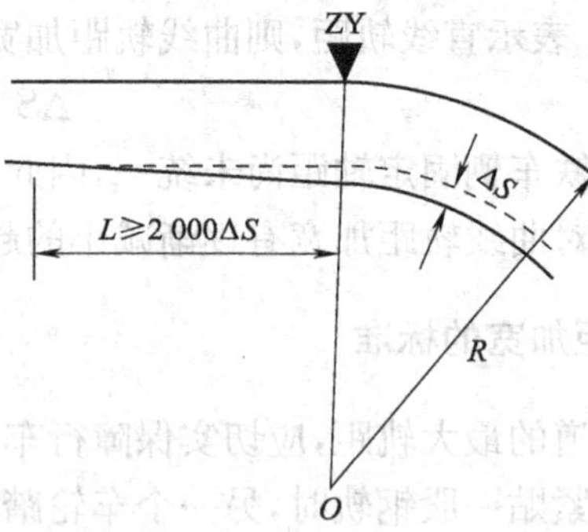


图3.8　直线上轨距加宽递减

(2)曲线轨距加宽递减终点间的直线长度应不短于10 m。不足10 m时，如直线部分的两轨距加宽相等，则直线部分保留相等的加宽，如图3.9(a)所示。如不相等，则直线部分从较大轨距加宽向较小轨距加宽均匀递减，如图3.9(b)所示。

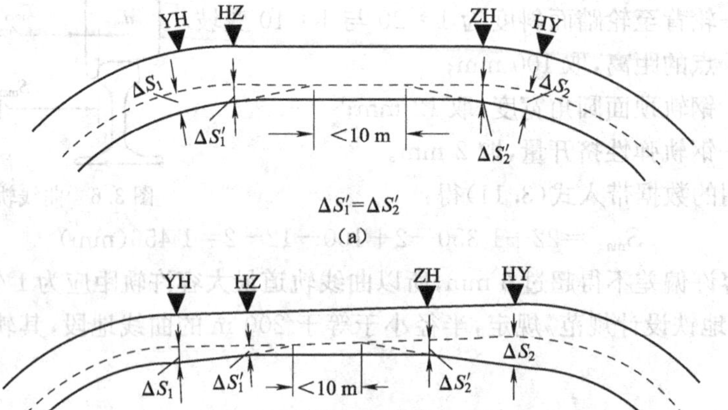


图3.9　两曲线间轨距加宽递减

(3)在困难条件下，曲线轨距加宽，允许按不大于3‰递减。

# 典型工作任务3　缓和曲线设置

## 3.3.1　缓和曲线设置的原理

地铁车辆在曲线上运行时，出现了在直线上运行时所没有的力，如转向力、离心力，以及各种惯性力。当车辆由直线运行至曲线时，这些力，尤其是离心力的突然产生，使列车震动、行车不稳、旅客不舒适。为了避免离心力突然产生及突然消失，使离心力逐渐地增加或减少，就需要一段半径逐渐变化的曲线，把直线和圆曲线连接起来，我们称这段曲线为缓和曲线。

另外，曲线轨道外轨有超高，而直线轨道无超高，外轨超高需要相当长的一段距离来进行顺坡，由于外轨超高必须与曲线半径相适应，否则会使钢轨磨耗不均，旅客不适，所以，在超高顺坡范围内，亦即直线与圆曲线间设置缓和曲线，以使外轨超高能随缓和曲线曲率半径的减小而增大。此外，小半径曲线的轨距加宽递减，也需要在缓和曲线上得以逐渐而圆顺地完成。

## 3.3.2　缓和曲线的线形要求

图 3.10 所示为一段缓和曲线。其始点与终点用 ZH 与 HY 表示。要达到设置缓和曲线的目的，根据如图所取直角坐标系，缓和曲线的线形应满足以下条件：

(1)为了保持几何连续性，缓和曲线在平面上的形状应当是：在始点处，横坐标 $x=0$，纵坐标 $y=0$，倾角 $\varphi=0$；在终点处，横坐标 $x=x_0$，纵坐标 $y=y_0$，倾角 $\varphi=\varphi_0$。

(2)列车进入缓和曲线，车体受到离心力 $F=m\dfrac{v^2}{\rho}$ 的作用。为保持列车运行的平稳性，应使离心力不突然产生和消失，即在缓和曲线始点处，$F=0$ 或 $\rho=\infty$；在缓和曲线终点处 $F=m\dfrac{v^2}{R}$ 或 $\rho=R$。

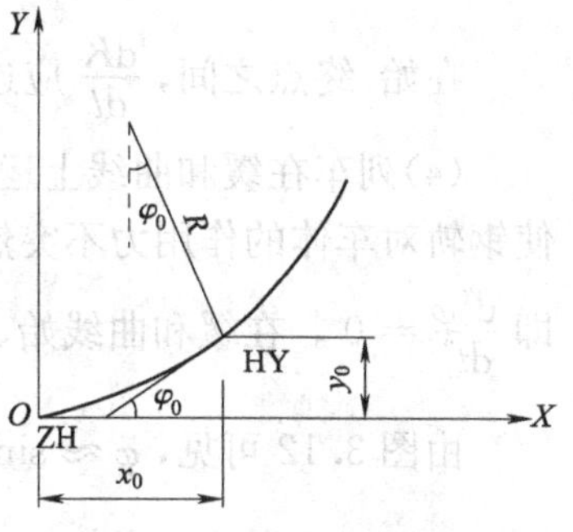

图 3.10　缓和曲线坐标

(3)缓和曲线上任何一点的曲率应与外轨超高相配合。

在纵断面上，外轨超高顺坡的形状有两种形式：一种形式是直线形，如图 3.11(a)所示；另一种形式是曲线形，如图 3.11(b)所示。

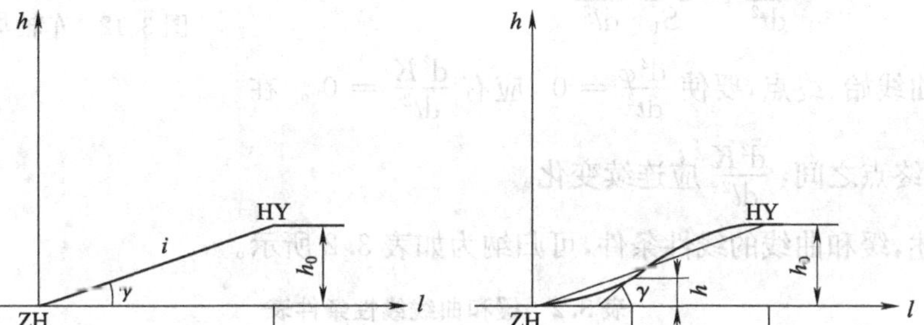

图 3.11　超高顺坡

列车经过直线顺坡的缓和曲线始点和终点时，对外轨都会产生冲击。在行车速度不高，超高顺坡相对平缓时，列车对外轨的冲击不大，可以采用直线形超高顺坡。直线形超高顺坡的缓和曲线，在始点处 $\rho=\infty$；终点处 $\rho=R$，即可满足曲率与超高相配合的要求。

当行车速度较高时，为了消除列车对外轨的冲击作用，应采用曲线形超高顺坡。其几何特征是缓和曲线始点及终点处的超高顺坡倾角 $\gamma=0$，即在始点和终点处应有：

$$\tan\gamma=\frac{\mathrm{d}h}{\mathrm{d}l}=0$$

式中　$l$——曲线上任何一点至缓和曲线起点的距离；

　　$h$——外轨超高度，其值为：$h=\dfrac{S_1 v_0^2}{g\rho}$；

其中　$\rho$——缓和曲线上任一点的曲率半径。

对某一特定曲线，平均速速 $v_0$ 可视为常数。令

$$\frac{S_1 v_0^2}{g\rho}=E\text{（常数）}$$

则

$$h=E\frac{1}{\rho}=EK$$

可见缓和曲线上各点的超高 $h$ 为曲率 $K$ 的线性函数。因此，在缓和曲线始点、终点处应有：

$$\frac{\mathrm{d}h}{\mathrm{d}l}=0\text{，即}\frac{\mathrm{d}K}{\mathrm{d}l}=0$$

在始、终点之间，$\dfrac{\mathrm{d}K}{\mathrm{d}l}$ 应连续变化。

(4)列车在缓和曲线上运动时，其车轴与水平面倾斜角 $\varphi$ 不断变化，亦即车体发生侧滚要使钢轨对车体的作用力不突然产生和消失，在缓和曲线始、终点处应使倾转的角加速度为零，即 $\dfrac{\mathrm{d}^2\varphi}{\mathrm{d}t^2}=0$。在缓和曲线始、终点之间 $\dfrac{\mathrm{d}^2\varphi}{\mathrm{d}t^2}$ 应连续变化。

由图 3.12 可见，$\varphi\approx\sin\varphi=\dfrac{h}{S_1}$，式中，$h=EK$，因此有：

$$\frac{\mathrm{d}^2\varphi}{\mathrm{d}t^2}=\frac{E}{S_1}\frac{\mathrm{d}^2K}{\mathrm{d}t^2}$$

因为

$$v=\frac{\mathrm{d}l}{\mathrm{d}t}$$

所以

$$\frac{\mathrm{d}^2\varphi}{\mathrm{d}t^2}=\frac{Ev^2}{S_1}\frac{\mathrm{d}^2K}{\mathrm{d}l^2}$$

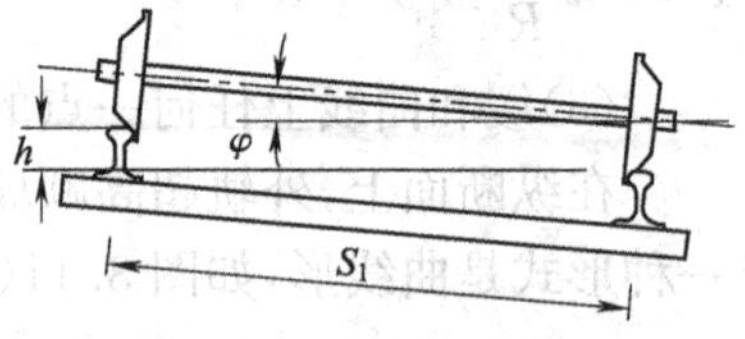


图 3.12　车轴与水平面倾角

在缓和曲线始、终点，要使 $\dfrac{\mathrm{d}^2\varphi}{\mathrm{d}t^2}=0$，应有 $\dfrac{\mathrm{d}^2K}{\mathrm{d}l^2}=0$。在缓和曲线始、终点之间，$\dfrac{\mathrm{d}^2K}{\mathrm{d}l^2}$ 应连续变化。

综上所述，缓和曲线的线性条件，可归纳为如表 3.2 所示。

**表 3.2　缓和曲线线性条件表**

| 顺序 | 符合 | 始点(ZH) $l=0$ | 终点(HY) $l=l_0$ | 始点与终点之间 |
|---|---|---|---|---|
| 1 | $y$ | 0 | $y_0$ | 连续变化 |
| 2 | $\varphi$ | 0 | $\varphi_0$ | |
| 3 | $K$ | 0 | $\dfrac{1}{R}$ | |

续上表

| 顺序 | 符合 | 始点(ZH) $l=0$ | 终点(HY) $l=l_0$ | 始点与终点之间 |
|---|---|---|---|---|
| 4 | $\frac{dK}{dl}$ | 0 | 0 | |
| 5 | $\frac{d^2K}{dl^2}$ | 0 | 0 | |

### 3.3.3　缓和曲线的常用线型

满足表 3.2 中前三项要求的缓和曲线，是目前最常用的缓和曲线，所以也称为常用缓和曲线。

常用缓和曲线的外轨超高顺坡形式为直线顺坡在缓和曲线的始终点，超高和曲率的变化在理论上是不连续的，因而作用在车体上的力有突变。在行车速度不高的线路上，采用常用缓和曲线，基本可以适应列车运行的需要。

常用缓和曲线的基本方程必须满足的条件为：当 $l=0$ 时，$K=0$；当 $l=l_0$ 时，$K=\frac{1}{R}$。

由超高与曲率的线性关系可知，满足这些条件的基本方程应为：

$$K=K_0\frac{l}{l_0}=\frac{l}{c} \tag{3.12}$$

或

$$l\rho=c \tag{3.13}$$

式中　$K$——缓和曲线上任意一点的曲率，等于 $\frac{1}{\rho}$；

$\rho$——缓和曲线上任意一点的曲率半径；

$l$——缓和曲线上任意一点离 ZH 点(或 HZ 点)的距离；

$K_0$——缓和曲线终点 HY 点(或 YH 点)的曲率，等于 $\frac{1}{R}$；

$l_0$——缓和曲线长度；

$c$——常用缓和曲线的特征常数，$c=Rl_0$。

由式(3.12)可见，缓和曲线长度 $l$ 与曲率 $K$ 成正比。符合这一条件的曲线称为放射螺旋线。图 3.13(a)是图 3.13(b)的细部放大图。设放射螺旋线的倾角为 $\varphi$，由图 3.13 可知：

$$dl=\rho d\varphi$$

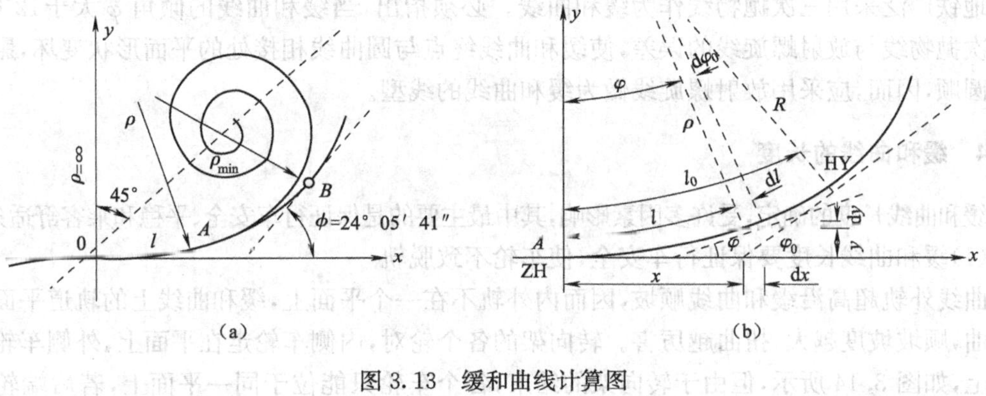


图 3.13　缓和曲线计算图

$$d\varphi=\frac{dl}{\rho}=Kdl=\frac{ldl}{Rl_0}$$

缓和曲线的偏角 $\varphi$ 为：

$$\varphi=\int_0^l \mathrm{d}\varphi=\int_0^l \frac{l}{Rl_0}\mathrm{d}l=\frac{l^2}{2Rl_0}=\frac{l^2}{2c} \tag{3.14}$$

在缓和曲线终点处，$l=l_0$，缓和曲线偏角为：

$$\varphi_0=\frac{l_0^2}{2Rl_0}=\frac{l_0}{2R} \tag{3.15}$$

因为 $\mathrm{d}x=\mathrm{d}l\cos\varphi, \mathrm{d}y=\mathrm{d}l\sin\varphi$

由式(3.15)可见，在缓和曲线长度范围内，偏角 $\varphi$ 数值较小，可取近似值：

$$\sin\varphi\approx\varphi$$

$$\cos\varphi=1-2\sin^2\frac{\varphi}{2}\approx1-2\left(\frac{\varphi}{2}\right)^2=1-\frac{\varphi^2}{2}$$

故可得：

$$\mathrm{d}x=\left(1-\frac{\varphi^2}{2}\right)\mathrm{d}l=\left(1-\frac{l^4}{8C^2}\right)\mathrm{d}l$$

$$\mathrm{d}y=\varphi\mathrm{d}l=\frac{l^2}{2C}\mathrm{d}l$$

将以上两式积分得：

$$x=\int_0^l\left(1-\frac{l^4}{8C^2}\right)\mathrm{d}l=l-\frac{l^5}{40C^2} \tag{3.16}$$

$$y=\int_0^l\frac{l^2}{2C}\mathrm{d}l=\frac{l^3}{6C} \tag{3.17}$$

式(3.16)和式(3.17)是放射螺旋线的近似参数方程式，如消去上边两式中的参数，则得：

$$y=\frac{x^3}{6C}\left(1+\frac{3x^3}{40C^2}+\cdots\right) \tag{3.18}$$

这是放射螺旋线近似直角坐标方程。当只取第一项时，

$$y=\frac{x^3}{6C} \tag{3.19}$$

式(3.19)为三次抛物线方程，其曲率在坐标原点处为零，以后逐渐增大，至图 3.13(a)中的 $B$ 点达最大值，过此点后逐渐减小。$B$ 点处的倾角为24°05′41″。三次抛物线与放射螺旋线相重合的部分只限于 $OA$ 段，据计算 $A$ 点处的倾角约为12°。由于三次抛物线设置简单，因此，我国地铁广泛采用三次抛物线作为缓和曲线。必须指出，当缓和曲线的倾角 $\varphi$ 大于12°时，由于三次抛物线与放射螺旋线的误差，使缓和曲线终点与圆曲线相接处的平面形状变坏，影响曲线的圆顺，因而，应采用放射螺旋线做为缓和曲线的线型。

### 3.3.4 缓和曲线的长度

缓和曲线长度的确定，受许多因素影响，其中最主要的是保证行车安全、平稳和乘客舒适条件。

(1)缓和曲线长度要保证行车安全，使车轮不致脱轨

曲线外轨超高沿缓和曲线顺坡，因而内外轨不在一个平面上，缓和曲线上的轨道平面发生了扭曲，顺坡坡度越大，扭曲越厉害。转向架的各个轮对，内侧车轮走在平面上，外侧车轮走在斜面上，如图 3.14 所示，但由于转向架的约束，各个车轮只能位于同一平面上，若后端轮对的内外两轮都紧贴轨面，前端轮对的外轮也紧贴轨面，则前轮对的内轮就会悬浮在轨面上，这个悬浮高度不应大于最小轮缘高度。为保证安全，应使车轮轮缘不爬越内轨顶面。设外轨超高

顺坡坡度为 $i$，最大固定轴距为 $L_{max}$，则车轮离开内轨顶面的高度为 $iL_{max}$。当悬空高度大于轮缘最小高度 $K_{min}$ 时，车轮就有脱轨的危险。因此必须保证：

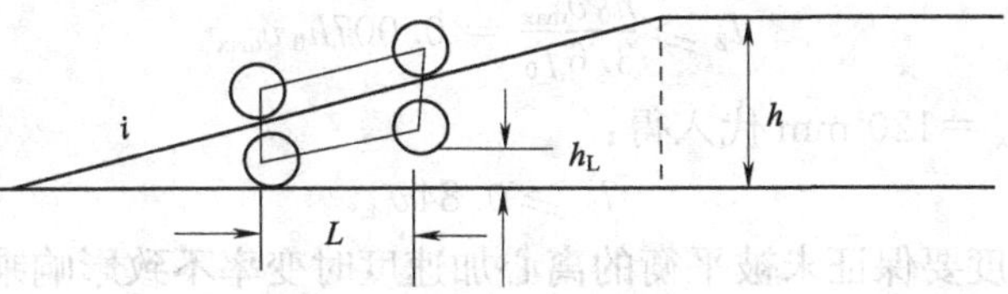


图 3.14　转向架在缓和曲线上示意图

$$iL_{max} \leqslant K_{min}$$

$$i \leqslant \frac{K_{min}}{L_{max}} \tag{3.20}$$

式中　$i$——外轨超高顺坡坡度。

考虑必要的安全系数，一般超高顺坡坡度应不大于 $i_0=2‰$。由外轨超高顺坡坡度 $i_0$ 及圆曲线外轨超高 $h_0$，可算出必须的缓和曲线长度 $l_1$ 应为：

$$l_1 \geqslant \frac{h_0}{i_0} \tag{3.21}$$

对外轨超高顺坡为曲线形的缓和曲线，外轨超高顺坡的最大坡度也要满足式(3.20)对 $i_0$ 的要求。曲线形顺坂的坡度由下式计算：

$$i_0 = \frac{dh}{dl} = \frac{S_1 v_0^2}{g}\frac{dK}{dl}$$

当 $\frac{di}{dl}=0$，即 $\frac{d^2K}{dl^2}=0$ 时，$i$ 有极值。对曲线顺坡缓和曲线来说，这个极值出现在缓和曲线的中点即 $l=\frac{l_1}{2}$ 处，此处的外轨超高顺坡坡度应不大于 $i_0=2‰$。

由上述可知，为保证行车安全，超高顺坡频度不宜大于 2‰，另外，困难地段也不应大于 3‰，则缓和曲线的最小长度为：

$$l_1 = \frac{h_0}{2} \cdot \frac{h_0}{3} \tag{3.22}$$

式中　$h_0$——圆曲线实设超高(mm)。

(2)缓和曲线长度要保证外轮的升高(或降低)速度(或超高时变率)不致影响乘客舒适度

地铁列车通过缓和曲线时，其外轮一边前进，一边升高(或降低)，车体发生扭转，乘客感到不舒适。所以外轮的升高速度 $f$(或称超高时变率)，不应超过某一规定值 $f_0$。当列车以容许的最高速度 $v_{max}$ 行驶时，外轮升高速度 $f$ 应满足下式：

$$f = \frac{h_0}{t} = \frac{h_0 v_{max}}{3.6 l_2} \leqslant f_0$$

$$l_2 \geqslant \frac{h_0 v_{max}}{3.6 f_0} \tag{3.23}$$

式中　$v_{max}$——通过曲线的最高行车速度(km/h)；

$h_0$——圆曲线外轨超高(mm)；

$l_2$——缓和曲线长度(m)；

$f_0$——容许的超高时变率(mm/s)。

容许的超高时变率 $f$ 值是乘客舒适度的一个标准，主要依据实测来决定，考虑各种因素，《地铁设计规范》规定为 40 mm/s。此时：

$$l_2 \geqslant \frac{h_0 v_{\max}}{3.6 f_0} = 0.007 h_0 v_{\max} \tag{3.24}$$

以最大超高 $h_{\max}=120$ mm 代入得：

$$l_2 \geqslant 0.84 v_{\max} \tag{3.25}$$

(3)缓和曲线长度要保证未被平衡的离心加速度时变率不致影响乘客舒适度

缓和曲线上未被平衡的离心加速度为：

$$\alpha = \frac{v^2}{\rho(l)} - \frac{v_0^2}{\rho(l)} = \frac{1}{\rho(l)}(v^2 - v_0^2)$$

$\alpha$ 不仅与实际行车速度和设置超高时所用的平均速度的差异有关，而且与曲率的改变有关。从直线进入缓和曲线后，曲率半径越来越小，未被平衡的加速度越来越大，加速度随时间的变化率 $\gamma$（时变率）应不大于某一规定值 $\gamma_0$，以满足旅客舒适的要求，即：

$$\gamma = \frac{\alpha}{t} = \frac{\alpha}{\dfrac{3.6 l_3}{v_{\max}}} = \frac{\alpha v_{\max}}{3.6 l_3} \leqslant \gamma_0$$

$$l_3 \geqslant \frac{\alpha v_{\max}}{3.6 \gamma_0} \tag{3.26}$$

式中 $\alpha$ ——缓和曲线上未被平衡的离心加速度（$m/s^2$）；

$v_{\max}$ ——曲线上的最高行车速度(km/h)；

$\gamma_0$ ——容许的未被平衡离心加速度的时变率（$m/s^3$）；

$l_3$ ——缓和曲线长度(m)。

圆曲线上的未被平衡离心加速度 $a$ 值应按一定的增长率 $\gamma_0$ 值逐渐实现，不能突然产生或消失，否则乘客会感到不舒适。

英国实测资料认为，当 $\gamma_0=0.4$ $mm/s^3$ 时，乘客舒适度指标接近于感觉边缘，日本地铁取 $\gamma_0=0.249 \cdot 0.373$ $mm/s^3$。

参考国内外资料，并考虑到实际的 $\gamma_0$ 值要大于计算值，因此，从保证乘客舒适出发，取离心加速度时变率 $\gamma_0=0.3$ $m/s^3$，$a=0.4$ $m/s^2$ 则：

$$l_3 \geqslant \frac{0.4 v_{\max}}{3.6 \times 0.3} = 0.37 v_{\max} \tag{3.27}$$

由式(3.25)、式(3.27)可知，$\gamma_0$ 值对缓和曲线长度并不起控制作用。

(4)综合分析

由上述分析可知，对缓和曲线长度起控制作用的是应满足超高顺坡和超高时变率的要求，即：上述公式(3.22)、(3.24)：

$$l_1 = \frac{h_0}{2} \cdot \frac{h_0}{3}$$

$$l_2 \geqslant 0.007 v_{\max} h_0$$

(5)缓和曲线长度的确定

①综上所述并考虑超高顺坡的要求可归纳如下：

a. 当 $v \leqslant 50$ km/h 时，超高为：

$$h = 11.8 \frac{v^2}{R}$$

缓和曲线长度为：

$$l=\frac{h}{3}\geqslant 20\ \text{m}$$

b. 当 50 km/h＜$v\leqslant$70 km/h 时，超高为：

$$h=11.8\frac{v^2}{R}$$

缓和曲线长度为：

$$l=\frac{h}{2}\geqslant 20\ \text{m}$$

c. 70 km/h＜$v\leqslant 3.2\sqrt{R}$ km/h 时，超高为：

$$h=11.8\frac{v^2}{R}$$

缓和曲线长度为：

$$l=0.007vh\geqslant 20\ \text{m}$$

②缓和曲线长度，按上述有关公式计算求得，$l=\frac{h}{3}$ 时，计算值不舍只进，其他按 2 舍 3 进，取 5 的整倍数。

③缓和曲线的最小长度为 20 m，主要是从不短于一节地铁车辆的全轴距而确定的。全轴距是指一节车辆第一位轴至最后位轴之间的距离，目前，我国地铁车辆全轴距最大值不超过 20 m。

**【例 3.2】** 有一地铁线路，曲线半径为 600 m，假如当列车运行速度分别为 50 km/h、65 km/h、80 km/h，需要设置的缓和曲线长度分别多少米？

**【解】**

缓和曲线长度应满足超高顺坡和超高时变率的要求，

(1)当 $v=50$ km/h 时，

超高为：　$h=11.8\frac{v^2}{R}=11.8\times\frac{50^2}{600}=49.2(\text{mm})$，取 50 mm。

缓和曲线长度为：　$l=\frac{h}{3}=\frac{50}{3}=16.7(\text{m})$，取 $l=20$ m。

(2)当 $v=65$ km/h 时，

超高为：　$h=11.8\frac{v^2}{R}=11.8\times\frac{65^2}{600}=83.1(\text{mm})$，取 85 mm。

缓和曲线长度为：　$l=\frac{h}{2}=\frac{85}{2}=42.5(\text{m})$，取 $l=45$ m。

(3) $v=80$ km/h 时：

超高为：　$h=11.8\frac{v^2}{R}=11.8\times\frac{80^2}{600}=125(\text{mm})$

因 $h$ 最大值为 120 mm，所以取 $h=120$ mm。

缓和曲线长度为：

$$l=0.007vh=0.007\times80\times120=67.2\approx67(\text{m})，取\ l=70\ \text{m}$$

结论：当列车运行速度分别为 50 km/h、65 km/h、80 km/h 时，需要设置的缓和曲线长度分别 20 m、45 m、70 m。

# 典型工作任务 4　曲线轨道缩短轨设置

## 3.4.1　缩短轨设置的原理

曲线地段外股轨线比内股轨线长，如果曲线内外轨均用同样长度的钢轨铺设，则内股钢轨接头必将超前于外股钢轨接头，不能保证钢轨接头的对接要求。因此，为了保持内外股钢轨接头成对接方式，必须在内股轨线上铺设必要数量的缩短轨。

由于线路上的曲线半径不同，要使曲线上每个接头均对齐，则钢轨长度种类将极为繁杂，使钢轨制造及轨道铺设和维修工作复杂化。因此允许内外两股钢轨接头有少量相错量。一般规定：在正线上，曲线地段接头相错量不超过 40 mm 加所用缩短轨缩短量的一半，大修时，不超过 20 mm 加所用缩短轨缩短量的一半。

目前我国地铁采用的标准缩短轨的缩短量，对 12.5 m 标准轨为 40 mm、80 mm、120 mm 三种（即标准缩短轨长 12.46 m、12.42 m、12.38 m），对 25 m 标准轨为 40 mm、80 mm、160 mm三种（即标准缩短轨长 24.96 m、24.92 m、24.84 m）。

为了维修方便，同一曲线一般宜使用同一种标准缩短轨。

## 3.4.2　缩短轨的配置

1. 内轨缩短量的计算

如图 3.15 所示，$AB$ 和 $A'B'$ 分别为曲线轨道上的外股轨线和内股轨线，$AA'$ 和 $BB'$ 为两个任意断面，内外轨线的长度差即为内股轨线的缩短量：

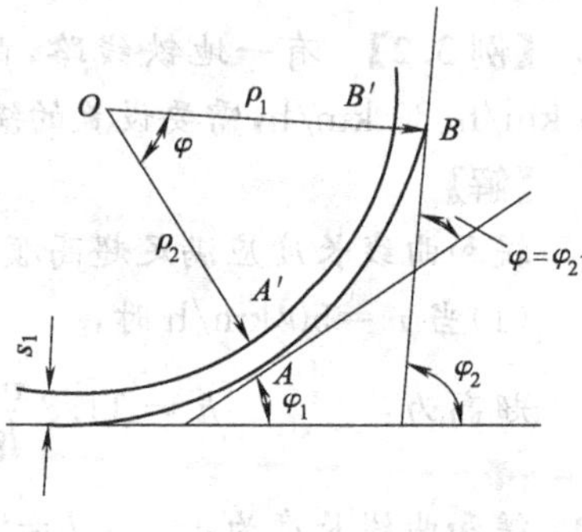

图 3.15　曲线内轨缩短量计算

$$\begin{aligned}\Delta l &= \int_{\varphi_1}^{\varphi_2}\rho_1\,\mathrm{d}\varphi-\int_{\varphi_1}^{\varphi_2}\rho_2\,\mathrm{d}\varphi\\ &=\int_{\varphi_1}^{\varphi_2}(\rho_1-\rho_2)\,\mathrm{d}\varphi\\ &=\int_{\varphi_1}^{\varphi_2}S_1\,\mathrm{d}\varphi\\ &=s_1\varphi\end{aligned}\tag{3.28}$$

式中　$\varphi_1$、$\varphi_2$ ——外轨线上 $A$、$B$ 点的切线与曲线始切线的夹角；

$\rho_1$、$\rho_2$ ——外轨线和内轨线的半径；

$S_1$ ——内外轨中心线间的距离，一般取 1 500 mm。

由式(3.28)可知，内股轨线应有缩短量只与转角 $\varphi$ 及内外股轨头中线间的距离 $S_1$ 有关。

对于圆曲线，当 $A$、$B$ 两点分别为圆曲线的始点和终点时，由于 $\varphi=\dfrac{l_y}{R}$，则整个圆曲线内轨缩短量为：

$$\Delta l_y=\frac{S_1 l_y}{R}\tag{3.29}$$

式中　$l_y$ ——圆曲线的长度；

$R$ ——圆曲线的半径。

对于常用缓和曲线，则有：

$$\varphi_1 = \frac{l_1^2}{2Rl_h}, \varphi_2 = \frac{l_2^2}{2Rl_h} \tag{3.30}$$

式中　$l_h$ ——缓和曲线长度；

$l_1$、$l_2$ ——缓和曲线起点至 $A$、$B$ 点的距离。

当 $A$ 点为缓和曲线始点，$B$ 点为缓和曲线上的任意一点时，$l_1 = 0$、$l_2 = l_{h(i)}$，则缓和曲线上任意一点至缓和曲线始点内股轨线应有的缩短量为：

$$\Delta l_i = \frac{S_1 l_{h(i)}^2}{2Rl_h} \tag{3.31}$$

当 $A$、$B$ 两点分别为缓和曲线的始点和终点时，$l_1 = 0$、$l_2 = l_h$，则整个缓和曲线内轨的缩短量为：

$$\Delta l_h = \frac{S_1 l_h}{2R} \tag{3.32}$$

整个曲线(包括圆曲线和两端缓和曲线)的总缩短量为：

$$\Delta l_z = 2\Delta l_h + \Delta l_y = \frac{S_1 l_h}{R} + \frac{S_1 l_y}{R} = \frac{S_1}{R}(l_h + l_y) \tag{3.33}$$

2. 缩短轨数量的计算

设每根缩短轨的缩短量为 $k$，则该曲线所需缩短轨的根数 $N$ 为：

$$N = \frac{\Delta l_z}{k} \tag{3.34}$$

外股轨线所需标准轨的根数 $N_0$ 为：

$$N_0 = \frac{2l_h + l_y}{L_b + \delta} \tag{3.35}$$

式中　$L_b$ ——标准轨长度；

$\delta$ ——轨缝。

显然，曲线内股铺设的缩短轨的根数 $N$ 不应大于曲线外股轨线上铺设的标准轨的根数 $N_0$，即：

$$N \leqslant N_0$$

否则，应选用缩短量更大的缩短轨。$k$ 值的选取可参考表 3.3。

**表 3.3　曲线半径与缩短轨类型对照表**　mm

| $R$(m) | 12.5 m | 25 m |
|---|---|---|
| $R \geqslant 1\,000$ | 40 | 40 |
| $1\,000 > R \geqslant 500$ | 40 | 80 |
| $500 > R \geqslant 250$ | 80 | 160 |
| $R < 250$ | 120 | — |

3. 缩短轨的配置

在运营线上，可采用现场丈量的方法布置缩短轨，如图 3.16 所示。其步骤如下：

(1)根据所使用的缩短轨类型及算出的缩短轨根数配齐轨料。

(2)在现场用钢尺从曲线头附近的钢轨接头量起，在外股量一根标准轨长加一轨缝值，内股也量同样长度。然后，将外股丈量终点用方尺方到内股，则内股丈量终点比外股方过来的点，要超前一个量值，称此值为应有缩短量。

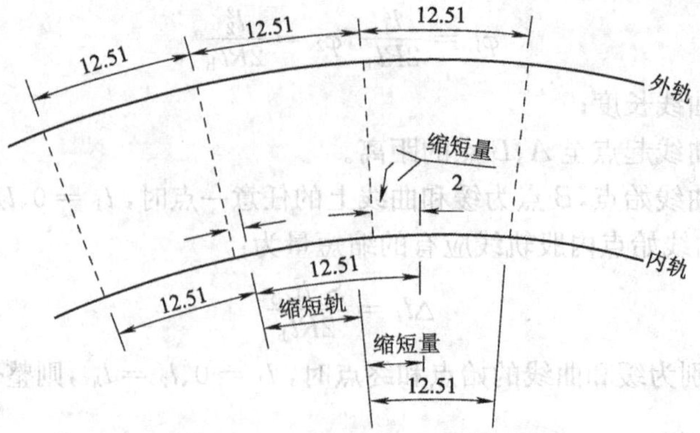


图 3.16　缩短轨布置(单位:mm)

(3)继续丈量,当应有缩短量大于缩短轨缩短量的一半时,即在内股此根轨上作一记号,表示此轨要换成缩短轨。

(4)将内股丈量起点向丈量始点方向退一缩短轨缩短量的长度,再按前述方法继续丈量,直至定出所有缩短轨的位置为止。

在新线铺轨或线路大修组装轨排工程中,只能通过计算来配置缩短轨。配置的方法是从曲线始点开始,计算外股轨线每一钢轨接头处内股应有的缩短量。凡内股应有缩短量与实际缩短量之差大于缩短轨缩短量的一半时,即应在该处布置一根缩短轨,以使内外股接头错距不大于缩短轨缩短量的一半。

利用表格进计算,现举例如下:

**【例 3.3】** 某曲线的曲线半径 $R=610$ m,曲线总长 $L_z=245.49$ m,缓和曲线长 $l_h=100$ m,圆曲线长 $L_y=45.49$ m,标准轨长 $L_b=12.5$ m,轨缝宽度 $\delta=10$ mm,直线上最后一节钢轨进入曲线的长度为 3.52 m。试确定缩短轨铺设位置。

**【解】**

(1)内股轨线总的缩短量计算:

$$\Delta l_z = S_1\frac{l_h+l_y}{R} = 1\,500\times\frac{100+45.49}{610} = 357.76\ \text{mm}$$

(2)所需缩短轨的根数。因 $R>500$ m,故应选用缩短量 $k=40$ mm 的缩短轨。所需缩短轨的根数为:

$$N=\frac{\Delta l_z}{k}=\frac{357.76}{40}=8.94\ \text{根,采用 9 根}$$

(3)外股钢轨所需标准轨的根数为:

$$N_0=\frac{2l_h+l_y}{L_b+\delta}=\frac{2\times100+45.49}{12.5+0.01}=19.62\ \text{根}$$

$N_0>N$,故缩短轨选择合理。

4. 填表计算缩短轨的铺设位置(表 3.4)

第 1 栏:填写各接头或标桩点在曲线上所处的位置。

第 2 栏:钢轨编号。从曲线起点至曲线终点依次进行编号。

第 3 栏:钢轨长度。填写外股轨线上所铺设的标准轨的长度(含轨缝)。

第 4 栏:填写外股轨线上各接头或标桩点至曲线始点(ZH)的距离。

首先确定第一缓和曲线上外股钢轨第一个接头离 ZH 点的距离 $x_1$，本例中 $x_1 = 3.52$ m。然后根据所使用的标准轨长度（本例中 $L_b = 12.5$ m）及轨缝宽度（本例中 $\delta = 10$ mm）确定以后各个接头离 ZH 点的距离 $x_i$ 。如下：

$$x_2 = x_1 + 12.51$$
$$x_3 = x_2 + 12.51$$
$$x_4 = x_3 + 12.51$$
$$\vdots$$
$$x_i = x_{i-1} + 12.51$$

第 5 栏：在第一缓和曲线范围，填写各接头至 ZH 点的距离，其数值与第 4 栏的数值相同；在圆曲线范围，填写各接头至 HY 点的距离，其值为第 4 栏的数值减去一个缓和曲线长度，即 $l_{y(i)} = x_i - l_h$；在第二缓和曲线范围，填写各接头至 HZ 点的距离，其值为曲线全长减去第 4 栏的数值，即 $l_{h2(i)} = L_z - x_i$

第 6 栏：计算曲线上各接头从 ZH 点算起的应有缩短量 $\Delta l_i$，这要根据各接头所处位置分别用不同的方法来计算：

①第一缓和曲线上各接头：

$$\Delta l_i = \frac{S_1}{2Rl_h} l_{h_1(i)}{}^2$$

②圆曲线上各接头：

$$\Delta l_i = \Delta l_{h1} + \frac{S_1}{R} l_{y(i)}$$

③第二缓和曲线上各接头：

$$\Delta l_i = \Delta l_z - \frac{S_1}{2Rl_h} l_{h2(i)}^2$$

式中　$l_{h1(i)}$ ——第一条缓和曲线上各接头距 ZH 点长度；

　　　$l_{h2(i)}$ ——第二条缓和曲线上各接头距 HZ 点长度。

**表 3.4　曲线内股缩短轨布置计算表**

| 位置 | 钢轨编号 | 钢轨长度（m） | ZH 点至各接头的距离（m） | ZH(HZ)、HY 点至各接头的距离（m） | 应有缩短量的计算（mm） | 缩短轨的位置 | 实际缩短量（mm） | 接头相错量（mm） | 钢轨长度公差 内股 | 钢轨长度公差 外股 | 长度公差比较（mm） | 公差比较累计（mm） | 接头实际错开量（mm） |
|---|---|---|---|---|---|---|---|---|---|---|---|---|---|
| 1 | 2 | 3 | 4 | 5 | 6 | 7 | 8 | 9 | 10 | 11 | 12 | 13 | 14 |
| ZH | | (0) | (0) | (0) | $\Delta l_{h1} = \frac{S_1}{2Rl_h} l_{h1(i)}^2 = 0.012\,295 l_{h1(i)}^2$ | | | | | | | | |
| 第一缓和曲线 | 1 | 3.52 | 3.52 | 3.52 | 0 | B | 0 | 0 | −5 | 0 | −5 | −5 | −5 |
| | 2 | 12.51 | 16.03 | 16.03 | 3 | B | 0 | +3 | +6 | −5 | +11 | +6 | +9 |
| | 3 | 12.51 | 28.54 | 28.54 | 10 | B | 0 | +10 | −5 | +1 | −6 | 0 | +10 |
| | 4 | 12.51 | 41.05 | 41.05 | 21 | S | 40 | −19 | +4 | +3 | +1 | +1 | −18 |
| | 5 | 12.51 | 53.56 | 53.56 | 35 | B | 40 | −5 | −2 | −3 | +1 | +2 | −3 |
| | 6 | 12.51 | 66.07 | 66.07 | 54 | B | 40 | +14 | −3 | +2 | −5 | −3 | +11 |
| | 7 | 12.51 | 78.58 | 78.58 | 76 | S | 80 | −4 | +1 | −3 | +4 | +1 | −3 |
| | 8 | 12.51 | 91.09 | 91.09 | 102 | S | 120 | −18 | +3 | 0 | +3 | +4 | −14 |

续上表

| 位置 | 钢轨编号 | 钢轨长度(m) | ZH点至各接头的距离(m) | ZH(HZ)、HY点至各接头的距离(m) | 应有缩短量的计算(mm) | | 缩短轨的位置 | 实际缩短量(mm) | 接头相错量(mm) | 钢轨长度公差 | | 长度公差比较(mm) | 公差比较累计(mm) | 接头实际错开量(mm) |
|---|---|---|---|---|---|---|---|---|---|---|---|---|---|---|
| | | | | | | | | | | 内股 | 外股 | | | |
| 1 | 2 | 3 | 4 | 5 | 6 | | 7 | 8 | 9 | 10 | 11 | 12 | 13 | 14 |
| HY | | | (100) | (100) | $\Delta l_{h1}=\frac{S_1}{2Rl_h}l_h^2$ $=0.012\ 295\times 100$ | 122.95 | | | | | | | | |
| 圆曲线 | 9 | 12.51 | 103.60 | 3.60 | $\Delta l_i=\Delta l_{h1}+\frac{S_1}{R}l_{y(i)}$ $=122.95+2.459l_{y(i)}$ | 132 | B | 120 | +12 | 0 | +1 | −1 | +3 | +15 |
| | 10 | 12.51 | 116.11 | 16.11 | | 163 | S | 160 | +3 | −2 | −3 | +1 | +4 | +7 |
| | 11 | 12.51 | 128.62 | 28.62 | | 193 | S | 200 | −7 | −3 | +2 | −5 | −1 | −8 |
| | 12 | 12.51 | 141.13 | 41.13 | | 224 | S | 240 | −16 | +1 | +1 | 0 | −1 | −17 |
| YH | | | (145.49) | (45.49) | | 234.81 | | | | | | | | |
| 第二缓和曲线 | 13 | 12.51 | 153.69 | 91.85 | $\Delta l_{h2}=\Delta l_z-\frac{S_1}{2Rl_h}l_{h2(i)}^2$ $=357.76-0.012\ 295l_{h2(i)}^2$ | 254 | B | 240 | +14 | −4 | +1 | −5 | −6 | +8 |
| | 14 | 12.51 | 166.15 | 79.34 | | 280 | S | 280 | 0 | +9 | +3 | +6 | 0 | 0 |
| | 15 | 12.51 | 178.66 | 66.83 | | 303 | S | 320 | −17 | −1 | −1 | 0 | 0 | −17 |
| | 16 | 12.51 | 191.17 | 54.32 | | 321 | B | 320 | +1 | −7 | −3 | −4 | −4 | −3 |
| | 17 | 12.51 | 203.68 | 41.81 | | 336 | B | 320 | +16 | +8 | +8 | 0 | −4 | +12 |
| | 18 | 12.51 | 216.19 | 29.30 | | 347 | S | 360 | −13 | +2 | −5 | +7 | +3 | −10 |
| | 19 | 12.51 | 228.70 | 16.79 | | 354 | B | 360 | −6 | +8 | +3 | +5 | +8 | +2 |
| | 20 | 12.51 | 241.21 | 4.28 | | 358 | B | 360 | −2 | +8 | +1 | +7 | +15 | +13 |
| HZ | | | (245.49) | 0 | | 358 | | | | | | | | |

第 7 栏：填写缩短轨铺设位置。

第 8 栏：为实际缩短量。

第 7 栏与第 8 栏应同时填写。当接头处应有缩短量与此接头前实际缩短量之差大于所选用的缩短轨缩短量的 1/2 时，即需要铺设一根缩短轨。如第 4 根钢轨接头处的应有缩短量为 2 mm，此接头前实际缩短量为 0，(21－0)＞20/4，应布置第 1 根缩短轨，此接头处实际缩短量变为 40 mm；第 7 根钢轨接头处的应有缩短量与此接头前实际缩短量之差为 76－40＝36 mm＞20 mm，布置第 2 根缩短轨，此接头处实际缩短量变为 40＋40＝80 mm；第 8 根钢轨接头为 102－80＝22＞20 mm，布置第 3 根缩短轨，此接头处实际缩短量变为 80＋40＝120 mm；第 9 根钢轨接头为(132－120)＝12＜20 mm。不布置缩短轨，采用标准轨，此接头处实际缩短量仍为 120 mm；以下各缩短轨位置的确定以此类推。用“S”表示缩短轨，用“B”表示标准轨。

第 9 栏：内外轨接头相错量，其值为第 6 栏的应有缩短量减去第 8 栏的实际缩短量。为“＋”表示内轨接头错前，为“－”表示内轨接头错后。

第 10、11 栏：分别为内、外轨长度公差，由现场测量得出。

第 12 栏：长度公差比较，其值为内轨公差减去外轨公差，“＋”表示内轨公差错前；为“－”表示内轨公差错后。

第 13 栏：公差比较累计，其值为第 12 栏数值的累计。

第 14 栏：接头实际错开量，其值为第 9 栏接头相错量与第 13 栏公差比较累计之和。第 14

栏的数值应不大于所选用的缩短轨缩短量的 1/2,否则应利用钢轨长度公差进行调整。

# 典型工作任务5 曲线轨道方向整正

## 3.5.1 曲线方向的检查及其圆顺标准

表 3.5 正矢限差表

| 曲线半径(m) | 缓和曲线的正矢与计算正矢之差(mm) | | 圆曲线正矢连续差(mm) | | 圆曲线正矢最大最小差(mm) | |
|---|---|---|---|---|---|---|
| | 正线 | 其他线 | 正线 | 其他线 | 正线 | 其他线 |
| 250 及以下 | 7 | 8 | 14 | 16 | 21 | 24 |
| 251～350 | 6 | 7 | 12 | 14 | 18 | 21 |
| 351～450 | 5 | 6 | 10 | 12 | 15 | 18 |
| 451～650 | 4 | 5 | 8 | 10 | 12 | 15 |
| 650 以上 | 3 | 4 | 6 | 8 | 9 | 12 |

由于曲线轨道受车辆轮对的冲击、推挤和摩擦比直线轨道大得多,所以曲线轨道方向的变化比直线轨道快,半径越小这种趋势越严重。曲线方向不良会加剧车辆行驶时的摇摆,加速车辆对轨道的破坏,严重时将危及行车安全。为了保持曲线轨道平面位置的正确和圆顺,必须对曲线方向及时进行整正。

整正曲线方向最常用的方法是绳正法。它是利用正矢与曲线转角及正矢与拨量间的关系,算出曲线上各测点的拨量,将曲线方向拨圆顺。

绳正法检查曲线方向,是将 20 m 长的弦线(或 10 m 的弦线)两端置于曲线测点上,拉紧并贴靠在外轨头内侧轨顶面下 16 mm 处,在弦线中点准确量出弦线至外轨头内侧的最小距离,此距离称为现场正矢。应使现场正矢与计划正矢之差不超过表 3.5(20 m 长弦线)的标准,否则即为方向不良,应及时进行整正。

## 3.5.2 曲线整正的基本前提及原理

1. 基本前提

(1)曲线上某一测点的拨动,不会使其前后测点发生位移。

如图 3.17 所示,设 $n-1$,$n$,$n+1$ 为曲线上的正矢测点。

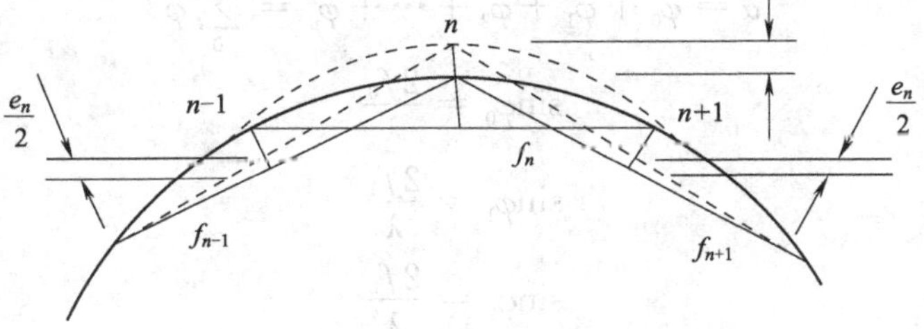


图 3.17 拨量对相邻点的影响

当拨动 $n$ 点时,$n$ 点前后的测点 $n-1$ 点及 $n+1$ 点要受其影响而发生移动,但因移动甚小，可假设其不动。由于测点间距愈大，拨量愈小，此前提的可靠性愈高。所以，在整正曲线计算中，应适当限制拨量，以保证质量。

(2)曲线上某一测点向外或向内有一拨量，则其相邻两测点的正矢将相应减小或增大此拨量的1/2。

如图3.17所示，当$n$点向外的拨量为$e_n$时，其前后两测点的正矢$f_{n+1}$和$f_{n-1}$将各减少$e_n/2$。反之，其前后两测点的正矢将各增加$e_n/2$。因此，若$n-1$点的拨量为$e_{n-1}$，$n$点的拨量为$e_n$，$n+1$点的拨量为$e_{n+1}$，则$n$点拨动后的正矢为：

$$f'_n = f_n + e_n - \left(\frac{e_{n-1} + e_{n+1}}{2}\right) \tag{3.36}$$

2. 基本原理

(1)曲线整正前后，应保持曲线两端直线方向不变。

如图3.18所示，设$-1,0,1,2\cdots n$为曲线外轨上的正矢测点编号。$\lambda$为测点间距($\lambda = 10$ m)$f_0, f_1, f_2, \cdots f_n$为曲线上各测点的正矢，$\varphi_0, \varphi_1, \varphi_2, \cdots, \varphi_n$为曲线上各测点的转角，即本点与前点连线同本点与后点连线的延长线的交角。

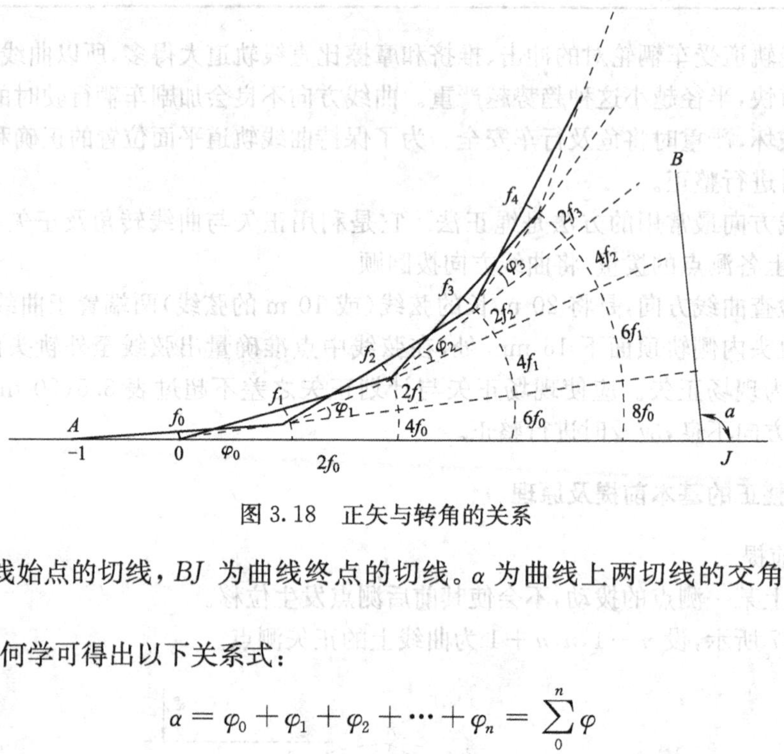


图3.18　正矢与转角的关系

$AJ$为曲线始点的切线，$BJ$为曲线终点的切线。$\alpha$为曲线上两切线的交角，即曲线的转向角。

由解析几何学可得出以下关系式：

$$\alpha = \varphi_0 + \varphi_1 + \varphi_2 + \cdots + \varphi_n = \sum_0^n \varphi$$

$$\sin\varphi_0 = \frac{2f_0}{\lambda}$$

$$\sin\varphi_1 = \frac{2f_1}{\lambda}$$

$$\sin\varphi_2 = \frac{2f_2}{\lambda}$$

$$\vdots$$

$$\sin\varphi_n = \frac{2f_n}{\lambda}$$

因 $\varphi$ 角极小，可假定 $\varphi_i = \sin\varphi_i (i = 0,1,2\cdots n)$。所以：

$$\alpha = \frac{2f_0}{\lambda} + \frac{2f_1}{\lambda} + \frac{2f_2}{\lambda} + \cdots + \frac{2f_n}{\lambda}$$

$$= \frac{2}{\lambda}(f_0 + f_1 + f_2 + \cdots f_n)$$

$$= \frac{2}{\lambda}\sum_0^n f$$

$$= \frac{2}{10\ 000}\sum_0^n f$$

由上式可知，曲线两端切线的交角(转角)等于曲线上各测点正矢总和的 0.000 2 倍。因此，若保持曲线两端直线的方向不变，就必须使曲线的转角不变，而要保持曲线的转角不变，就必须使曲线上各测点的计划正矢总和等于现场正矢总和。即

$$\sum_0^n f = \sum_0^n f'$$

式中 $\sum_0^n f$ ——曲线上各测点的现场正矢总和；

$\sum_0^n f'$ ——曲线上各测点的计划正矢总和。

从上式可推导出：

$$\sum_0^n f - \sum_0^n f' = 0$$

$$\sum_0^n (f - f') = 0$$

$$\sum_0^n \mathrm{d}f = 0 \tag{3.37}$$

由式(3.37)可得出结论：要使曲线整正前后两端的直线方向不变，必须使计划正矢总和等于现场正矢总和。亦即使曲线上各测点的正矢差总和等于零。

(2)曲线整正前后，应保持曲线两端直线的位置不变。

如图 3.19 所示，在既有曲线 $OB$ 上，张以一条柔软而不伸缩的线，使其一端固定在该曲线的切点上，然后拉紧 $B$ 端，使这条线逐渐向切线 $OJ$ 方向伸直，则此曲线上任意一点 $n$ 所移动的轨迹 $nn'n''$，称为该曲线上 $n$ 点的渐伸线长度，用 $E_n$ 表示。

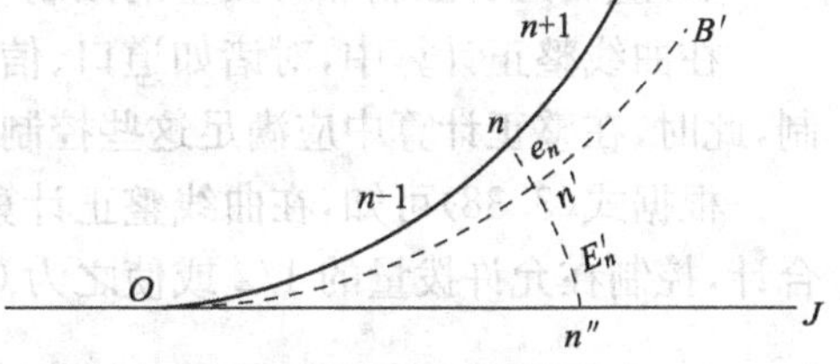

图 3.19 渐伸线图

若图中的实线 $OB$ 表示方向已经错乱了的原有曲线，虚线 $OB'$ 表示计划曲线，为了恢复曲线的圆顺度，须将已经错乱的曲线上的各点，做适量的拨动。如 $n$ 点，须拨动 $e_n$ 才能达到正确的位置 $n'$ 点。若计划曲线上 $n'$ 点的渐伸线长度 $n'n''$ 用 $E'_n$ 表示，则原有曲线在 $n$ 点的拨量为：

$$e_n = E_n - E'_n$$

当 $e_n$ 为正时，曲线向外拨动，亦称上挑；当 $e_n$ 为负时，曲线向里拨动，亦称下压。

从上式可知，要计算某测点的拨量 $e_n$，必须先计算渐伸线长度 $E_n$ 和 $E'_n$。

在图 3.18 中,设 $E_1$、$E_2$、…$E_n$ 为曲线上各测点的渐伸线长度。则有:

$$E_1 = 2f_0$$
$$E_2 = 4f_0 + 2f_1 = 2(2f_0 + f_1)$$
$$E_3 = 6f_0 + 4f_1 + 2f_2 = 2(3f_0 + 2f_1 + f_2)$$
$$\vdots$$
$$\begin{aligned}E_n &= 2[nf_0 + (n-1)f_1 + (n-2)f_2 + \cdots + f_{n-1}] \\ &= 2[f_0 + (f_0 + f_1) + (f_0 + f_1 + f_2) + \cdots + (f_0 + f_1 + f_2 + \cdots + f_{n-1})] \\ &= 2\left[\sum_0^0 f + \sum_0^1 f + \sum_0^2 f + \cdots + \sum_0^{n-1} f\right] \\ &= 2\sum_0^{n-1}\sum_0^{n-1} f\end{aligned}$$

同理

$$E'_n = 2\sum_0^{n-1}\sum_0^{n-1} f'$$

所以,曲线上 $n$ 点的拨量为:

$$e_n = E_n - E'_n = 2\sum_0^{n-1}\sum_0^{n-1} f - 2\sum_0^{n-1}\sum_0^{n-1} f' = 2\sum_0^{n-1}\sum_0^{n-1}(f - f')$$

令 $\mathrm{d}f = f - f'$ 则有:

$$e_n = 2\sum_0^{n-1}\sum_0^{n-1}\mathrm{d}f \tag{3.38}$$

由式(3.38)可得出结论:曲线上第 $n$ 点的拨量,等于由始点到 $n-1$ 点为止的全部正矢差累计合计的 2 倍。

要保证曲线整正前后,其两端直线位置不变,就应使曲线始、终点的拨量为零。从式(3.38)可知,要使曲线始终点的拨量均为零,就应在整正计算中满足以下两式:

$$e_0 = 0 \tag{3.39}$$

$$e_n = 2\sum_0^{n-1}\sum_0^{n-1}\mathrm{d}f = 0 \tag{3.40}$$

(3)应满足各控制点对拨量的限制

在曲线整正计算中,对诸如道口、信号机等处所,因其不许拨动或拨量受到一定条件的限制,此时,在整正计算中应满足这些控制点对拨量的要求。

根据式(3.38)可知,在曲线整正计算中,只要由始点至控制点前一点为止的正矢差累计的合计,控制在允许拨量的 1/2 或使之为 0 即可。

### 3.5.3　曲线计划正矢的计算

1. 圆曲线上的正矢

圆曲线上任一点的正矢 $f_y$ 可用下式求出:

$$f_y = \frac{\lambda^2}{2R} \tag{3.41}$$

式中　$\lambda$ ——测量正矢所用弦长的 1/2,称为测点距,一般为 10 m。

若将 $\lambda$ 值代入式(3.41),且将 $f_y$ 的单位取为 mm,则有:

$$f_y = \frac{10^2}{2R} \times 1\,000 = \frac{50\,000}{R}\ (\text{mm}) \tag{3.42}$$

如图 3.20 所示，当圆曲线与直线直接相连时，由于测量弦线的一端伸入到直线内，故圆曲线始、终点（$ZY$，$YZ$）两侧测点的正矢与圆曲线内的各点不同。

设 0、1 测点的正矢分别为 $f_0$、$f_1$，因测点 1 处的转向角很小，可以认为 $f_1$ 在 $y_1$ 的延长线上，由几何关系可知：

$$f_0=\frac{1}{2}y_1$$

$$f_1=\frac{1}{2}y_2-y_1$$

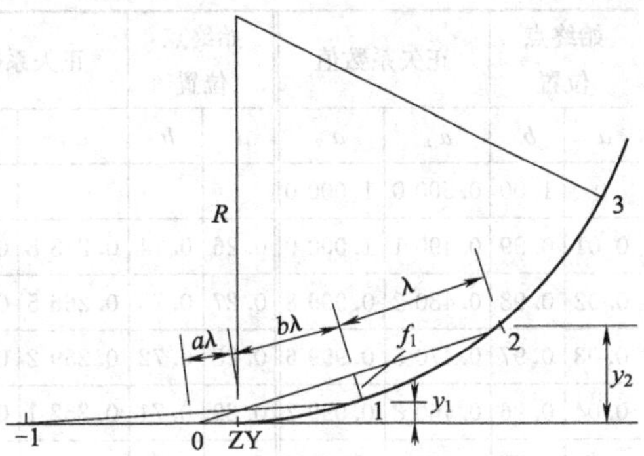

图 3.20　ZY 点相邻点正矢

由解析几何学可求出：

$$y_1=\frac{b\lambda^2}{2R}$$

$$y_2=\frac{(2\lambda-a\lambda)^2}{2R}$$

则

$$f_0=\frac{1}{2}y_1=\frac{1}{2}\frac{(b\lambda)^2}{2R}=\frac{b^2}{2}\frac{\lambda^2}{2R}=\frac{b^2}{2}f_y=\alpha_z f_y \tag{3.43}$$

$$f_1=\frac{1}{2}y_2-y_1=\frac{1}{2}\frac{(2\lambda-a\lambda)^2}{2R}-\frac{(b\lambda)^2}{2R}=(1-\frac{a^2}{2})f_y=\alpha_y f_y \tag{3.44}$$

式中　$\alpha_z$——直线一侧测点的正矢系数，$\alpha_z=\frac{b^2}{2}$；

$\alpha_y$——圆曲线一侧测点的正矢系数，$\alpha_y=1-\frac{a^2}{2}$。

当 $a$=0、$b$=1 时，0 测点为圆曲线始点，此时，$\alpha_z=1/2$、$\alpha_y=1$，则 $f_0=\frac{1}{2}f_y$，$f_1=f_y$，即圆曲线始点位于测点时，其正矢为圆曲线正矢的 1/2。

当 $a$、$b$ 为任一数值时，可分别计算正矢系数 $\alpha_z$ 和 $\alpha_y$ 或查圆曲线始终点正矢系数表（表 3.6），再用式(3.43)和式(3.44)计算 $f_0$ 和 $f_1$。

**【例 3.4】**　圆曲线计划正矢 $f_y$=100 mm，$a=0.25$，$b=0.75$，求 $f_0$ 和 $f_1$。

**【解】**

$$\alpha_z=\frac{b^2}{2}=\frac{0.75^2}{2}=0.281\ 3$$

$$\alpha_y=1-\frac{a^2}{2}=1-\frac{0.25^2}{2}=0.968\ 8$$

$$f_0=\alpha_z f_y=0.281\ 3\times 100=28.13\ (\text{mm})$$

$$f_1=\alpha_y f_y=0.968\ 8\times 100=96.88\ (\text{mm})$$

2. 缓和曲线上的正矢

(1)缓和曲线中间各测点的正矢。所谓缓和曲线中间各测点是这样一些点，当测正矢的弦线两端所在的测点为缓和曲线上的点时，弦线中央所对的测点即为缓和曲线中间测点。

**表 3.6　圆曲线始、终点两相邻点正矢系数表**

| 始终点位置 | | 正矢系数值 | | 始终点位置 | | 正矢系数值 | | 始终点位置 | | 正矢系数值 | | 始终点位置 | | 正矢系数值 | |
|---|---|---|---|---|---|---|---|---|---|---|---|---|---|---|---|
| $a$ | $b$ | $a_z$ | $a_y$ | $a$ | $b$ | $a_z$ | $a_y$ | $a$ | $b$ | $a_z$ | $a_y$ | $a$ | $b$ | $a_z$ | $a_y$ |
| 0 | 1.00 | 0.500 0 | 1.000 0 | | | | | | | | | | | | |
| 0.01 | 0.99 | 0.490 1 | 1.000 0 | 0.26 | 0.74 | 0.273 8 | 0.966 2 | 0.51 | 0.49 | 0.120 1 | 0.870 0 | 0.76 | 0.24 | 0.028 8 | 0.711 2 |
| 0.02 | 0.98 | 0.480 2 | 0.999 8 | 0.27 | 0.73 | 0.266 5 | 0.963 6 | 0.52 | 0.48 | 0.115 2 | 0.864 8 | 0.77 | 0.23 | 0.026 5 | 0.703 6 |
| 0.03 | 0.97 | 0.470 5 | 0.999 6 | 0.28 | 0.72 | 0.259 2 | 0.960 8 | 0.53 | 0.47 | 0.110 5 | 0.859 6 | 0.78 | 0.22 | 0.024 2 | 0.695 8 |
| 0.04 | 0.96 | 0.460 8 | 0.999 2 | 0.29 | 0.71 | 0.252 1 | 0.958 0 | 0.54 | 0.46 | 0.105 8 | 0.854 2 | 0.79 | 0.21 | 0.022 1 | 0.688 0 |
| 0.05 | 0.95 | 0.451 3 | 0.998 8 | 0.30 | 0.70 | 0.245 0 | 0.955 0 | 0.55 | 0.45 | 0.101 3 | 0.848 8 | 0.80 | 0.20 | 0.020 0 | 0.680 0 |
| 0.06 | 0.94 | 0.441 8 | 0.998 2 | 0.31 | 0.69 | 0.238 1 | 0.952 0 | 0.56 | 0.44 | 0.096 8 | 0.843 2 | 0.81 | 0.19 | 0.018 1 | 0.672 0 |
| 0.07 | 0.93 | 0.432 5 | 0.997 6 | 0.32 | 0.68 | 0.231 2 | 0.948 8 | 0.57 | 0.43 | 0.092 5 | 0.837 6 | 0.82 | 0.18 | 0.016 2 | 0.663 8 |
| 0.08 | 0.92 | 0.423 2 | 0.996 8 | 0.33 | 0.67 | 0.224 5 | 0.945 6 | 0.58 | 0.42 | 0.088 2 | 0.831 8 | 0.83 | 0.17 | 0.014 5 | 0.655 6 |
| 0.09 | 0.91 | 0.414 1 | 0.996 0 | 0.34 | 0.66 | 0.217 8 | 0.942 2 | 0.59 | 0.41 | 0.084 1 | 0.826 0 | 0.84 | 0.16 | 0.012 8 | 0.647 2 |
| 0.10 | 0.90 | 0.405 0 | 0.995 0 | 0.35 | 0.65 | 0.211 3 | 0.938 8 | 0.60 | 0.40 | 0.080 0 | 0.820 0 | 0.85 | 0.15 | 0.011 3 | 0.638 8 |
| 0.11 | 0.89 | 0.396 1 | 0.994 0 | 0.36 | 0.64 | 0.204 8 | 0.935 2 | 0.61 | 0.39 | 0.076 1 | 0.814 0 | 0.86 | 0.14 | 0.009 8 | 0.630 2 |
| 0.12 | 0.88 | 0.387 2 | 0.992 8 | 0.37 | 0.63 | 0.198 5 | 0.931 6 | 0.62 | 0.38 | 0.072 2 | 0.807 8 | 0.87 | 0.13 | 0.008 5 | 0.621 6 |
| 0.13 | 0.87 | 0.378 5 | 0.991 6 | 0.38 | 0.62 | 0.192 2 | 0.927 8 | 0.63 | 0.37 | 0.068 5 | 0.801 6 | 0.88 | 0.12 | 0.007 2 | 0.162 8 |
| 0.14 | 0.86 | 0.369 8 | 0.990 2 | 0.39 | 0.61 | 0.186 1 | 0.924 0 | 0.64 | 0.36 | 0.064 8 | 0.795 2 | 0.89 | 0.10 | 0.006 1 | 0.604 0 |
| 0.15 | 0.85 | 0.361 3 | 0.988 8 | 0.40 | 0.60 | 0.180 0 | 0.920 0 | 0.65 | 0.35 | 0.061 3 | 0.788 8 | 0.90 | 0.09 | 0.005 0 | 0.595 0 |
| 0.16 | 0.84 | 0.352 8 | 0.987 2 | 0.41 | 0.59 | 0.174 1 | 0.916 0 | 0.66 | 0.34 | 0.057 8 | 0.782 2 | 0.91 | 0.09 | 0.004 1 | 0.586 0 |
| 0.17 | 0.83 | 0.344 5 | 0.985 6 | 0.42 | 0.58 | 0.168 2 | 0.911 8 | 0.67 | 0.33 | 0.054 5 | 0.775 6 | 0.92 | 0.08 | 0.003 2 | 0.576 8 |
| 0.18 | 0.82 | 0.366 2 | 0.983 8 | 0.43 | 0.57 | 0.162 5 | 0.907 6 | 0.68 | 0.32 | 0.051 2 | 0.768 8 | 0.93 | 0.07 | 0.002 5 | 0.567 6 |
| 0.19 | 0.81 | 0.328 1 | 0.982 0 | 0.44 | 0.56 | 0.156 8 | 0.903 2 | 0.69 | 0.31 | 0.048 1 | 0.762 0 | 0.94 | 0.06 | 0.001 8 | 0.558 2 |
| 0.20 | 0.80 | 0.320 0 | 0.980 0 | 0.45 | 0.55 | 0.151 3 | 0.898 8 | 0.70 | 0.30 | 0.045 0 | 0.755 0 | 0.95 | 0.05 | 0.001 3 | 0.548 8 |
| 0.21 | 0.79 | 0.312 1 | 0.978 0 | 0.46 | 0.54 | 0.145 8 | 0.894 2 | 0.71 | 0.29 | 0.042 1 | 0.748 0 | 0.96 | 0.04 | 0.000 8 | 0.539 2 |
| 0.22 | 0.78 | 0.304 2 | 0.975 8 | 0.47 | 0.53 | 0.140 5 | 0.889 6 | 0.72 | 0.28 | 0.039 2 | 0.740 8 | 0.97 | 0.03 | 0.000 5 | 0.529 6 |
| 0.23 | 0.77 | 0.296 5 | 0.973 6 | 0.48 | 0.52 | 0.135 2 | 0.884 8 | 0.73 | 0.27 | 0.036 5 | 0.733 6 | 0.98 | 0.02 | 0.000 2 | 0.519 8 |
| 0.24 | 0.76 | 0.288 8 | 0.971 2 | 0.49 | 0.51 | 0.130 1 | 0.880 0 | 0.74 | 0.26 | 0.033 8 | 0.726 2 | 0.99 | 0.01 | 0 | 0.510 0 |
| 0.25 | 0.75 | 0.281 3 | 0.968 8 | 0.50 | 0.50 | 0.125 0 | 0.875 0 | 0.75 | 0.25 | 0.031 3 | 0.718 8 | 1.00 | 0 | 0 | 0.500 0 |

设缓和曲线的曲率半径为 $\rho$，根据正矢与半径的关系可得：

$$f_i = \frac{\lambda^2}{2\rho}$$

式中　$\rho$——曲率半径，$\rho = \frac{C}{l} = \frac{Rl_0}{l}$。

则

$$f_i = \frac{\lambda^2}{2\frac{Rl_0}{l}} = \frac{l}{l_0}\frac{\lambda^2}{2R} = \frac{l}{\lambda}\frac{f_y}{\frac{l_0}{\lambda}}$$

令

$$N_i = \frac{l}{\lambda}, m_0 = \frac{l_0}{\lambda}$$

则
$$f_i = N_i \frac{f_y}{m_0} = N_i f_d \tag{3.45}$$

式中　$N_i$ ——测点距缓和曲线始点的段数；

$m_0$ ——缓和曲线全长的段数；

$f_d$ ——缓和曲线正矢递变率，$f_d = f_y/m_0$ 。

(2)缓和曲线始点(ZH,HZ)相邻测点的正矢

如图 3.21 所示，设 0,1 两测点分别在 ZH 点两侧，与 ZH 点相距分别为 $a\lambda$，$b\lambda$ 。

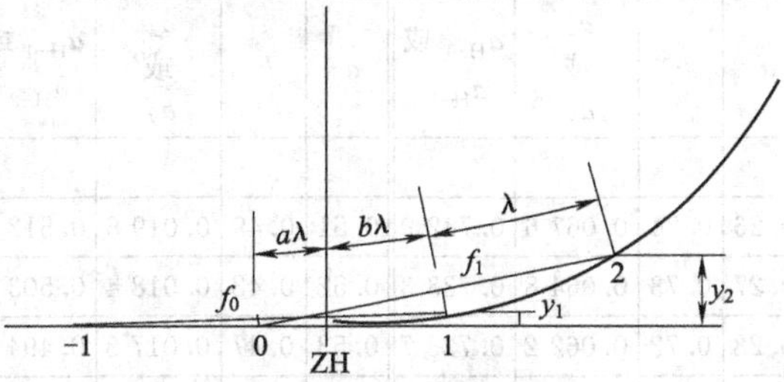


图 3.21　ZH 点相邻点正矢

根据缓和曲线方程，由式(3.19)可知：

$$y_1 = \frac{(b\lambda)^3}{6Rl_0}$$

$$y_2 = \frac{(2\lambda - a\lambda)^3}{6Rl_0}$$

由几何关系可得：

$$f_0 = \frac{1}{2} y_1 = \frac{1}{2} \frac{(b\lambda)^3}{6Rl_0} = \frac{b^3}{6} \frac{\lambda^3}{2Rl_0}$$

$$\frac{\lambda^3}{2Rl_0} = \frac{\lambda^2}{\frac{l_0}{\lambda} \cdot 2R} = \frac{1}{m_0} f_y = f_d$$

$$f_0 = \frac{b^3}{6} \frac{\lambda^3}{2Rl_0} = \alpha_z f_d \tag{3.46}$$

式中　$\alpha_z$ ——直线一测测点的正矢系数，$\alpha_z = \frac{b^3}{6}$ 。

由于缓和曲线始点处的曲率极小，可以认为 $f_1$ 在 $y_1$ 的延长线上。

$$f_1 = \frac{1}{2} y_2 - y_1 = \frac{1}{2} \frac{(2\lambda - a\lambda)^3}{6Rl_0} - \frac{(b\lambda)^3}{6Rl_0} = \frac{1}{6}(6 - 6a + a^3) \frac{\lambda^3}{2Rl_0}$$

$$6 - 6a + a^3 = 6(1-a) + a^3 = 6b + a^3, \frac{\lambda^3}{2Rl_0} = f_d$$

$$f_1 = \frac{1}{6}(6b + a^3) \frac{\lambda^3}{2Rl_0} = (b + \frac{a^3}{6}) f_d = \alpha_{H-1} f_d \tag{3.47}$$

式中　$\alpha_{H-1}$ ——缓和曲线一侧测点的正矢系数，$\alpha_{H-1} = b + \frac{a^3}{6}$ 。

当缓和曲线始点(ZH)位于 0 点时，$a = 0, b = 1, \alpha_z = \frac{b^3}{6} = \frac{1}{6}, \alpha_{H-1} = b + \frac{a^3}{6} = 1$，则：

$$f_0 = \alpha_z f_d = \frac{1}{6} f_d$$

$$f_1 = \alpha_{H-1} f_d = f_d$$

即当缓和曲线始点位于测点时，其正矢为缓和曲线正矢递变率的 1/6。

当缓和曲线始点不在测点时，其两侧测点的正矢，可通过计算正矢系数 $\alpha_z$ 和 $\alpha_{H-1}$ 或查缓和曲线始、终点正矢系数表 3.7，再利用式(3.46)、式(3.47)求算 $f_0$ 和 $f_1$ 的值。

**表 3.7 缓和曲线始、终点两相邻点正矢系数**

| 始终点位置 | | 正矢系数值 | | 始终点位置 | | 正矢系数值 | | 始终点位置 | | 正矢系数值 | | 始终点位置 | | 正矢系数值 | |
|---|---|---|---|---|---|---|---|---|---|---|---|---|---|---|---|
| $a$ | $b$ | $\alpha_z$ 或 $\alpha_y$ | $\alpha_{H-1}$ 或 $\alpha_{H-2}$ | $a$ | $b$ | $\alpha_z$ 或 $\alpha_y$ | $\alpha_{H-1}$ 或 $\alpha_{H-2}$ | $a$ | $b$ | $\alpha_z$ 或 $\alpha_y$ | $\alpha_{H-1}$ 或 $\alpha_{H-2}$ | $a$ | $b$ | $\alpha_z$ 或 $\alpha_y$ | $\alpha_{H-1}$ 或 $\alpha_{H-2}$ |
| 0 | 1.00 | 0.166 7 | 1.000 0 | | | | | | | | | | | | |
| 0.01 | 0.99 | 0.161 7 | 0.990 0 | 0.26 | 0.74 | 0.067 6 | 0.742 9 | 0.51 | 0.49 | 0.019 6 | 0.512 1 | 0.76 | 0.24 | 0.002 3 | 0.313 3 |
| 0.02 | 0.98 | 0.156 8 | 0.980 0 | 0.27 | 0.73 | 0.064 8 | 0.733 3 | 0.52 | 0.48 | 0.018 4 | 0.503 4 | 0.77 | 0.23 | 0.002 0 | 0.306 1 |
| 0.03 | 0.97 | 0.152 2 | 0.970 0 | 0.28 | 0.72 | 0.062 2 | 0.723 7 | 0.53 | 0.47 | 0.017 3 | 0.494 8 | 0.78 | 0.22 | 0.001 8 | 0.299 1 |
| 0.04 | 0.96 | 0.147 5 | 0.960 0 | 0.29 | 0.71 | 0.059 6 | 0.714 1 | 0.54 | 0.46 | 0.016 2 | 0.486 3 | 0.79 | 0.21 | 0.001 5 | 0.292 2 |
| 0.05 | 0.95 | 0.142 8 | 0.950 0 | 0.30 | 0.70 | 0.057 2 | 0.704 5 | 0.55 | 0.45 | 0.015 2 | 0.477 8 | 0.80 | 0.20 | 0.001 3 | 0.285 3 |
| 0.06 | 0.94 | 0.134 8 | 0.940 0 | 0.31 | 0.69 | 0.054 8 | 0.695 0 | 0.56 | 0.44 | 0.014 2 | 0.469 3 | 0.81 | 0.19 | 0.001 1 | 0.278 4 |
| 0.07 | 0.93 | 0.131 1 | 0.930 1 | 0.32 | 0.68 | 0.052 4 | 0.685 5 | 0.57 | 0.43 | 0.013 2 | 0.460 9 | 0.82 | 0.18 | 0.001 0 | 0.271 8 |
| 0.08 | 0.92 | 0.129 8 | 0.920 1 | 0.33 | 0.67 | 0.050 1 | 0.676 0 | 0.58 | 0.42 | 0.012 3 | 0.452 5 | 0.83 | 0.17 | 0.000 8 | 0.265 3 |
| 0.09 | 0.91 | 0.125 6 | 0.910 0 | 0.34 | 0.66 | 0..047 9 | 0.666 5 | 0.59 | 0.41 | 0.011 5 | 0.444 2 | 0.84 | 0.16 | 0.000 7 | 0.258 8 |
| 0.10 | 0.90 | 0.121 5 | 0.900 2 | 0.35 | 0.65 | 0.045 8 | 0.657 2 | 0.60 | 0.40 | 0.010 7 | 0.436 0 | 0.85 | 0.15 | 0.000 6 | 0.252 3 |
| 0.11 | 0.89 | 0.117 5 | 0.890 2 | 0.36 | 0.64 | 0.043 7 | 0.647 8 | 0.61 | 0.39 | 0.009 9 | 0.427 8 | 0.86 | 0.14 | 0.000 5 | 0.246 0 |
| 0.12 | 0.88 | 0.113 6 | 0.880 3 | 0.37 | 0.63 | 0.041 7 | 0.638 4 | 0.62 | 0.38 | 0.009 2 | 0.419 7 | 0.87 | 0.13 | 0.000 4 | 0.239 8 |
| 0.13 | 0.87 | 0.109 7 | 0.870 4 | 0.38 | 0.62 | 0.039 7 | 0.629 2 | 0.63 | 0.37 | 0.008 4 | 0.411 7 | 0.88 | 0.12 | 0.000 3 | 0.233 7 |
| 0.14 | 0.86 | 0.106 0 | 0.860 5 | 0.39 | 0.61 | 0.037 8 | 0.619 9 | 0.64 | 0.36 | 0.007 8 | 0.403 7 | 0.89 | 0.10 | 0.000 2 | 0.227 5 |
| 0.15 | 0.85 | 0.102 3 | 0.850 6 | 0.40 | 0.60 | 0.036 0 | 0.610 7 | 0.65 | 0.35 | 0.007 2 | 0.395 7 | 0.90 | 0.09 | 0.000 2 | 0.221 5 |
| 0.16 | 0.84 | 0.098 8 | 0.840 7 | 0.41 | 0.59 | 0.034 2 | 0.601 5 | 0.66 | 0.34 | 0.006 6 | 0.387 9 | 0.91 | 0.09 | 0.000 1 | 0.215 6 |
| 0.17 | 0.83 | 0.095 3 | 0.830 8 | 0.42 | 0.58 | 0.032 5 | 0.592 4 | 0.67 | 0.33 | 0.006 0 | 0.380 2 | 0.92 | 0.08 | 0.000 1 | 0.209 8 |
| 0.18 | 0.82 | 0.092 0 | 0.821 0 | 0.43 | 0.57 | 0.030 9 | 0.583 3 | 0.68 | 0.32 | 0.005 5 | 0.372 4 | 0.93 | 0.07 | 0.000 1 | 0.204 1 |
| 0.19 | 0.81 | 0.088 6 | 0.811 2 | 0.44 | 0.56 | 0.029 3 | 0.574 2 | 0.69 | 0.31 | 0.005 0 | 0.364 8 | 0.94 | 0.06 | 0 | 0.198 5 |
| 0.20 | 0.80 | 0.085 3 | 0.801 4 | 0.45 | 0.55 | 0.027 7 | 0.595 2 | 0.70 | 0.30 | 0.004 5 | 0.357 2 | 0.95 | 0.05 | 0 | 0.192 8 |
| 0.21 | 0.79 | 0.082 2 | 0.791 6 | 0.46 | 0.54 | 0.026 3 | 0.556 2 | 0.71 | 0.29 | 0.004 1 | 0.349 7 | 0.96 | 0.04 | 0 | 0.187 5 |
| 0.22 | 0.78 | 0.079 1 | 0.781 8 | 0.47 | 0.53 | 0.024 8 | 0.547 3 | 0.72 | 0.28 | 0.003 7 | 0.342 2 | 0,97 | 0.03 | 0 | 0.182 2 |
| 0.23 | 0.77 | 0.0760 | 0.772 0 | 0.48 | 0.52 | 0.023 4 | 0.538 4 | 0.73 | 0.27 | 0.003 3 | 0.334 8 | 0.98 | 0.02 | 0 | 0.176 8 |
| 0.24 | 0.76 | 0.073 2 | 0.762 3 | 0.49 | 0.51 | 0.022 1 | 0.529 6 | 0.74 | 0.26 | 0.002 9 | 0.327 5 | 0.99 | 0.01 | 0 | 0.1716 |
| 0.25 | 0.75 | 0.070 3 | 0.752 6 | 0.50 | 0.50 | 0.020 8 | 0.520 8 | 0.75 | 0.25 | 0.002 6 | 0.320 3 | 1.00 | 0 | 0 | 0.166 7 |

**【例 3.5】** 缓和曲线正矢递增量 $f_d$ =30 mm，0 测点和 1 测点距 ZH 点分别为 $a$ =0.85 段，$b$=0.15 段，求 $f_0$ 和 $f_1$ 。

**【解】**

$$\alpha_z = \frac{b^3}{6} = \frac{0.15^3}{6} = 0.000\ 6$$

$$\alpha_{\mathrm{H-1}} = b + \frac{a^3}{6} = 0.15 + \frac{0.85^3}{6} = 0.252\,3$$

$$f_0 = \alpha_z f_{\mathrm{d}} = 0.000\,6 \times 30 = 0.018(\mathrm{mm})$$

$$f_1 = \alpha_{\mathrm{H-1}} f_{\mathrm{d}} = 0.252\,3 \times 30 = 7.569(\mathrm{mm})$$

(3)缓和曲线终点(HY,YH)相邻两测点的正矢

如图 3.22 所示，$n$ 和 $n+1$ 为与缓圆点相邻的两个测点，距缓圆点分别为 $b\lambda$ 和 $a\lambda$ 。由于线路曲线的半径很大，可近似地认为：

$$f_n = f_y + T_n - \frac{1}{2}T_{n-1}$$

$$f_{n+1} = f_y - \frac{1}{2}T_n$$

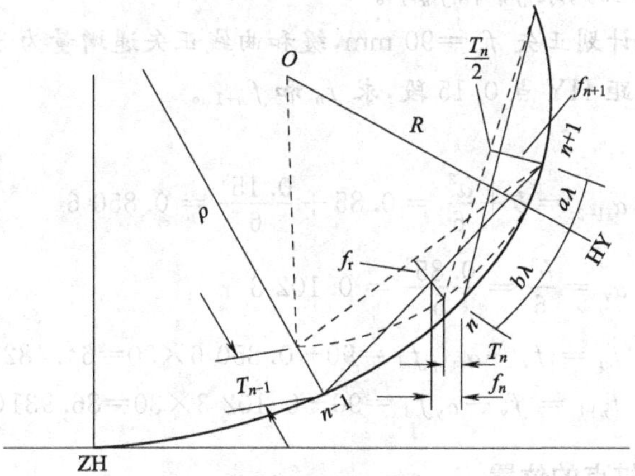


图 3.22　HY 点相邻点正矢

根据缓和曲线方程可得：

$$T_n = \frac{(b\lambda)^3}{6Rl_0}$$

$$T_{n-1} = \frac{(2\lambda - a\lambda)^3}{6Rl_0}$$

则

$$\begin{aligned} f_n &= f_y + \frac{(b\lambda)^3}{6Rl_0} - \frac{1}{2}\frac{(2\lambda - a\lambda)^3}{6Rl_0} \\ &= f_y - \frac{1}{6}(6 - 6a + a^3)\frac{\lambda^3}{2Rl_0} \\ &= f_y - (b + \frac{a^3}{6}) f_{\mathrm{d}} \\ &= f_y - \alpha_{\mathrm{H-2}} f_{\mathrm{d}} \end{aligned} \tag{3.48}$$

式中　$\alpha_{\mathrm{H-2}}$ ——与 HY(或 YH)相邻的缓和曲线一侧测点的正矢系数，$\alpha_{\mathrm{H-2}} = b + \frac{a^3}{6}$ 。

$$\begin{aligned} f_{n+1} &= f_y - \frac{1}{2}\frac{(b\lambda)^3}{6Rl_0} \\ &= f_y - \frac{b^3}{6}\frac{\lambda^3}{2Rl_0} \\ &= f_y - \frac{b^3}{6} f_{\mathrm{d}} \\ &= f_y - \alpha_y f_{\mathrm{d}} \end{aligned} \tag{3.49}$$

式中　$\alpha_y$ ——与 HY(或 YH)点相邻的圆曲线上测点的正矢系数，$\alpha_y = \frac{b^3}{6}$。

当缓和曲线终点位于 $n$ 点时，$a=1, b=0$，

则
$$\alpha_{H-2} = b + \frac{a^3}{6} = \frac{1}{6}, \alpha_y = \frac{b^3}{6} = 0$$

故
$$f_n = f_y - \frac{1}{6} f_d$$
$$f_{n+1} = f_y$$

即当缓和曲线终点位于测点时，其正矢为圆曲线正矢减缓和曲线正矢递变率的 1/6。

当 $a$,$b$ 为任一值时，可分别计算正矢系数 $\alpha_{H-2}$ 和 $\alpha_y$ 或查缓和曲线始终点正矢系数表 3.7，再利用式(3.48)、式(3.49)，求 $f_n$ 和 $f_{n+1}$。

**【例 3.6】** 圆曲线计划正矢 $f_y$ =90 mm，缓和曲线正矢递增量为 30 mm，设 $n$ 测点距 HY 点 0.85 段，$n+1$ 测点距 HY 点 0.15 段，求 $f_n$ 和 $f_{n+1}$。

**【解】**

$$\alpha_{H-2} = b + \frac{a^3}{6} = 0.85 + \frac{0.15^3}{6} = 0.850\ 6$$
$$\alpha_y = \frac{b^3}{6} = \frac{0.85^3}{6} = 0.102\ 3$$
$$f_n = f_y - \alpha_{H-2} f_d = 90 - 0.850\ 6 \times 30 = 64.482(\text{mm})$$
$$f_{n+1} = f_y - \alpha_y f_d = 90 - 0.102\ 3 \times 30 = 86.931(\text{mm})$$

### 3.5.4　确定曲线主要桩点的位置

曲线轨道经过一段时间的运营，其平面形状已经产生较大变化，为了减少曲线整正中的拨道量，并尽量照顾曲线的现状，应对曲线主要桩点的位置进行重新确定。

1. 计算曲线中央点的位置

在图 3.23 中，设 0,1,2,3,…,$n$ 为线上的各个测点，$f_0, f_1, f_2, \cdots, f_n$ 为各测点的现场正矢。

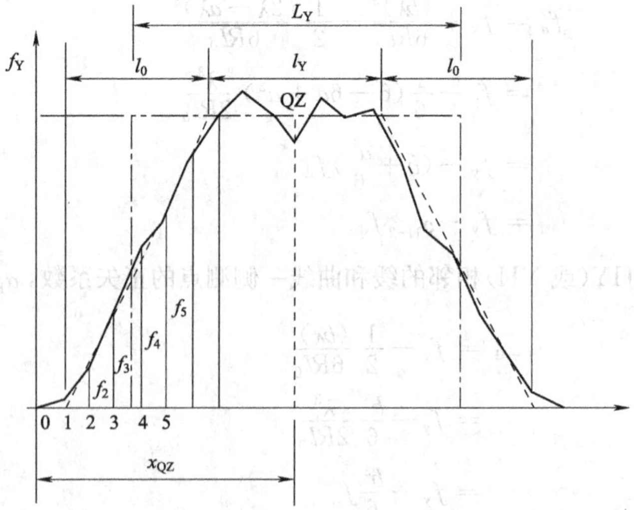


图 3.23　曲线中央点位置示意图

设 $A$ 为现场正矢连线所包围的图形面积；$X_{QZ}$ 为图形的形心 $C$ 至 $y$ 轴的距离；$\lambda$ 为各测点间的距离。

则
$$A=\lambda f_1+\lambda f_2+\lambda f_3+\cdots+\lambda f_n=\lambda\sum_1^n f$$
$$A\cdot X_{QZ}=\lambda\cdot\lambda f_1+2\lambda\cdot\lambda f_2+3\lambda\cdot\lambda f_3+\cdots+n\lambda\cdot\lambda f_n$$
$$=\lambda^2\cdot f_1+2\lambda^2\cdot f_2+3\lambda^2\cdot f_3+\cdots n\lambda^2\cdot f_n$$
$$X_{QZ}=\frac{\lambda^2(f_1+2f_2+3f_3+\cdots+nf_n)}{A}$$

令
$$\sum_n^1\sum_n^1 f=f_1+2f_2+3f_3+\cdots+nf_n$$

则
$$X_{QZ}=\frac{\lambda^2\cdot\sum_n^1\sum_n^1 f}{\lambda\cdot\sum_1^n f}=\frac{\sum_n^1\sum_n^1 f}{\sum_1^n f}\cdot\lambda$$

若测点间距以段为单位(两相邻测点的间距为 1 段)，则 $\lambda=1$ 段

故
$$X_{QZ}=\frac{\sum_n^1\sum_n^1 f}{\sum_1^n f}\text{(段)} \tag{3.50}$$

式中　$\sum_n^1\sum_n^1 f$——现场正矢倒累计的合计；

$\sum_1^n f$——现场正矢合计。

**表 3.8　正矢倒累计合计计算表**

| 测点 | 现场正矢 | 现场正矢倒累计 | 现场正矢倒累计的合计 |
|---|---|---|---|
| 0 | 0 | | |
| 1 | $f_1$ | $f_n+f_{n-1}+f_{n-2}+\cdots+f_3+f_2+f_1$ | $nf_n+(n-1)f_{n-1}+\cdots+f_3+f_2+f_1$ |
| 2 | $f_2$ | $f_n+f_{n-1}+f_{n-2}+\cdots+f_3+f_2$ | $(n-1)f_n+(n-2)f_{n-1}+\cdots+f_3+f_2$ |
| 3 | $f_3$ | $f_n+f_{n-1}+f_{n-2}+\cdots+f_3$ | $(n-2)f_n+(n-3)f_{n-1}+\cdots+f_3$ |
| ⋮ | ⋮ | ⋮ | ⋮ |
| $n-2$ | $f_{n-2}$ | $f_n+f_{n-1}+f_{n-2}$ | $3f_n+2f_{n-1}+f_{n-2}$ |
| $n-1$ | $f_{n-1}$ | $f_n+f_{n-1}$ | $2f_n+f_{n-1}$ |
| $n$ | $f_n$ | $f_n$ | $f_n$ |

现将现场正矢倒累计的合计 $\sum_n^1\sum_n^1 f$ 的计算过程列成表 3.8，以便确切地掌握倒累计的合计的计算过程。现场正矢连线所围图形形心的横坐标，实质上为该曲线中央点的位置。$X_{QZ}$ 即表示曲线中央点至测量始点的距离(以段为单位)。如果测量始点为 0 测点，则 $X_{QZ}$ 的值表示的是曲线中央点所在的测点号。

2. 确定设置缓和曲线前圆曲线长度

由图 3.23 可知，设置缓和曲线前的圆曲线长度为：

$$L_y = \frac{A}{f_y} = \frac{\sum_1^n f \cdot \lambda}{f_y} = \frac{\sum_1^n f}{f_y} \text{（段）} \tag{3.51}$$

式中　$f_y$——圆曲线正矢，可用曲线中部测点的现场正矢平均值或用式 $f_y = \frac{50\,000}{R}$ 求之。

3. 确定缓和曲线长度

缓和曲线的长度，按不同条件，4 可由以下几种方法确定：

(1)求出曲线两端现场正矢递变率的平均值，由式(3.45) $m_0 = f_y/f_d$ 知，用圆曲线平均正矢除以正矢递变率，即得缓和曲线长度(以段为单位)。

(2)根据正矢变化规律来估定缓和曲线长度。当曲线方向不是太差时，缓和曲线始点正矢只有几毫米，终点正矢接近圆曲线正矢，中间各点近似于均匀递变。掌握这个规律，缓和曲线的长度很容易确定。

(3)查阅技术档案或在现场调查曲线标来确定缓和曲线长度。另外，还可以根据现场超高顺坡长度来估定。

4. 确定曲线主要桩点的位置

圆曲线在加设缓和曲线时，是将缓和曲线的半个长度设在直线上，另外半个长度设在圆曲线上，如图 3.24 所示。在加设缓和曲线前，圆曲线的直圆点(ZY)和圆直点(YZ)是缓和曲线的中点。因此，曲线主要桩点的位置可以根据曲线中央点的位置 $X_{QZ}$，加设缓和曲线之前的圆曲线长度 $L_y$，及缓和曲线长度 $l_0$ 来计算确定。

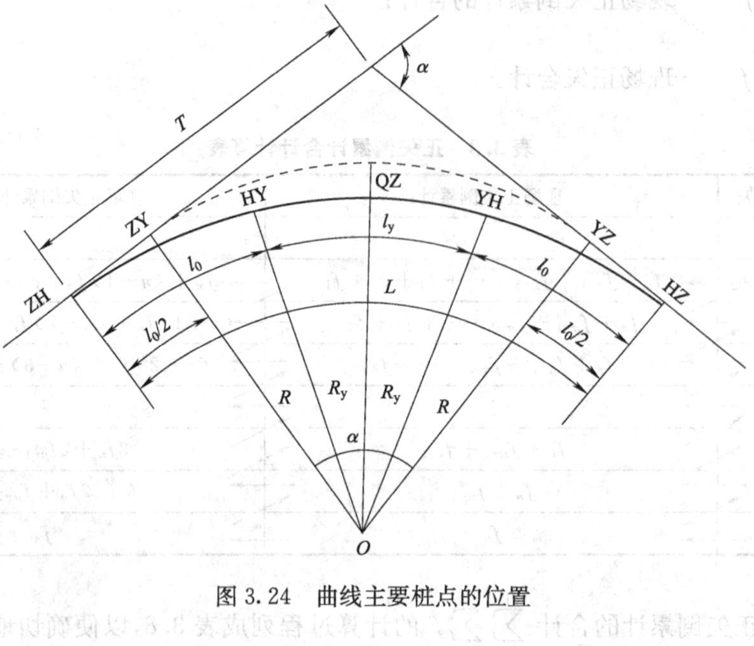


图 3.24　曲线主要桩点的位置

$$ZH = X_{QZ} - \frac{L_Y}{2} - \frac{l_0}{2} \tag{3.52}$$

$$HY = X_{QZ} - \frac{L_Y}{2} + \frac{l_0}{2} \tag{3.53}$$

$$YH = X_{QZ} + \frac{L_Y}{2} - \frac{l_0}{2} \tag{3.54}$$

$$HZ = X_{QZ} + \frac{L_Y}{2} + \frac{l_0}{2} \tag{3.55}$$

经过以上计算，重新确定曲线主要桩点的位置，然后再编制计划正矢，就可以比较接近现场曲线的实际形状，使拨量较小。

### 3.5.5　拨量计算

获得现场正矢和有关限界、控制点、轨缝、路基宽度及线间距等调查资料后，即可进行曲线整正的内业计算。现结合实例说明计算过程和计算方法。

设有一曲线，共有 29 个测点，其现场正矢列于表 3.9 之第三栏中。

1. 计算曲线中央点的位置

由式(3.50)可知，曲线中央点位置为现场正矢倒累计的合计除以现场正矢合计。表 3.9 中最下一行第二栏中的数值为 $\sum_n^1 \sum_n^1 f$ 的值，第三栏中的数值为 $\sum_1^n f$ 的值。

$$X_{QZ} = \frac{\sum_n^1 \sum_n^1 f}{\sum_1^n f} = \frac{41\,064}{2\,681} = 15.317\ (段)$$

上值表示曲线中央点位于第 15 测点再加 3.17 m 处。

2. 计算加设缓和曲线前的圆曲线长度

经过对现场正矢的分析，可以初步估定圆曲线大致在第 9 测点至第 22 测点之间。

圆曲线平均正矢　$f_y = \dfrac{\sum_{29}^{9} - \sum_{29}^{23}}{23-9} = \dfrac{2\,205-430}{14} = 127(\text{mm})$

根据式(3.51)计算加设缓和曲线前的圆曲线长度

$$L_y = \frac{\sum_1^n f}{f_y} = \frac{2\,681}{127} = 21.11\ (段)$$

3. 确定缓和曲线长

通过对现场正矢的分析，第一段缓和曲线位于前 8 点，但第 1 测点正矢为零，第二段缓和曲线位于第 23 测点和 29 测点之间，可估定缓和曲线为 6 段，即 $l_0 = 6$。

4. 计算曲线主要桩点位置

根据式(3.52)～式(3.55)

$$ZH = X_{QZ} - \frac{L_Y}{2} - \frac{l_0}{2} = 15.317 - \frac{21.11}{2} - \frac{6}{2} = 1.762\ (段)$$

$$HY = X_{QZ} - \frac{L_Y}{2} + \frac{l_0}{2} = 15.317 - \frac{21.11}{2} + \frac{6}{2} = 7.762\ (段)$$

$$YH = X_{QZ} + \frac{L_Y}{2} - \frac{l_0}{2} = 15.317 + \frac{21.11}{2} - \frac{6}{2} = 22.872\ (段)$$

$$HZ = X_{QZ} + \frac{L_Y}{2} + \frac{l_0}{2} = 15.317 + \frac{21.11}{2} + \frac{6}{2} = 28.872\ (段)$$

5. 确定各测点的计划正矢

1)圆曲线的计划正矢。采用圆曲线的平均正矢 $f = 127$ mm。

2)缓和曲线的计划正矢。曲线各主要桩点的位置如图 3.25 所示。

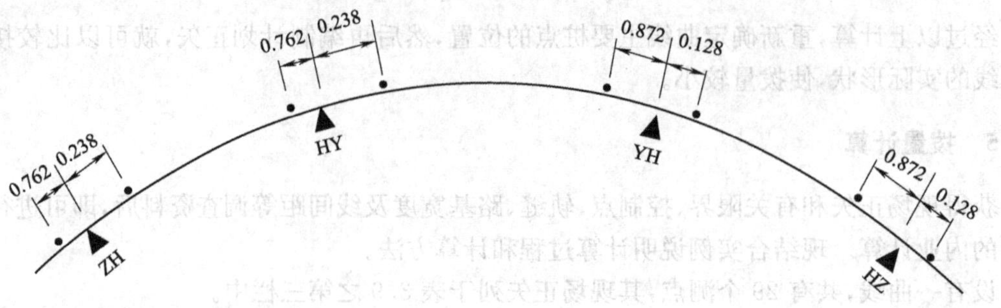


图 3.25　正矢系数示意图

(1)求缓和曲线正矢递变率。

$$f_d = \frac{f_y}{m_0} = \frac{127}{6} = 21.2(\text{mm})$$

(2)求第一缓和曲线上 ZH、YH 左右两相邻测点的正矢系数。

因为　$a_1 = 0.762, b_1 = 0.238$

所以　$\alpha_z = \frac{b^3}{6} = \frac{0.238^3}{6} = 0.002\,2$

$$\alpha_{H-1} = b_1 + \frac{a_1^3}{6} = 0.238 + \frac{0.762^3}{6} = 0.311\,7$$

因为　$a_2 = 0.238, b_2 = 0.762$

所以　$\alpha_y = \frac{b_2^3}{6} = \frac{0.762^3}{6} = 0.073\,7$

$$\alpha_{H-2} = b_2 + \frac{a_2^3}{6} = 0.762 + \frac{0.238^3}{6} = 0.764\,2$$

(3)求第一缓和曲线上各测点的正矢。

$$f'_1 = \alpha_z f_d = 0.002\,2 \times 21.2 = 0.05 \quad 取为 0$$
$$f'_2 = \alpha_{H-1} f_d = 0.311\,7 \times 21.2 = 6.6 \quad 取为 7$$
$$f'_3 = (3 - 1.762) \times 21.2 = 26.2 \quad 取为 26$$
$$f'_4 = (4 - 1.762) \times 21.2 = 47.4 \quad 取为 47$$
$$f'_5 = (5 - 1.762) \times 21.2 = 68.6 \quad 取为 69$$
$$f'_6 = (6 - 1.762) \times 21.2 = 89.8 \quad 取为 90$$
$$f'_7 = f_y - \alpha_{H-2} f_d = 127 - 0.764\,2 \times 21.2 = 110.7 \quad 取为 111$$
$$f'_8 = f_y - \alpha_y f_d = 127 - 0.073\,7 \times 21.2 = 125.4 \quad 取为 125$$

(4)求第二缓和曲线上 YH、HZ 左右两相邻测点的正矢系数。

因为　$a_1 = 0.128, b_1 = 0.872$

所以　$\alpha_z = \frac{b_1^3}{6} = \frac{0.872^3}{6} = 0.110\,5$

$$\alpha_{H-1} = b_1 + \frac{a_1^3}{6} = 0.872 + \frac{0.128^3}{6} = 0.872\,3$$

因为　$a_2 = 0.872, b_2 = 0.128$

所以　$\alpha_y = \frac{b_2^3}{6} = \frac{0.128^3}{6} = 0.000\,3$

$$\alpha_{H-2}=b_2+\frac{a_2^3}{6}=0.128+\frac{0.872^3}{6}=0.238\ 5$$

(5)求第二缓和曲线上各测点的正矢。

$$f'_{22}=f_y-\alpha_y f_d=127-0.000\ 3\times21.2=127\quad 取为127$$

$$f'_{23}=f_y-\alpha_{H-2}f_d=127-0.238\ 5\times21.2=121.9\quad 取为122$$

$$f'_{24}=(28.872-24)\times21.2=103.3\quad 取为103$$

$$f'_{25}=(28.872-25)\times21.2=82.1\quad 取为82$$

$$f'_{26}=(28.872-26)\times21.2=60.9\quad 取为61$$

$$f'_{27}=(28.872-27)\times21.2=39.7\quad 取为40$$

$$f'_{28}=\alpha_{H-1}f_d=0.872\ 3\times21.2=18.5\quad 取为19$$

$$f'_{29}=\alpha_z f_d=0.110\ 5\times21.2=2.3\quad 取为2$$

6. 检查计划正矢是否满足曲线整正前后曲线两端的直线方向不变的要求

由式(3.37)可知，曲线整正前后，其两端直线方向不变的控制条件是$\sum_0^n \mathrm{d}f=0$。亦即$\sum f-\sum f'=0$，此题中$\sum f=2\ 681$，$\sum f'=2\ 682$，$\sum f-\sum f'=-1$，现场正矢总和比计划正矢总和少1 mm，不满足式(3.37)。当计划正矢与现场正矢总和相差较大时，调整计划正矢的工作是一项较复杂的工作，要结合正矢在整个曲线的分布情况进行调整，调整得当，将会给修正拨量工作带来很大方便。本例中计划正矢总和与现场正矢总和只相差1 mm，可根据计划正矢在计算中近似值的取舍情况，在适当的测点对计划正矢进行调整，此例中，从对正矢的分析来看，拟将第5测点的计划正矢减少1 mm，即$f'_5=68$ mm，将各测点的计划正矢值，填入表3.9之第四栏中，以便进行拨正计算。

7. 计算拨量

由式(3.38)，$e_n=2\sum_0^{n-1}\sum_0^{n-1}\mathrm{d}f$，曲线上任一测点的拨量，等于到前一测点为止的全部正矢差累计合计的2倍。故计算拨量应首先计算正矢差，再计算差累计，最后计算拨量。

(1)计算各测点的正矢差。曲线上各测点的正矢差等于现场正矢减去计划正矢，$\mathrm{d}f=f-f'$，因而将各测点第三栏的值减去第四栏的值，把差值填入第五栏中即可。

(2)计算正矢差累计。某测点的正矢差累计等于到该测点为止的以前各测点正矢差的合计。因此，可按表3.9中第五、六栏箭号所示，用“斜加平写”的方法累计之。

第六栏最后一测点的正矢差累计必为零，否则说明计算有误。读者可从$\sum_0^n \mathrm{d}f=0$这一条件证明此结论。

(3)计算半拨量。由式(3.38)可知，某点的半拨量等于该点前所有测点正矢差累计的合计(不包括该测点)。因此，可按表3.9中第七栏箭头所示，用“平加下写”的方法计算之。

半拨量的符号为正时，表示该测点应向外拨(上挑)，半拨量的符号为负时，表示该测点应向内拨(下压)。

为了不使曲线两端直线发生平移，由式(3.39)得知，应使$e_n=2\sum_0^{n-1}\sum_0^{n-1}\mathrm{d}f=0$；亦即必须使最后一测点的半拨量为零。而在表3.9第七栏中，最后第29测点的半拨量为+16，这表示曲线终端直线要向外拨(上挑)32 mm，显然，此方案是违背整正曲线的基本原理，必须重新修正计划正矢，以使最后一测点的半拨量为零，来满足曲线两端直线位置不变的要求。

(4)使终点半拨量调整为零。终点半拨量不为零且数值不大时，通常采用点号差法对计划正矢进行修正。

**表 3.9　曲线整正计算表(点号差法)**

| 测点 | 现场正矢倒累计 | 现场正矢 | 计划正矢 | 正矢差 | 正矢差累计 | 半拨量 | 正矢修正 | 修正后计划正矢 | 修正后正矢差 | 修正后差累计 | 修正后半拨量 | 拨量 | 拨后正矢 | 备注 |
|---|---|---|---|---|---|---|---|---|---|---|---|---|---|---|
| 一 | 二 | 三 | 四 | 五 | 六 | 七 | 八 | 九 | 十 | 十一 | 十二 | 十三 | 十四 | 十五 |
| 1 | 2 681 | 0 | 0 | 0 | 0 | 0 | | 0 | 0 | 0 | 0 | 0 | 0 | |
| 2 | 2 681 | 7 | 7 | 0 | 0 | 0 | | 7 | 0 | 0 | 0 | 0 | 7 | ZH=1.762 |
| 3 | 2 674 | 24 | 26 | −2 | −2 | 0 | | 26 | −2 | −2 | 0 | 0 | 26 | |
| 4 | 2 650 | 50 | 47 | 3 | 1 | −2 | +1 | 48 | 2 | 0 | −2 | −4 | 48 | |
| 5 | 2 600 | 67 | 68 | −1 | 0 | −1 | | 68 | −1 | −1 | −2 | −4 | 68 | |
| 6 | 2 533 | 88 | 90 | −2 | −2 | −1 | | 90 | −2 | −3 | −3 | −6 | 90 | |
| 7 | 2 445 | 110 | 111 | −1 | −3 | −3 | | 111 | −1 | −4 | −6 | −12 | 111 | |
| 8 | 2 335 | 130 | 125 | 5 | 2 | −6 | +1 | 126 | 4 | 0 | −10 | −20 | 126 | HY=7.762 |
| 9 | 2 205 | 129 | 127 | 2 | 4 | −4 | | 127 | 2 | 2 | −10 | −20 | 127 | |
| 10 | 2 076 | 127 | 127 | 0 | 4 | 0 | | 127 | 0 | 2 | −8 | −16 | 127 | |
| 11 | 1 949 | 125 | 127 | −2 | 2 | 4 | | 127 | −2 | 0 | −6 | −12 | 127 | |
| 12 | 1 824 | 129 | 127 | 2 | 4 | 6 | −1 | 126 | 3 | 3 | −6 | −12 | 126 | |
| 13 | 1 695 | 127 | 127 | 0 | 4 | 10 | | 127 | 0 | 3 | −3 | −6 | 127 | |
| 14 | 1 568 | 127 | 127 | 0 | 4 | 14 | | 127 | 0 | 3 | 0 | 0 | 127 | |
| 15 | 1 441 | 129 | 127 | 2 | 6 | 18 | | 127 | 2 | 5 | 3 | 6 | 127 | |
| 16 | 1 312 | 125 | 127 | −2 | 4 | 24 | −1 | 126 | −1 | 4 | 8 | 16 | 126 | |
| 17 | 1 187 | 126 | 127 | −1 | 3 | 28 | | 127 | −1 | 3 | 12 | 24 | 127 | |
| 18 | 1 061 | 124 | 127 | −3 | 0 | 31 | | 127 | −3 | 0 | 15 | 30 | 127 | |
| 19 | 937 | 121 | 127 | −6 | −6 | 31 | | 127 | −6 | −6 | 15 | 30 | 127 | |
| 20 | 816 | 132 | 127 | 5 | −1 | 25 | | 127 | 5 | −1 | 9 | 18 | 127 | |
| 21 | 684 | 124 | 127 | −3 | −4 | 24 | | 127 | −3 | −4 | 8 | 16 | 127 | |
| 22 | 560 | 130 | 127 | 3 | −1 | 20 | | 127 | 3 | −1 | 4 | 8 | 127 | |
| 23 | 430 | 119 | 122 | −3 | −4 | 19 | | 122 | −3 | −4 | 3 | 6 | 122 | YH=22.872 |
| 24 | 311 | 106 | 103 | 3 | −1 | 15 | | 103 | 3 | −1 | −1 | −2 | 103 | |
| 25 | 205 | 85 | 82 | 3 | 2 | 14 | | 82 | 3 | 2 | −2 | −4 | 82 | |
| 26 | 120 | 60 | 61 | −1 | 1 | 16 | | 61 | −1 | 1 | 0 | 0 | 61 | |
| 27 | 60 | 40 | 40 | 0 | 1 | 17 | | 40 | 0 | 1 | 1 | 2 | 40 | |
| 28 | 20 | 16 | 19 | −3 | −2 | 18 | | 19 | −3 | −2 | 2 | 4 | 19 | |
| 29 | 4 | 4 | 2 | 2 | 0 | 16 | | 2 | 2 | 0 | 0 | 0 | 2 | HZ=28.872 |
| Σ | 41 064 | 2 681 | 2 681 | +30<br>−30 | +42<br>−26 | | | 2 681 | +29<br>−29 | +29<br>−29 | | | 2 681 | |

从半拨量的计算过程可知，如果在某测点上，将计划正矢减少 1 mm，同时在其下边相距为 $M$ 个点号的测点上，将计划正矢增加 1 mm(计划正矢在上一测点减 1 mm，在下一测点加 1 mm，简称“上减下加”)，其结果，将使下一测点以后的各测点的半拨量增加 $1\times M$ mm。反之，如果在相距为 $M$ 个点号的一对测点上，对其计划正矢进行“上加下减”的修正，其结果将使下一测点以后各测点的半拨量减少 $1\times M$ mm。

由于计划正矢的修正是在一对测点上进行的，修正值为 1 mm，且符号相反，故不会影响曲线整正的原则，即 $\sum df=0$ 这一条件，仍能保证使曲线两端直线方向不变的要求。

以上调整半拨量的方法，是通过在一对相距为 $M$ 个点号的测点上，各调整 1 mm 的计划正矢，而使这对测点以后各测点的半拨量变化 $1\times M$ mm，由于 $M$ 为这对测点的点号之差，故称此法为点号差法。

使用点号差法调整半拨量时需注意：

(1)点号之差 $M$ 值应尽可能地大。

(2)如果一对测点的调整量不足以达到所需调整的值时，可以酌情使用几对测点。

(3)选择测点时，应考虑该点计划正矢的修正历史，避免与曾经进行过计划正矢修正的点发生同号重复修正。

(4)“上加下减”的各对测点，最好安排在负半拨量最大的点号之后，“上减下加”的各对测点，最好安排在正半拨量最大的点号之后，以避免使某些点的半拨量增大，对拨道不利。

(5)曲线的始点和终点不要进行正矢修正，以保证曲线始、终点的半拨量为 0。

(6)在修正值的正值与负值之间，最好间隔两个测点以上，以保证曲线的圆顺。

在表 3.9 的实例中，曲线最后一点的半拨量为＋16，且正半拨量最大值位于曲线后半部，

因此，用点号差法，以两对测点，在最大正拨量之前，采用“先加后减”格式进行正矢修正。将计划正矢修正值填入表 3.9 之第八栏。第九至第十二栏的计算方法与第四至第七栏相同。

第十三栏为拨量，其值为第十二栏中各点半拨量值的 2 倍。

拨曲线时，向上挑轨缝被拉大，向下压时轨缝被挤小。对于无缝线路，由于曲线钢轨没有轨缝，上挑时，钢轨被拉伸，下压时，钢轨被压缩，而钢轨长度的改变会影响锁定轨温。为了避免轨内应力的非正常变化，要求无缝线路的拨道方案必须正负拨量相等。

由于无缝线路的拨量调整数一般均较大，故经常使用若干组调整数列来进行拨量调整。

设计调整数列时，应使调整数列在各测点的值之和等于拨量合计值的相反数。

表 3.10 为无缝线路曲线整正计算示例。

表中第一至第五栏与表 3.9 的计算方法相同。

第六栏为差累计修正所用的梯形数列，其和为－16 以抵消第五栏中差累计合计值＋16。

第七栏的值为第六栏的值中上点减本点所得之差，该栏的合计必为零。此外从该栏计划正矢修正值的排列位置，也可以判别第六栏中的梯形数列是否合理，亦即用点号差法对计划正矢修正值的要求来判定。

第八栏中的值为第五、六、八栏的值平加写在下一点的格子里，即“平加下写”。

第十栏和第十一栏各选用一组双数数列，使其和等于第九栏中的拨量合计值而符号相反，以使正负拨量相等。在设计数列时，应努力减少各点的拨量以利拨道。注意勿使调整数列伸入曲线的始、终点。

第十二栏为调整数列 1 和调整数列 2 的合计。

**表 3.10　无缝线路曲线拨道计算表**

| 测点 | 现场正矢 | 计划正矢 | 正矢差 | 正矢差累计 | 差累计修正 | 计划正矢修正 | 半拨量 | 拨量 | 拨量调整 | | | 计划正矢修正 | 调整后拨量 | 拨后正矢 | 备注 |
|---|---|---|---|---|---|---|---|---|---|---|---|---|---|---|---|
| | | | | | | | | | 数列1 | 数列2 | 数列3 | | | | |
| 一 | 二 | 三 | 四 | 五 | 六 | 七 | 八 | 九 | 十 | 十一 | 十二 | 十三 | 十四 | 十五 | 十六 |
| 1 | 0 | 0 | 0 | 0 | | | 0 | 0 | | | | | 0 | 0 | |
| 2 | 7 | 7 | 0 | 0 | | | 0 | 0 | | 0 | 0 | −1 | 0 | 6 | ZH=1.762 |
| 3 | 24 | 26 | −2 | −2 | 0 | | 0 | 0 | | 2 | 2 | | 2 | 26 | |
| 4 | 50 | 47 | 3 | 1 | −1 | +1 | −2 | −4 | | 4 | 4 | | 0 | 48 | |
| 5 | 67 | 68 | −1 | 0 | −1 | | −2 | −4 | | 6 | 6 | +1 | 2 | 69 | |
| 6 | 88 | 90 | −2 | −2 | −1 | | −3 | −6 | | 6 | 6 | | 0 | 90 | |
| 7 | 110 | 111 | −1 | −3 | −2 | +1 | −6 | −12 | | 6 | 6 | | −6 | 112 | |
| 8 | 130 | 125 | 5 | 2 | −2 | | −11 | −22 | | 6 | 6 | | −16 | 125 | HY=7.762 |
| 9 | 129 | 127 | 2 | 4 | −2 | | −11 | −22 | | 6 | 6 | | −16 | 127 | |
| 10 | 127 | 127 | 0 | 4 | −2 | | −9 | −18 | | 6 | 6 | +1 | −12 | 128 | |
| 11 | 125 | 127 | −2 | 2 | −2 | | −7 | −14 | | 4 | 4 | | −10 | 127 | |
| 12 | 129 | 127 | 2 | 4 | −2 | | −7 | −14 | | 2 | 2 | | −12 | 127 | |
| 13 | 127 | 127 | 0 | 4 | −1 | −1 | −5 | −10 | 0 | 0 | 0 | | −10 | 126 | |
| 14 | 127 | 127 | 0 | 4 | 0 | −1 | −2 | −4 | −2 | | −2 | | −6 | 126 | |
| 15 | 129 | 127 | 2 | 6 | | | 2 | 4 | −4 | | −4 | | 0 | 127 | |
| 16 | 125 | 127 | −2 | 4 | | | 8 | 16 | −6 | | −6 | | 10 | 127 | |
| 17 | 126 | 127 | −1 | 3 | | | 12 | 24 | −8 | | −8 | | 16 | 127 | |
| 18 | 124 | 127 | −3 | 0 | | | 15 | 30 | −10 | | −10 | −1 | 20 | 126 | |
| 19 | 121 | 127 | −6 | −6 | | | 15 | 30 | −10 | | −10 | | 20 | 127 | |
| 20 | 132 | 127 | 5 | −1 | | | 9 | 18 | −10 | | −10 | −1 | 8 | 126 | |
| 21 | 124 | 127 | −3 | −4 | | | 8 | 16 | −8 | | −8 | | 8 | 127 | |
| 22 | 130 | 127 | 3 | −1 | | | 4 | 8 | −6 | | −6 | | 2 | 127 | |
| 23 | 119 | 122 | −3 | −4 | | | 3 | 6 | −4 | | −4 | | 2 | 122 | YH=22.872 |
| 24 | 106 | 103 | 3 | −1 | | | −1 | −2 | −2 | | −2 | | −4 | 103 | |
| 25 | 85 | 82 | 3 | 2 | | | −2 | −4 | 0 | | 0 | +1 | −4 | 83 | |
| 26 | 60 | 61 | −1 | 1 | | | 0 | 0 | | | | | 0 | 61 | |
| 27 | 40 | 40 | 0 | 1 | | | 1 | 2 | | | | | 2 | 40 | |
| 28 | 16 | 19 | −3 | −2 | | | 2 | 4 | | | | | 4 | 19 | |
| 29 | 4 | 2 | 2 | 0 | | | 0 | 0 | | | | | 0 | 2 | HZ=28.872 |
| Σ | 2 681 | 2 681 | +30<br>−30 | +42<br>−26<br>+16 | −16 | 0 | +79<br>−68<br>+11 | +158<br>−136<br>+22 | −70 | +48 | −22 | 0 | +96<br>−96 | 2 681 | |

第十三栏为第十二栏中拨量调整数列合计对各点计划正矢的影响值，其值是根据曲线整

正这一基本前提“曲线某测点上挑或下压一拨量，其相邻两点的正矢将相应减小或增大此拨量的一半”来计算的。即曲线上某点的计划正矢修正值，应等于该点拨量调整数减相邻两点拨量调整数之和的一半。

为保证拨道后曲线的圆顺，要求在同一测点上计划正矢修正值避免与第七栏中出现同号叠加。

第十四栏的值为第九栏的值加第十二栏的值。

第十五栏的值是利用式(3.36) $f_n{}' = f_n + e_n - \left(\frac{e_{n-1} + e_{n+1}}{2}\right)$ 计算。

各测点在第十五栏中的值，应等于该点修正后的计划正矢(第三栏＋第七栏＋第十三栏)，否则说明计算有误。

## 知识拓展

### 3.5.6　曲线养护维修

1. 曲线养护方法

列车在曲线上运行时，由于轨道迫使车体转向，使车辆轮对对轨道的冲击力、挤压力和轮轨间的摩擦力要比直线上的大得多。在列车动力作用下，曲线轨道的方向变形速度也远大于直线。而不良的曲线方向又会加剧列车的摇摆，增大列车对轨道的破坏力，形成恶性循环。所以，曲线轨道的养护维修，是工务维修工作中的一项重点工作。

曲线养护维修工作中，要贯彻以预防为主，预防和整治相结合的方针，全面安排综合维修，经常保养和临时补修，做到无病防病，有病根治。

1)曲线的综合维修

曲线的综合维修，是按周期有计划地对线路进行综合性修理。其目的在于预防各种病害的发生。通过综合维修，使曲线轨道恢复完好的技术状态，这是曲线养护的根本手段，是巩固和提高曲线质量的重要环节。

按照作业项目的内容和性质，曲线的综合维修可按准备作业、基本作业和整理作业三个阶段进行。

(1)准备作业

①正确测量现场正矢，用中央点法计算拨量。

②矫直钢轨硬弯，整治钢轨病害。

③整修、更换和补充联结零件，并有计划地涂油。

④调整轨缝、整修、更换和补充防爬设备。

⑤实测列车通过速度，检算外轨超高。

⑥调查曲线的维修工作量，编制维修计划。

(2)基本作业

基本作业以起道、捣固和拨道为主，同时进行改正轨距、清筛不洁道床、更换、方正和修理轨枕等项作业。

①起道和捣固

曲线起道一般先起下股，然后用水平道尺按超高大小起好上股。为防止起道时改变线路方向，起下股时，起道机置于钢轨内侧，起上股时，起道机应置于钢轨外侧。

起道捣固作业，应根据起道高度与拨量的大小，安排作业程序。起道量大时，应先起道捣固，后拨正方向。拨道量较大时，应先拨道再起道捣固，这样才利于巩固成果、稳定线型。在曲线上，尤其要加强接头和薄弱地段的捣固。

②拨道

先把各测点的拨量写在测点处的枕木头上，根据拨量的大小和方向，先扒开枕端道砟，拆下防爬支撑，松开防爬器。上挑时宜松开小轨缝的接头螺栓，以便在拨道中兼顾调整轨缝。

拨道应与改道和直轨结合起来，对于拨道解决不了的局部方向不良，可利用改道或直轨解决之。

为避免拨道作业时的误差积累，可从曲线两端向中间拨。

起道、捣固、拨道之后，应立即回填并夯实道砟，以巩固起拨成果。

(3)整理作业

除了准备作业和基本作业已经完成的项目外，其余项目都应在整理作业中完成。诸如，整修路肩、疏通侧沟、清除道床杂草、补充和修理标志、收集旧料等。使线路外观状态良好，标志整齐鲜明，路容美观。

2)曲线的临时补修

临时补修主要是及时整修超过容许误差限度的轨道几何尺寸及其他不良处所，治小病，防大病，巩固和提高线路质量。

曲线临时补修的主要内容包括轨距、水平和方向超限的整治，重伤轨件的更换、垫入和撤出冻害垫板等。

2. 曲线病害及其防治

方向不良和钢轨严重磨耗是曲线的两种主要病害。

1)方向不良的原因及整治措施

造成曲线方向不良的直接原因是车轮对曲线轨道的横向水平力，而横向水平力的大小，又取决于曲线的平面形态。

曲线方向不良的主要表现形式是“鹅头”和“支嘴”。

(1)鹅头

曲线鹅头产生的原因，是由于缓和曲线采用了直线型超高顺坡，列车经过时，在曲线头部位置产生冲击振动，这种冲击力极易形成曲线头尾部的“鹅头”。在小半径曲线上，此种病害尤其突出。另外，在日常养护维修时，拨量不经过计算而长期上挑，或经常使用简易法计算拨量，使误差在曲线两端积累形成“鹅头”。

整治“鹅头”应对曲线进行全面综合考虑，使用“中央点”法计算拨量。当曲线方向较差时，测量现场正矢前先进行荒拨，压除“鹅头”，然后再测量出现场正矢。在对曲线进行计算时，应适当考虑超高顺坡率，尽量使超高递减、轨距加宽和正矢递减“三合一”。在拨道作业中，为避免作业误差向曲线一端积累，可分别自曲线两端向中间拨道。对于小半径曲线的头尾，应增加道床的厚度和宽度，并夯实道床以使轨道稳定。

(2)支嘴

曲线上的钢轨接头“支嘴”，主要是由于钢轨的弹性或有硬弯而产生的。小半径曲线极易产生此类病害。另外，当接头道床不足，不坚实、接头轨枕失效、钢轨夹板弯曲或接头螺栓松动等原因，都会促使接头“支嘴”的产生。

整治钢轨接头“支嘴”，首先应分析“支嘴”产生的原因。如果是由于钢轨硬弯的原因，最有效的整治方法是用弯轨器校直硬弯。若是由于钢轨弹性方面的原因，则以加强“支嘴”处的轨道联结，适当增加外股道床宽度，并夯实来整治。另外，调换“支嘴”接头处里外口夹板，也是比较有效的办法。曲线方向不良，除上述两种主要病害外，路基病害、轨距或水平超限，轨底坡不良、外轨超高、顺坡过陡等原因，都可能诱发方向不良。因此，必须采用综合整治的办法。实践经验告诉我们，彻底地、高标准地做好一遍综合维修，是整治方向不良的最有效办法，而综合整治曲线病害是巩固曲线质量，保持曲线圆顺的上策。

2)曲线钢轨磨耗

在曲线上，尤其在小半径曲线上，更换钢轨的主要原因是钢轨头部磨耗超限。根据调查，我国在小半径曲线上更换下来的钢轨，有98%是由于磨耗超限。努力消除或减少钢轨不正常磨耗，对于延长钢轨的使用寿命，有着极其重要的意义。钢轨磨耗分垂直磨耗和侧面磨耗两种形式。

(1)钢轨的垂直磨耗

钢轨的垂直磨耗，是由于轮对通过小半径曲线时，因曲线轨道的外轨线比内轨线长，轮对在曲线上滚动时，内外轮滚动距离与内外轨线长度不相等，要依赖轮对在钢轨上的滑动加以调整。试验观察表明，新的完好的车轮在曲线上滚动，在曲线半径为920 m时，才相适应。半径小于上述半径值时，轮对必在钢轨上滑动，这是曲线钢轨垂直磨耗的主要原因。

曲线轨道下股钢轨轨头压溃，是曲线钢轨磨耗的另一种表现。其原因，主要是已经磨耗的车轮踏面边缘产生半径很小的反向凸缘，从而使轮轨接触点上的压应力过大所致。

(2)钢轨侧面磨耗

曲线外股钢轨的侧面磨耗，比内股钢轨或直线上的钢轨严重得多，曲线半径愈小，外轨侧面磨耗愈剧烈。

引起钢轨侧面磨耗的原因，主要是车轮轮缘紧压外轨头侧面，轮轨间产生很大的摩擦力，此摩擦力所做之功，产生钢轨侧面磨耗。另外，轮缘在外轨侧面滑动，也是外轨侧面磨耗的一个原因。

(3)曲线轨道的技术状态与钢轨磨耗的关系

①超高设置不当，会引起钢轨偏载和轮轨的不正常接触，加剧了钢轨的磨耗。超高过大，下股钢轨偏载，垂直磨耗加大。同时，由于后轴的外轮轮缘离外轨的距离增大，轮缘在外轨侧面滑动更严重；超高过小，外轮轮缘对外轨头的挤压力增大，加剧了侧磨。

②曲线方向不良，轨距超限，使通过列车摇晃，增大了横向冲击力，使磨耗加剧。

③曲线钢轨的轨底坡设置不当，使车轮踏面与钢轨的接触面积减小，增大了接触应力，加剧了钢轨磨耗。

④线路不平顺，有暗坑，三角坑等，使行车不稳，车体摇摆，加速钢轨的磨耗。

(4)减缓曲线钢轨磨耗的措施

①提高钢轨的冶炼轧制水平，在曲线轨道上，特别是小半径曲线轨道上，铺设耐磨合金轨，有较好的抗磨效果。在相同运营条件下，耐磨合金轨的侧磨仅为普通轨的四分之一，其寿命是普通轨的三倍左右。因此，能大量节省钢轨，经济效益显著。

②使用安设在轨道上的钢轨涂油器或设置在机车上的车轮轮缘涂油器。实践证明，用润滑油降低轮轨侧面的摩擦系数，这对减少钢轨的侧面磨耗是行之有效的措施。

③提高曲线轨道的维修质量，能有效地减轻钢轨的磨耗。使曲线的平面线型保持良好的技术状态，按实测速度正确设置超高，调整轨底坡使钢轨中心受压，提高捣固质量使轨道基础

弹性均匀，线路平顺，轨距，水平不超限等，都有利于减少列车摇晃，减轻冲击力。

④采用具有磨耗型踏面的车轮，减小轨头曲率，能降低轮轨间的接触应力，有利于防止轨头压溃。

⑤使用磨轨车对轨头进行打磨整形，能显著延缓磨耗。

⑥将直线上的钢轨倒换至曲线，可延长钢轨的使用寿命。新轨在直线上经过一年左右的碾轧，钢轨表面发生冷锻硬化现象，钢轨表面光滑，强度提高，耐磨性增强，是一种简单实用的办法。

3. 曲线养护的技术管理工作

曲线养护的技术管理，就是准确掌握曲线的技术履历资料。对曲线进行的各次检查、整正资料，应及时填写在曲线状态登记簿内，对定期观测到的钢轨磨耗和曲线病害，也应准确系统地加以记载，以备研究曲线变化情况，分析总结整正效果，摸清病害产生的真正原因和发生发展规律，进而制定加强改善措施。

除了认真执行规定的各项定期检查、定期拨道制度外，还应做好曲线状态（如超高，正矢、钢轨磨耗等）资料的登记、保管工作。根据这些原始资料来分析曲线技术状态，改进养护办法，巩固和提高曲线养护维修质量。

## 项目小结

在学习本项目时，应重点掌握曲线外轨超高的检算和缓和曲线长度的确定；能熟练、准确的进行曲线内轨缩短量和缩短轨根数的计算，并进行缩短轨的配置；能将所学知识熟练应用于工程实践中，根据绳正法整正曲线的基本原理进行曲线轨道方向的整正，根据现场情况合理安排和组织人员进行曲线的拨道作业。

## 复习思考题

1. 曲线轨道与直线轨道在构造上有哪些不同？
2. 在曲线轨道上为什么要设置外轨超高？如何计算外轨超高？
3. 为何要规定外轨超高最大值？怎样设置外轨超高？
4. 小半径曲线轨道轨距为什么要加宽？
5. 小半径曲线轨道怎样进行轨距加宽？
6. 为什么要设缓和曲线？
7. 缓和曲线的长度是根据哪些条件决定的？
8. 曲线上为什么要配置缩短轨？
9. 曲线上配置缩短轨有哪些计算步骤？
10. 曲线方向整正的原则有哪些？
11. 怎样计算圆曲线上各测点的正矢？
12. 怎样计算缓和曲线上各测点的正矢？
13. 曲线整正计算中如何满足曲线两端切线的方向不变和切线不平移的要求？
14. 怎样计算曲线头尾桩点的里程？
15. 怎样根据现场正矢估计缓和曲线长度？
16. 在曲线整正计算中怎样编制计划正矢？

# 项目4　无缝线路构造

## 项目描述

列车通过钢轨接头时会产生很大的轮轨冲击力，对轨道结构产生很大的破坏作用，造成轨道部件的破损，同时加剧了机车车辆的震动、车辆部件的破损、增加能耗和降低旅客的舒适度。无缝线路与普通线路相比较，可以消灭大量的接头，因而具有行车平稳、旅客舒适，同时机车车辆和轨道的维修费用减少，使用寿命延长等一系列优点。近年来我国在这方面发展迅速，城市轨道交通为了适应高密度的不间断运营及减小线路的维修养护工作了，也大都采用无缝线路轨道结构。通过该项目的学习，能够掌握无缝线路的类型及基本原理；无缝线路缓冲区的设置方法及预留轨缝的计算；无缝线路稳定性的因素等知识，能够对城市轨道交通曲线轨道设置有深刻的认知。

## 拟实现的教学目标

1. 能力目标

(1)能够正确理解无缝线路基本知识；

(2)能够正确计算缓冲区长钢轨和标准轨的伸缩量，并计算预留轨缝的大小；

(3)能够进行无缝线路稳定性分析；

(4)能够识别及认知特殊地段无缝线路；

(5)能够进行无缝线路的应力放散与调整。

2. 知识目标

(1)了解无缝线路的基本知识；

(2)掌握无缝线路的类型及基本原理；

(3)掌握无缝线路缓冲区的设置方法及预留轨缝的计算；

(4)掌握无缝线路稳定性的因素；

(5)了解特殊地段无缝线路内容；

(6)了解无缝线路的应力放散与调整方法。

3. 素质目标

(1)具有良好的职业道德，勤奋学习，勇于进取；

(2)具有科学严谨的工作作风；

(3)具有较强的身体素质和良好的心理素质。

## 典型工作任务1　无缝线路认知

钢轨接头是轨道结构中的薄弱环节。列车通过钢轨接头时会产生很大的冲击力，对轨道结构产生很大的破坏作用，轨道交通车辆的震动加剧，导致线路使用寿命缩短，修理费用增大。据统计，线路上养护钢轨接头区所需的费用，约占养护费用的35%，钢轨由于轨端损坏而更换的数量较其它部位大2～3倍。直到无缝线路的问世，才使得大量减少钢轨接头成为可能。

无缝线路是指用具有相当长度的焊接长钢轨代替普通标准钢轨的轨道。无缝线路由于消灭了大量钢轨接头，因而具有行车平稳、机车车辆及轨道维修费用低，使用寿命长等优点。

无缝线路按钢轨受力情况的不同，分为温度应力式和放散温度应力式两种。目前，我国城市轨道交通线路上采用温度应力式无缝线路。

温度应力式无缝线路，每段是由一根焊接长钢轨及其两端2～4根标准轨构成。长钢轨和普通钢轨之间采用普通钢轨接头，但采用高强度接头螺栓以提高钢轨接头阻力。如图4.1所示。随着轨温的变化，在长钢轨两端一定长度范围内，长轨条克服钢轨接头阻力、扣件阻力和道床纵向阻力而伸缩，这一范围称为无缝线路伸缩区。每段无缝线路中间部分的自由伸缩则完全受到限制，随着轨温的变化，固定区钢轨不产生纵向伸缩而产生温度力，温度力的大小与轨温变化幅度和钢轨截面积成正比，而与钢轨长度无关。这种无缝线路结构简单，铺设养护比较方便，故得到广泛的采用。但因钢轨承受很高的温度力，因此必须满足强度及稳定性方面设计的要求。

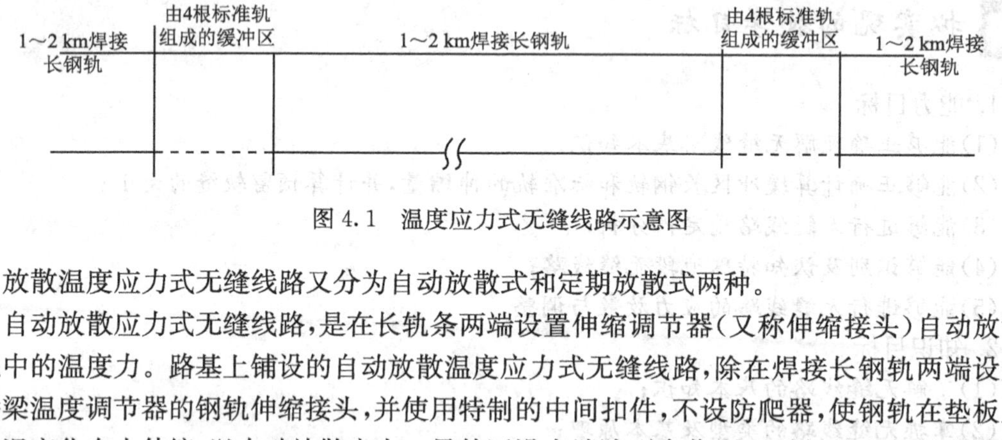


图4.1　温度应力式无缝线路示意图

放散温度应力式无缝线路又分为自动放散式和定期放散式两种。

自动放散应力式无缝线路，是在长轨条两端设置伸缩调节器（又称伸缩接头）自动放散长钢轨中的温度力。路基上铺设的自动放散温度应力式无缝线路，除在焊接长钢轨两端设置类似桥梁温度调节器的钢轨伸缩接头，并使用特制的中间扣件，不设防爬器，使钢轨在垫板上能随轨温变化自由伸缩，以自动放散应力。另外还设有消除列车作用下引起的爬行的弹簧复原装置。由于设备复杂，缺点很多，所以很少采用。

定期放散温度应力式无缝线路的结构形式与温度应力式无缝线路的结构形式相同，但缓冲区的钢轨不是标准轨，而是根据年轨温变化幅度大小设计一组一定长度的短钢轨，一般用于年轨温差很大的寒冷地区。放散温度力时，松开焊接长钢轨的部分或全部扣件，使它自由伸缩，放散内部温度应力，并在一定的温度条件下重新将全部钢轨扣件扣紧。

从理论上说，无缝线路的轨条长度可无限长，为了最大限度地减少钢轨普通接头，延长轨条长度，根据焊接长钢轨的长度不同，分为普通无缝线路、全区间无缝线路和跨区间无缝线路。普通无缝线路的轨条长度一般为1～20 km，在两长轨条之间铺设2～4根25 m长的标准轨组成缓冲区。虽然普通无缝线路的钢轨普通接头大大减少，但在缓冲区仍存在钢轨普通接头。全区间无缝线路是整个区间无钢轨普通接头，但与车站道岔仍用普通钢轨组成的缓冲区隔开。跨区间无缝线路是将连续几个区间的钢轨焊接起来，区间线路也与道岔焊接或用胶接接头，信号闭塞区间用胶接绝缘接头，取消了缓冲区，彻底实现了线路的无缝化，从而全面提高了线路的平顺性，也为列车运行条件的平稳与乘客的舒适提供了良好的条件。

## 典型工作任务2　无缝线路基本原理

### 4.2.1　钢轨温度应力和温度力

由于无缝线路长轨条受到钢轨接头阻力、扣件阻力和道床阻力的约束，当轨温发生变化时，在长钢轨中就会产生轴向温度力，轨温上升，长轨条中产生轴向压力；轨温下降，长轨条中产生轴向拉力。为了保证无缝线路安全运营，长钢轨中的温度力必须满足强度和稳定性的要求。

1. 钢轨自由伸缩量

一根不受任何限制而自由伸缩的钢轨，当轨温变化时，钢轨的伸缩量为：

$$\Delta L=\alpha\cdot L\cdot\Delta t \tag{4.1}$$

2. 温度应力与温度力

钢轨铺设到线路上被锁定后，如果轨温变化时，钢轨受到阻力不能自由伸缩，则在钢轨中产生温度应力，由虎克定律，可得钢轨的温度应力为：

$$\sigma_t=E\cdot\varepsilon_t=E\cdot\frac{\Delta L}{L}=E\cdot\frac{\alpha\cdot L\cdot\Delta t}{L}=E\cdot\alpha\cdot\Delta t \tag{4.2}$$

$$\Delta t=T-T_0 \tag{4.3}$$

式中　$E$——钢的弹性模量，$E=2.1\times10^5$ MPa；

$\alpha$——钢轨的线膨胀系数，$\alpha=11.8\times10^{-6}$m/(m·℃)；

$\Delta t$——相对零应力轨温的轨温变化幅度(℃)；

$L$——钢轨长度(m)；

$T$——计算钢轨温度应力时的轨温(℃)；

$T_0$——零应力轨温，即长度被固定的钢轨，当温度力为零时的轨温(℃)。

将 $E$ 和 $\alpha$ 的数值代入式(4.2)，则得

$$\sigma_t=2.48\Delta t(\text{MPa}) \tag{4.4}$$

由式(4.4)可知，一根钢轨所受的温度力 $P_t$ 为

$$P_t=F\cdot\sigma_t=F\cdot E\alpha\cdot\Delta t=248F\cdot\Delta t(\text{N}) \tag{4.5}$$

式中　$F$——钢轨的断面积($\text{cm}^2$)。

钢轨的温度力均以受拉为正。我国钢轨的轨温每变化1 ℃时，各类钢轨温度力的变化见表4.1。

**表4.1　各类钢轨之断面积及钢轨温度力变化率**

| 钢轨类型(kg/m) | 钢轨断面积($\text{cm}^2$) | 钢轨温度力变化率(kN/℃) |
|---|---|---|
| 50 | 65.80 | 16.45 |
| 60 | 77.45 | 19.36 |
| 75 | 95.05 | 23.77 |

由式(4.4)和式(4.5)可以得出如下结论：

(1)在被固定的钢轨内所产生的钢轨温度应力，仅与轨温变化幅度 $\Delta t$ 有关，而与钢轨本身的长度无关。因此，从理论上讲，无缝线路上的长轨条可以焊成任意长度，它并不影响钢轨内的温度应力。这也是发展超长无缝线路的理论根据。

(2)无缝线路轨道除承受机车车辆动荷载外，还要承受巨大的温度力，钢轨中的温度力大小与钢轨截面积有关。在同样轨温变化幅度条件下，钢轨截面积越大，钢轨中的温度力也越大。温度力是无缝线路设计、施工及维修养护工作中必须考虑的一个特殊问题。

### 4.2.2　锁定轨温及轨温变化幅度

无缝线路的锁定轨温，是长钢轨无温度力状态时的轨温。通常将铺设长钢轨的两端正常就位时的轨温平均值作为锁定轨温。

影响轨温的因素比较复杂，它与气候变化、风力大小、日照程度、线路走向和测量部位等均有密切关系。根据大量观测，最高轨温 $T_{max}$ 要比当地最高气温高 20 ℃，最低轨温 $T_{min}$ 与当地的最低气温大致相同。中间轨温 $T_z$ 指两者的代数平均值。表 4.2 为我国一些地区的最高、最低和中间轨温。

中间轨温：

$$T_z=\frac{T_{max}+T_{min}}{2} \tag{4.6}$$

式中　$T_z$——当地中间轨温(℃)；

$T_{max}$——当地最高轨温(℃)；

$T_{min}$——当地最低轨温(℃)。

**表 4.2　全国各地区最高、最低及中间轨温表**　　℃

| 地区 | 最高轨温 | 最低轨温 | 中间轨温 | 地区 | 最高轨温 | 最低轨温 | 中间轨温 | 地区 | 最高轨温 | 最低轨温 | 中间轨温 |
|---|---|---|---|---|---|---|---|---|---|---|---|
| 北京 | 62.6 | −27.4 | 17.6 | 库尔勒 | 60.0 | −28.1 | 16.0 | 深圳 | 58.7 | 0.2 | 29.3 |
| 天津 | 65.0 | −22.9 | 21.1 | 喀什 | 60.1 | −24.4 | 17.9 | 湛江 | 58.1 | −2.8 | 30.5 |
| 石家庄 | 62.7 | −26.5 | 18.1 | 成都 | 60.1 | −5.9 | 27.1 | 汉中 | 58.0 | −10.1 | 24.0 |
| 承德 | 61.5 | −23.3 | 19.1 | 资阳 | 59.2 | −4.0 | 27.6 | 宝鸡 | 61.6 | −16.1 | 22.8 |
| 张家口 | 60.9 | −26.2 | 17.4 | 内江 | 61.1 | −3.0 | 29.1 | 安康 | 61.7 | −9.5 | 26.1 |
| 唐山 | 63.3 | −22.6 | 20.4 | 绵阳 | 57.1 | −2.3 | 27.4 | 兰州 | 59.1 | −23.3 | 17.9 |
| 保定 | 63.3 | −23.7 | 19.8 | 重庆 | 64.0 | −2.5 | 30.8 | 玉门 | 56.7 | −28.2 | 14.3 |
| 邢台 | 61.8 | −22.4 | 19.7 | 西昌 | 59.7 | −6.0 | 26.9 | 酒泉 | 58.4 | −31.6 | 13.4 |
| 太原 | 61.4 | −29.5 | 16.0 | 宜宾 | 59.5 | −3.0 | 28.3 | 天水 | 58.2 | −19.2 | 19.5 |
| 大同 | 58.0 | −30.5 | 13.8 | 昆明 | 52.3 | −5.4 | 23.5 | 西宁 | 53.5 | −26.6 | 13.5 |
| 运城 | 65.0 | −18.9 | 23.1 | 河口 | 60.9 | 1.9 | 31.4 | 格尔木 | 53.1 | −33.6 | 9.8 |
| 呼和浩特 | 58.0 | −36.2 | 10.9 | 拉萨 | 49.4 | −16.5 | 16.5 | 银川 | 59.3 | −30.6 | 14.4 |
| 满洲里 | 58.7 | −46.9 | 5.9 | 日喀则 | 58.2 | −25.1 | 16.6 | 中卫 | 58.5 | −29.2 | 14.7 |
| 二连浩特 | 59.9 | −40.2 | 9.9 | 贵阳 | 61.3 | −7.8 | 26.8 | 乌鲁木齐 | 60.7 | −41.5 | 9.6 |
| 包头 | 59.5 | −32.8 | 13.4 | 遵义 | 58.7 | −7.1 | 25.8 | 塔城 | 61.3 | −39.2 | 11.1 |
| 赤峰 | 62.6 | −31.4 | 15.6 | 安顺 | 54.3 | −7.6 | 23.4 | 克拉玛依 | 62.9 | −35.9 | 13.5 |

续上表

| 地区 | 最高轨温 | 最低轨温 | 中间轨温 | 地区 | 最高轨温 | 最低轨温 | 中间轨温 | 地区 | 最高轨温 | 最低轨温 | 中间轨温 |
|---|---|---|---|---|---|---|---|---|---|---|---|
| 集宁 | 55.7 | −33.8 | 11.0 | 桐梓 | 57.5 | −6.9 | 25.3 | 德州 | 63.4 | −27.0 | 18.2 |
| 沈阳 | 59.3 | −33.1 | 13.1 | 济南 | 62.5 | −19.7 | 21.4 | 郴州 | 61.3 | −9.0 | 26.2 |
| 本溪 | 57.3 | −32.3 | 12.5 | 延安 | 59.7 | −25.4 | 17.2 | 衡阳 | 61.3 | −7.9 | 26.7 |
| 丹东 | 57.8 | −31.9 | 13.0 | 青岛 | 56.6 | −20.5 | 18.1 | 南宁 | 60.4 | −2.1 | 29.2 |
| 锦州 | 61.8 | −24.7 | 18.6 | 兖州 | 61.0 | −19.0 | 21.0 | 桂林 | 59.7 | −5.0 | 27.4 |
| 大连 | 56.1 | −21.1 | 17.5 | 南京 | 63.0 | −14.0 | 24.5 | 柳州 | 59.2 | −3.8 | 27.7 |
| 长春 | 59.5 | −36.5 | 11.5 | 徐州 | 63.3 | −22.6 | 20.4 | 长沙 | 63.0 | −11.3 | 25.9 |
| 四平 | 56.6 | −38.7 | 9.0 | 上海 | 60.3 | −12.1 | 24.1 | 郑州 | 63.0 | −17.9 | 22.6 |
| 延吉 | 60.3 | −37.1 | 11.6 | 杭州 | 62.1 | −10.5 | 25.8 | 开封 | 63.0 | −16.0 | 23.5 |
| 通化 | 55.5 | −36.3 | 9.6 | 金华 | 61.2 | −9.6 | 25.8 | 安阳 | 61.7 | −21.7 | 20.0 |
| 哈尔滨 | 59.1 | −41.4 | 8.9 | 合肥 | 61.0 | −20.6 | 20.2 | 许昌 | 61.9 | −17.4 | 22.3 |
| 齐齐哈尔 | 60.1 | −39.5 | 10.3 | 安庆 | 64.7 | −12.5 | 26.1 | 洛阳 | 64.2 | −20.0 | 22.1 |
| 佳木斯 | 56.4 | −39.6 | 8.4 | 蚌埠 | 64.5 | −19.4 | 22.6 | 南阳 | 63.2 | −21.2 | 21.0 |
| 牡丹江 | 57.2 | −39.7 | 8.8 | 福州 | 59.8 | −2.5 | 28.7 | 信阳 | 62.0 | −20.0 | 21.0 |
| 安达 | 59.5 | −44.3 | 7.6 | 邵武 | 60.4 | −7.9 | 26.3 | 宜昌 | 63.9 | −9.8 | 27.1 |
| 嫩江 | 58.1 | −47.3 | 5.4 | 厦门 | 58.5 | −2.0 | 28.3 | 武汉 | 61.3 | −18.1 | 21.6 |
| 加格达奇 | 57.3 | −45.4 | 6.0 | 南昌 | 60.6 | −9.3 | 25.7 | 台北 | 58.6 | −2.0 | 28.3 |
| 西安 | 65.2 | −20.6 | 22.3 | 九江 | 61.0 | −10.0 | 25.5 | 台南 | 59.0 | 2.0 | 30.5 |
| 吐鲁番 | 67.6 | −28.0 | 19.8 | 广州 | 58.7 | −0.3 | 29.2 | 香港 | 56.1 | −0.0 | 28.1 |
| 哈密 | 63.9 | −32.0 | 16.0 | 韶关 | 62.0 | −4.3 | 28.9 | | | | |

注：表中轨温单位为℃，本表以历史极端气温资料为基础，以最高气温加 20 ℃为最高轨温，最低轨温与最低气温相同。

无缝线路是一系统工程。设计、施工、运营情况不同，运用锁定轨温的概念不同。设计确定的锁定轨温称为设计锁定轨温，施工确定的锁定轨温称为施工锁定轨温，无缝线路在运营过程中处于零应力状态时的轨温称为实际锁定轨温。这三个概念不能混淆，否则会产生误解。如常说锁定轨温发生变化，是指实际锁定轨温发生变化，而设计锁定轨温和施工锁定轨温，一旦设计和施工完成，记入技术档案作为日后线路养护维修的依据，不允许随意改变。

1. 设计锁定轨温

设计锁定轨温亦称中和轨温。它是根据线路结构的具体条件，通过轨道强度和稳定性的检算所确定的零应力轨温。设计锁定轨温不是一个确定的值，如果是一个确定的值，在铺轨施工作业时一定要在这一锁定轨温时将所有扣件拧紧，这是很难做到的。所以在设计无缝线路确定锁定轨温时，应有一个范围，在这一范围内的任一轨温锁定钢轨，都能满足长钢轨的强度和稳定性要求。设计锁定轨温范围按式(4.7)的要求确定。

中和轨温的具体计算方法是：

根据无缝线路稳定性和强度计算，可以求得允许温升$[\Delta t_u]$和允许温降$[\Delta t_d]$（也可按照《无缝线路铺设及养护维修办法》中的表 1、表 2 查表获得），再根据当地近 30 年内的最高、最低轨温 $T_{max}$、$T_{min}$ 并考虑轨温的季节性的变化情况，按照图 4.2 或式(4.7)计算中和轨温 $T_e$。

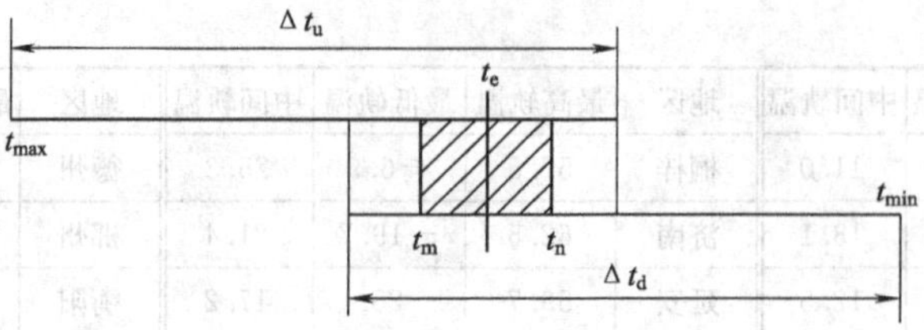


图 4.2 中和轨温计算图

$$T_e=\frac{T_{max}+T_{min}}{2}+\frac{[\Delta t_d]-[\Delta t_u]}{2}\pm\Delta t_k \tag{4.7}$$

式中 $\Delta t_k$——中和轨温修正值，其数值大小考虑当地轨温的季节性变化情况，取 0～5 ℃。

通常情况：设计锁定轨温上限 $T_m=T_e+(5\sim6)$℃；

设计锁定轨温下限 $T_n=T_e-(5\sim6)$℃。

困难情况：设计锁定轨温上限 $T_m=T_e+(3\sim4)$℃；

设计锁定轨温下限 $T_n=T_e-(3\sim4)$℃。

求得 $T_m$、$T_n$值必须满足以下条件：

$$T_{max}-T_n<[\Delta t_u] \tag{4.8}$$

$$T_m-T_{min}<[\Delta t_d] \tag{4.9}$$

采用式(4.7)计算中和温度的前提条件是$[\Delta t_u]$、$[\Delta t_d]$的计算结果必须切合实际，否则不可能获得 $T_e$的正确值。

**【例 4.1】** 郑州地区的最高轨温为 $T_{max}=63$ ℃，最低轨温为 $T_{min}=-18$ ℃，查允许温差表得$[\Delta t_u]=50$ ℃，$[\Delta t_d]=69$ ℃，求设计锁定轨温。

**【解】**

$$T_e=\frac{T_{max}+T_{min}}{2}+\frac{[\Delta t_d]-[\Delta t_u]}{2}\pm\Delta t_k$$

$$=\frac{63-18}{2}+\frac{69-50}{2}+3=35\ ℃$$

设计锁定轨温上限 $T_m=T_e+(5\sim6)$ ℃$=35+5=40$ ℃；

设计锁定轨温下限 $T_n=T_e-(5\sim6)$ ℃$=35-5=30$ ℃。

则 $T_{max}-T_n=63-30=33<50$℃

$T_m-T_{min}=40-(-18)=40+18=58<69$ ℃

所以设计锁定轨温范围为(30～40) ℃合格。

2. 施工锁定轨温

目前尚无准确测量无缝线路应力状态的手段，因此施工时无法根据零应力的测定结果确定实际锁定轨温。为了施工单位简便、易行地确定锁定轨温，《无缝线路铺设及养护维修办法》规定：以长轨条始端或终端落槽时，分别测量两次轨温的平均值作为施工锁定轨温。如果长轨条始端或终端落槽时不在设计锁定轨温的间隔范围内，则必须进行应力调整或放散，并重新锁定。左右两股钢轨的施工锁定轨温差不得超过 5 ℃，曲线外股钢轨的锁定轨温不得高于内轨的锁定轨温。施工锁定轨温一旦确定，应记入无缝线路技术资料登记表，存入档案，绝对不允许改变。

无缝线路铺设必须保证施工锁定轨温准确、可靠，严禁采取撞轨、顶轨等强制办法合龙。

3. 实际锁定轨温

实际锁定轨温所强调的是“实际”二字。它既用以区别施工锁定轨温所表示的名义上的零应力轨温，又说明零应力轨温在运营过程中是可能发生变化的。

为适时准确测定无缝线路实际锁定轨温，可采用钢弦位移尺测量钢轨位移，通过计算确定实际锁定轨温的变化。测定时，在钢轨上每隔一定标距 $S$ 粘贴位移观测标(通常 $S$ 为 25 m 或 50 m)，将长轨条上的扣件拆除，并抬上滚筒放散应力，使之处于自由状态，测量每一标距钢轨截面的伸缩量 $\Delta L$(伸长取正号、缩短取负号)。设无缝线路原实际锁定轨温为 $t_y$，长轨条搁置在滚筒上处于自由状态的轨温为 $t_0$，则存在以下三种情况：

$\Delta L-\alpha(t_0-t_y)S=0$，实际锁定轨温未变化；

$\Delta L-\alpha(t_0-t_y)S>0$，实际锁定轨温降低；

$\Delta L-\alpha(t_0-t_y)S<0$，实际锁定轨温升高。

用下式可计算实际锁定轨温变化量值 $\Delta t_b$：

$$\Delta t_b=\frac{\Delta L}{\alpha \cdot S}-(t_0-t_y) \tag{4.10}$$

无缝线路施工必须力求使施工锁定轨温在设计锁定轨温的范围内，尽可能与零应力状态的轨温接近，而无缝线路养护维修则应加强锁定，并经常监视实际锁定轨温的变化，使实际锁定轨温保持在设计锁定轨温范围内，以保证无缝线路的安全应用。

4. 轨温变化幅度

轨温变化幅度，为计算钢轨温度应力时的实测轨温与锁定轨温之差。实地测量轨温，用 RT 型钢轨测温计。

正确测量轨温的方法是：在钢轨的全断面上选定多点测量，取其平均值。钢轨温度，沿其断面的分布是不一致的，例如阳光直射面与背阴面不同、轨底与轨头不同、钢轨内部与表面不同。据测试，在夏天上午升温阶段，钢轨表面温度高于内部温度；下午降温阶段，钢轨内部温度高于表面温度。因此，实测时要求在全断面上多点测量。

### 4.2.3 无缝线路纵向阻力

无缝线路锁定后，焊接长钢轨两端由于温度变化而引起的伸缩量受到很大的限制。并在其中部积存巨大的温度力。产生这种情况的原因是轨道具有抵抗钢轨和轨道框架(钢轨和轨枕钉连在一起，也称轨排)纵向位移的阻力。它包括接头阻力、道床纵向阻力及扣件阻力。

1. 接头阻力

钢轨两端接头处由夹板通过螺栓拧紧，产生了阻止钢轨纵向位移的阻力，称为接头阻力。如接头螺栓扭矩下降，接头阻力也随之下降。接头阻力由钢轨与夹板之间的摩擦力提供。根据理论计算，钢轨与夹板间的摩阻力与螺栓拉力几乎相等，因此，接头阻力可以按下式计算：

$$R_j=n \cdot P_b \tag{4.11}$$

式中 $R_j$——接头阻力；

$P_b$——一个螺栓所承受的拉力；

$n$——钢轨接头一端的螺栓数，对于6孔夹板，$n=3$。

螺栓所受的拉力，是用测力扳手测定拧紧螺帽时的扭力矩，再由扭力矩推算出拉力值，其经验公式为：

$$T=K \cdot D \cdot P_b \tag{4.12}$$

式中 $P_b$——螺栓拉力(kN)；

$T$——拧紧螺母的扭力矩(N·m)；

$K$——扭矩系数 $K=0.18\sim0.24$；

$D$——螺栓直径(mm)。

接头阻力的大小与螺栓的材质、直径、拧紧程度和夹板孔数等有关。其他条件均相同的情况下，螺栓的拧紧程度就是保持接头阻力的关键。我国无缝线路上规定采用的螺栓扭力矩 $T$ 与接头阻力 $R_j$ 的关系见表 4.3。

**表 4.3　螺栓扭矩与接头阻力的关系**

| 钢轨类型 \ 接头阻力(kN) \ 扭矩(N·m) | 500 | 600 | 700 | 800 | 900 | 1 000 |
|---|---|---|---|---|---|---|
| 50 kg/m<br>10.9 级 $\phi$24mm 螺栓 | 250 | 300 | 370 | 430 | 490 | |
| 60 kg/m<br>10.9 级 $\phi$24mm 螺栓 | 230 | 280 | 340<br>(390) | 400<br>(450) | 460<br>(510) | (570) |

我国无缝线路上规定，缓冲区钢轨接头必须使用六孔夹板和10.9级高强度螺栓，接头螺栓扭力矩应达到900 N·m，扭力矩不足时不得低于700 N·m。在年轨温差大于或接近90 ℃地区的60 kg/m钢轨无缝线路缓冲区，为能按标准预留轨缝，可采用表 4.3 中括号内的 $R_j$。但必须采取加强螺栓除锈涂油，经常保持螺栓清洁不生锈。必要时，可将螺栓扭力矩加大至1 000 N·m。

列车通过接头时产生振动，会使螺栓扭力矩逐渐下降，接头阻力值也随之降低。为保证接头经常保持足够的阻力，应在每通过一定运量后，对螺帽全面拧紧一次。

2. 道床纵向阻力

道床纵向阻力指的是道床抵抗轨道框架纵向位移的阻力。一般以每根轨枕阻力 $R$ 或每延米分布阻力 $p$ 表示。道床纵向阻力是抵抗钢轨伸缩，防止线路纵向爬行的重要参数。

道床纵向阻力要受到道砟材质、颗粒大小、道床断面、道床密实度、脏污程度，轨枕重量、外形和尺寸等因素的影响。只要钢轨与轨枕间的扣件阻力大于道床阻力，则因轨温变化产生的长钢轨中的温度力将完全由道床阻力和接头阻力平衡。道床阻力由轨枕底与道床顶面的阻力和枕木盒中的道砟阻力所组成。

试验表明，在正常状态下，单根轨枕的纵向阻力随着位移的增大而增加，当轨枕位移达到一定值后，枕木盒中道砟颗粒之间的啮合被破坏，因此，位移再增大，阻力也不再增大。通过试验对Ⅰ、Ⅱ、Ⅲ型混凝土枕的纵向阻力进行测试，得出了道床纵向阻力与轨枕纵向位移的关系曲线，如图 4.3 所示。

通常取位移量为 2 mm 时相应阻力值，作为设计无缝线路时的计算阻力值。表 4.4 为我国设计无缝线路时常用的道床纵向阻力值。

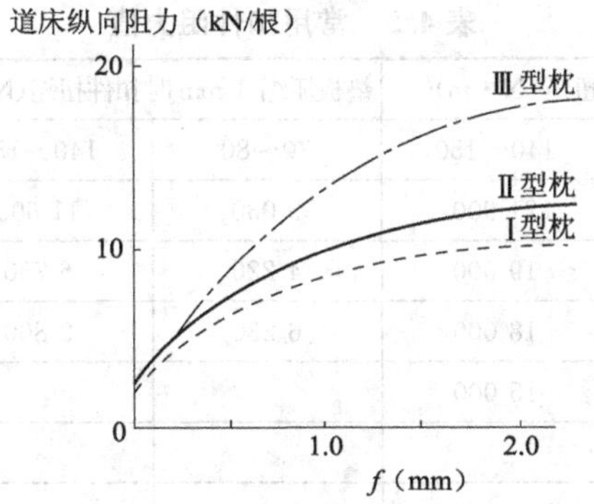


图 4.3　道床阻力与轨枕位移关系图

**表 4.4　道床纵向阻力值**

| 线路特征 | | | 单枕的道床纵向阻力(N) | 一股钢轨下单位道床纵向阻力(N/cm) | | |
|---|---|---|---|---|---|---|
| | | | | 1 667 根/km | 1 760 根/km | 1 840 根/km |
| 木枕线路 | 正常条件 | | 7 000 | — | 62 | 64 |
| 木枕线路 | 捣固作业后 | | 4 000 | — | 35 | 37 |
| 混凝土枕线路 | Ⅰ | 正常条件 | 10 000 | — | 87 | 91 |
| 混凝土枕线路 | Ⅰ | 捣固作业后 | 7 000 | — | 62 | 64 |
| 混凝土枕线路 | Ⅱ | | 12 500 | — | 109 | 115 |
| 混凝土枕线路 | Ⅲ | | 18 300 | 152 | 160 | — |

注：道床为一级道砟。

应当指出：

(1)不同线路的道床纵向阻力各不相同，必要时，应取实测数据作计算依据。

(2)道床纵向阻力的测定是以单根轨枕的抽样试验为基础的，当轨枕成组移动时，其平均阻力值要较单根轨枕移动时的阻力值为小，对混凝土轨枕来说，前者约为后者的80%左右。

据国外资料介绍，如采用整体轨道框架做实验，所测得的纵向分布阻力值将比单根轨枕测得的结果大得多。对混凝土枕轨道，平均阻力值可提高80%。

(3)线路的养护维修作业会在一定程度上破坏道床原状，使道床纵向阻力降低，需要通过一定时间的列车辗压后，才能恢复到原有的阻力值。

3. 扣件阻力

中间扣件和防爬设备共同抵抗钢轨沿轨枕面纵向移动的阻力，称扣件阻力。试验表明，螺栓扣件的阻力与螺栓扭矩和摩擦系数的大小有关，扣件扭矩越大，扣压力越大，扣件能提供的阻力也越大。对于无螺栓扣件，由弹条的变形量确定扣件的扣压力。扣件阻力必须大丁道床纵向阻力，才能保证钢轨不沿轨枕面移动，充分发挥道床纵向阻力的作用。这是无缝线路轨道结构设计的基本要求之一。

扣件垫板压缩和磨损、无螺栓扣件弹条的徐变都可导致扣压力下降，扣件阻力也随之下降。此外，列车通过时的振动，会使螺帽松动，导致扣压力下降。我国常用扣件的阻力值见表4.5。为了保证扣件阻力达到设计要求，必须经常打紧防爬设备，混凝土轨枕上的中间扣件扭矩，应经常保持在80～150 N · m，木枕上的钩头道钉应经常打紧。

表 4.5　常用扣件阻力值

| 扣件类型 | 初始状态扣件扭矩(N · m) | | 垫板压缩 1 mm 时扣件扭矩(N · m) | | 以往采用计算值(N) | 建议采用值(N) |
|---|---|---|---|---|---|---|
| | 70～80 | 140～150 | 70～80 | 140～150 | | |
| ω 弹条扣件 | 11 900 | 21 900 | 9 030 | 11 600 | | 9 000 |
| 70 型 | 12 500 | 19 000 | 4 220 | 6 750 | 3 000 | 4 000 |
| 67 型 | 10 100 | 18 000 | 6 230 | 9 800 | 5 500 | 6 000 |
| K 型 | 7 500 | 15 000 | | | 7 500 | 7 500 |
| 道钉混合式件 | 500 | | | | 400 | 500 |
| 防爬器 | 16 000 | | | | 20 000 | 15 000 |

### 4.2.4　温度力纵向分布规律

温度力沿长钢轨的纵向分布规律，常用温度力分布图来表示。温度力分布图的横坐标表示钢轨长度，纵坐标表示钢轨的温度力(拉力为正，压力为负)。钢轨内部温度力和钢轨外部阻力随时保持平衡是温度力纵向分布的基本条件。一根焊接长钢轨沿其纵向的温度力分布并不是均匀的。它不仅要受到阻力和温度力变化幅度的影响，还要受到温度力变化过程的影响。

1. 温度力与纵向阻力的关系

(1)温度力与接头阻力的关系

为简化无缝线路内部温度力纵向分布规律的研究，通常假定接头阻力 $R_j$ 为常值，并不考虑动荷载振动的影响。当温度力 $P_t$ 小于接头阻力 $R_j$ 时，钢轨与夹板间不发生任何相对位移，有多少温度力作用于接头上，接头就提供多少的阻力与之相平衡。如果没有温度力作用于接头上，接头就不提供任何阻力，接头阻力是被动力。仅当温度力 $P_t$ 大于接头阻力时，此时，接头提供为常量的最大接头阻力 $R_j$，以与温度力 $P_t$ 相抗衡，同时钢轨方能开始伸缩。

当轨温变化使原来为缩短的焊接长钢轨转为伸长时(或从伸长转为缩短时)，只有在原方向上的接头阻力 $R_j$ 已被抵消，反方向上的接头阻力 $R'_j$(量值上，$R'_j=R_j$)已被克服后方能实现。即焊接长钢轨从缩短转为伸长(或伸长转为缩短)的过程中，必须克服双倍的接头阻力。

(2)温度力与道床纵向阻力的关系

在现有的轨道条件下，碎石道床只有当轨枕因温度力而被钢轨带动在道床中产生一微小位移时，道床才能起提供阻力的作用。如果钢轨在受力过程中不产生任何轨枕与道床间的相对位移，道床纵向阻力将保持其原值不变。可见，在温度力与道床纵向阻力这一对相互平衡的力系中，前者是主动力，后者是被动力。

同样地，仅当温度力 $P_t$，克服接头阻力 $R_j$ 后的余量大于某段道床长度的纵向阻力时，钢轨方能开始伸缩。道床提供的该段道床长度的纵向阻力与温度力抗衡，直至轨温变化幅度达到最大，此时温度力也达到最大，温度力克服接头阻力的余量也达到最大，提供与温度力抗衡的产生纵向阻力的道床长度也达到最长，长钢轨两端带动轨枕一起伸缩的长度也达到最长。而当钢轨从缩短转为伸长，或从伸长转为缩短，也要克服双倍道床纵向阻力后方能实现。

严格地说，道床纵向阻力不仅与轨枕位移量有关，而且动态响应也与静态响应不一致，但为了简化计算，通常假定道床的单位长度纵向阻力为常值，仅有方向上的变化，也不考虑动荷载作用的影响。其基本前提是无缝线路上轨枕无失效，轨道无爬行，扣件无松动，状态符合规定要求。

2. 温度力分布图

温度力沿长钢轨的纵向分布是不均匀的，它不仅与轨温变化幅度和阻力有关，而且还与轨温变化过程有关。因而，温度力分布图有两种类型，一种为轨温单向变化时的温度力分布图，另一种为轨温往复变化时的温度力分布图。

(1)轨温单向变化时的温度力分布图

轨温单向变化是指长钢轨锁定后，轨温从锁定轨温向增温（或向降温）一个方向变化。以轨温从锁定轨温向最低轨温方向降温变化时，绘温度力分布图，如图 4.4 所示。

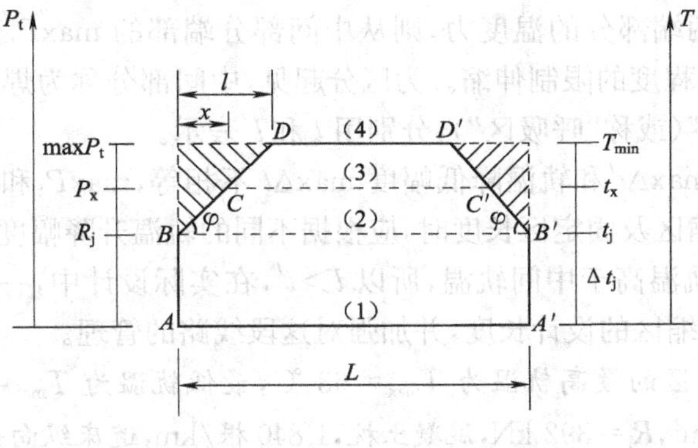


图 4.4　轨温降至 $T_{min}$ 时温度力图

①当轨温为锁定轨温时，钢轨内部无温度力，在温度力图上，则为 $AA'$ 基线。

②轨温从锁定轨温下降，下降幅度等于 $\Delta t_j$ 时，在温度力图 4.4 上，温度力的分布为 $ABB'A'$ 线所示的矩形，此时：

$$P_t = R_j = 248F \cdot \Delta t_j (\mathrm{N}) \tag{4.13}$$

则
$$\Delta t_j = \frac{R_j}{248F} (℃) \tag{4.14}$$

式中　$\Delta t_j$——温度力等于接头阻力时的轨温变化幅度(℃)。

**【例 4.2】**　60 kg/m 钢轨，$F = 77.45\ \mathrm{cm}^2$，$R_j = 460\ \mathrm{kN}$，则得

$$\Delta t_j = \frac{460\ 000}{248 \times 77.45} = 23.9\ ℃$$

从式(4.14)看出，无缝线路锁定后，轨温下降幅度大于 $\Delta t_j$，接头阻力才能被克服，长钢轨两端才能开始产生缩短；如果轨温下降幅度小于 $\Delta t_j$，长钢轨两端是不会缩短的。

③当轨温继续下降，下降幅度大于 $\Delta t_j$ 时，此时，温度拉力大于接头阻力，道床纵向阻力将起抗衡温度拉力的作用，在距轨端长度 $x$ 范围内，钢轨将带动轨枕一起缩短，发生轨枕位移，道床受挤压。这时，在长钢轨两端除接头阻力外，还有 $x$ 长度范围内的道床纵向阻力，共同起着平衡温度拉力的作用。在温度力图 4.4 上，温度力的分布为 $ABCC'B'A'$ 线所示的形状，根据温度力与阻力平衡原则，这时长钢轨内最大的温度力 $P_x$ 为：

$$P_x = R_j + p \cdot x$$

④当轨温下降到了 $T_{min}$ 时，下降幅度达到最大 $\max\Delta t$，温度拉力也达到最大 $\max P_t$，$x$ 达到其极限长度 $l$，在温度力图 4.4 上，温度力的分布为 $ABCDD'C'B'A'$ 线所示的形状，此时：

$$\max\Delta t = T_0 - T_{min} \tag{4.15}$$

$$\max P_t = 248F \cdot \max\Delta t \tag{4.16}$$

$$l=\frac{\max P_t-R_j}{P} \tag{4.17}$$

式中　$\max\Delta t$——最大降温幅度(℃)；

$T_0$——钢轨实际锁定轨温(℃)；

$\max P_t$——最大温度拉力(N)；

$l$——最低轨温时伸缩区的长度(cm)；

$P$——单位道床纵向阻力(N/cm)。

从无缝线路焊接长钢轨的温度力分布图可见，长钢轨中间部分温度力最大，等于 $\max P_t$ 但没有丝毫伸缩。而两端部分的温度力，则从中间部分端部的 $\max P_t$ 开始，逐渐减少到两端的 $R_j$ 为止，并出现不同程度的限制伸缩。为区分起见，中间部分称为焊接长钢轨的"固定区"，两端部分称为"伸缩区"(或称"呼吸区")，分别用 $l$ 和 $l'$ 表示。

如轨温上升幅度 $\max\Delta t'$ 和轨温降低幅度 $\max\Delta t$ 不相等，$\max P_t$ 和 $\max P'_t$ 也不相等。计算升温或降温时的伸缩区及固定区长度时，应根据不同的轨温升降幅度分别进行。

一般情况下锁定轨温高于中间轨温，所以 $l>l'$，在实际设计中，一般用较长的 $l$ 加 20 m 并按 10 m 取整作为伸缩区的设计长度，并加强对这段线路的管理。

**【例 4.3】** 郑州地区的最高轨温为 $T_{max}=63$ ℃，最低轨温为 $T_{min}=-18$ ℃，60 kg/m 钢轨，断面积 $F=77.45\ cm^2$，$R_j=392$ kN，混凝土枕，1 840 根/km，道床纵向分布阻力 $P=90$ N/cm，锁定轨温 $T_0=28$ ℃。求伸缩区的长度？

**【解】** 当 $P_t=P_j$ 时，　$\Delta t_j=\frac{R_j}{248F}=\frac{392\ 000}{248\times 77.45}=20.4$℃

当轨温降到最低 $T_{min}$ 或升到最高 $T_{max}$ 时

$$\max\Delta t'=T_{max}-T_0=63-28=35\ ℃$$

$$\max\Delta t=T_{min}-T_0=-18-28=-46\ ℃$$

$$\max\Delta t'\neq\max\Delta t$$

所以

$$\max P'_t=248\max\Delta t'F=248\times 35\times 77.45=672.3(\text{kN})$$

$$l'=\frac{\max P'_t-R_j}{P}=\frac{672\ 266-392\ 000}{90}=3\ 114(\text{cm})$$

$$\max P_t=248\max\Delta tF=248\times 46\times 77.45=883.6(\text{kN})$$

$$l=\frac{\max P_t-R_j}{P}=\frac{883\ 550-392\ 000}{90}=5\ 462(\text{cm})$$

所以伸缩区长 $L_{伸}=5\ 462+2\ 000=7\ 462$(cm)为安全取整为 80 m。

(2)轨温往复变化时的温度力图

轨温往复变化是指长钢轨锁定后，轨温已发生变化，再从增温(或降温)转为降温(或增温)往复发生变化。以轨温单向变化到最低轨温 $T_{min}$ 时的温度力图为初始状态，向最高轨温 $T_{max}$ 方向增温变化时，绘温度力变化分布图，如图 4.5 所示。

①轨温从最低轨温 $T_{min}$ 回升，回升幅度等于 $\Delta t_j$ 时，接头阻力阻止钢轨伸长，产生温度压力($-R_j$)，抵消了原来产生的温度拉力($+R_j$)，长钢轨内部的温度拉力均匀下降，在温度力图 4.5上，温度力的分布变 $AEE'A'$ 基线所示的梯形。

这一阶段的特点是长钢轨上任一点无新的纵向相对位移，全长范围内的温度力图线平行向下移动，温度拉力均匀减小 $R_j$，温度力在长钢轨内仍全部为拉力。

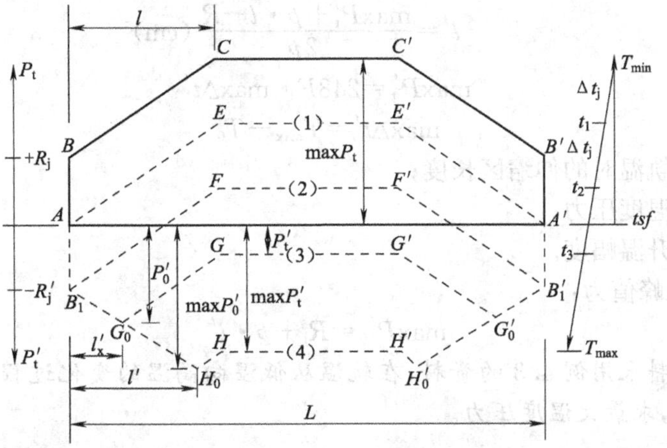


图 4.5　轨温往复变化的温度力图

②轨温继续回升，回升幅度等于 $2\Delta t_j$时，此时接头阻力达到受压的最大值（$-R_j$），在温度力图上，温度力的分布变为 $AB_1FFB'_1A'$线所示。

这一阶段的特点，是长钢轨上任一点仍无新的纵向相对位移，全长范围内的温度力图线仍平行向下移动，固定区钢轨受到温度拉力（也可能受温度压力），而两端伸缩区内靠近接头处的钢轨受到温度压力。

③轨温进一步回升，回升幅度大于 $2\Delta t_j$后。这时接头阻力已经用尽，道床纵向阻力开始起作用，而平衡由于轨温变化产生的温度力，只需要一部分长度的道床纵向阻力，所以在长钢轨两端伸缩区内都会有一个道床纵向阻力的变换点，如距轨端距离为 $l_x$处。在这一变换点的左侧，道床纵向阻力起阻止钢轨伸长的作用，因为它要克服双倍的道床纵向阻力，所以出现反方向的道床纵向阻力（$-p$）；而在另一侧，因为不需要动用道床纵向阻力（$p$），其阻力仍保持原方向不变（$+p$）；在两变换点中间范围内的温度力图线平行向下移动。在温度力图 4.5 上，温度力的分布变为 $AB_1G_0GG'G'_0B'_1A'$线所示。

这一阶段的特点，是长钢轨两端长度 $l_x$范围内，其道床的纵向阻力反向，钢轨产生伸长；而长度（$l-l'_x$）范围，道床纵向阻力未反向，仍保持原来方向，钢轨无新的纵向相对位移。在反向阻力梯度线与正向阻力梯度线相交点 $G_0$及 $G'_0$称为温度压力峰，它高出固定区钢轨所受的温度压力。

根据力的平衡条件：

$$R_j+p\cdot l'_x=P'_t+p(l-l'_x)$$

由此得到峰位距长钢轨端的距离为：

$$l'_x=\frac{P'_t+p\cdot l-R_j}{2p}(\text{cm}) \tag{4.18}$$

温度压力峰值为：　$P'_0=R_j+p\cdot l'_x(\text{N})$　(4.19)

④当轨温回到 $T_{max}$时，在温度力图 4.5 上，温度力分布变为 $\Lambda B_1II_0IIH'H'_0B'_1A'$线所示。

这一阶段的特点，是道床纵向阻力反向的长度增加到最长 $l'$，温度压力峰值增大到最大 $maxP'_0$，这对无缝线路的胀轨跑道会产生一定的影响。

根据力的平衡条件：

$$R_j+p\cdot l'=maxP'_t+p(l-l')$$

由此得到峰位距长钢轨端的最大距离为：

$$l'=\frac{\max P'_{t}+p\cdot l-R_{j}}{2p}(\text{cm}) \tag{4.20}$$

而

$$\max P'_{t}=248F\cdot\max\Delta t' \tag{4.21}$$

$$\max\Delta t'=T_{max}-T_{0} \tag{4.22}$$

式中　$l'$——最高轨温时的伸缩区长度；

$\max P'_{t}$——最大温度压力；

$\max\Delta t'$——最大升温幅度。

最大温度压力峰值为：

$$\max P'_{0}=R_{j}+p\cdot l' \tag{4.23}$$

**【例 4.4】** 资料采用例 4.3 的资料，在轨温从低温向高温的变化过程中，当 $\Delta t=0$ 时，固定区温度力 $P'_{t}=0$，求最大温度压力。

由式(4.18)有

$$l'_{x}=\frac{P'_{t}+p\cdot l-R_{j}}{2p}=\frac{0+90\times5\,462-392\,000}{2\times90}\approx553(\text{cm})$$

由式(4.19)有

$$P'_{0}=R_{j}+p\cdot l'_{x}=392\,000+90\times553=441\,770(\text{N})$$

当 $T_{max}=63$ ℃，$\Delta t=35$ ℃时，由式(4.20)有

$$l'=\frac{\max P'_{t}+p\cdot l-R_{j}}{2p}=\frac{248\times77.45\times35+90\times5\,462-392\,000}{2\times90}=4\,288(\text{cm})$$

由式(4.23)有

$$\max P'_{0}=R_{j}+p\cdot l'=392\,000+90\times4\,288=777\,920(\text{N})$$

此时固定区温度压力由式(4.21)知：$\max P'_{t}=248F\cdot\max\Delta t'=248\times77.45\times35=672\,266(\text{N})$

$\max P'_{0}$ 比 $\max P'_{t}$ 大 105 654 N，相当于温度变化幅度 5.5 ℃。

(3)无缝线路伸缩区温度力的问题总结

由上面的温度力变化图和例题得知：

①温度力峰现象的实质

在轨温季节循环的过程中，由于部分钢轨产生反向位移，致使部分道床阻力反向，从而在正反向温度力梯度相交之处产生温度力峰。温度力峰现象是由道床阻力塑性性质决定的，其量值及位置均取决于接头阻力及道床阻力梯度的大小，而与锁定轨温无关。

②春夏之交的温度压力峰

伸缩区温度力峰的拉压性质有可能和固定区温度力的性质相反。从国内外无缝线路失稳事故的经验来看，事故多发季节不是在夏季的高温季节，而是在春夏之交，即 3～5 月份。很重要的原因是，在这一季节，轨温接近甚至低于锁定轨温，在这样的轨温条件下进行线路作业时，维修人员容易误认为钢轨温度力较低，而放松对失稳的警惕性，忽视遵章守制的要求，进行不适当的线路作业。而实际上此刻在伸缩区却有可能存在着相当于 $\Delta t$ 为 20 ℃的温度压力峰，因而导致事故的发生。

③夏季的最大温度力峰值

由图 4.5 可知，在反向升温过程中，随着 $\Delta t$ 的增加，温度力峰 $P'_{0}$ 与固定区温度力 $P_{t}$ 的差值逐渐减小。当温度变化幅度达到 $\max\Delta t=35$ ℃时，$l$ 大于 $l'$，道床阻力还有一段未能反向，这时温度力峰将达到其最大值 $\max P'_{0}$。如果假设轨温变化幅度可以继续增加，并能达到与最大降温幅值(46 ℃)相同的水平，则温度力峰将完全消失。由此可以想见，如果这时轨温再从最高轨温 $T_{max}$ 降到最低轨温 $T_{min}$，因 $l>l'$，故不会产生最大温度拉力峰。

# 典型工作任务 3　无缝线路缓冲区的设置与轨缝计算

无缝线路缓冲区内的长钢轨与标准轨之间，以及标准轨与标准轨之间，在铺设时均应预留必要的轨缝△，以保证轨温升至最高时，轨缝不会顶严，以免造成接头向上(或向旁)的支嘴；轨温降至最低时螺栓不会受力，以免造成拉弯(或拉断)螺栓。因此，必须先计算长钢轨伸缩区随轨温变化的伸缩量，以及标准轨随轨温变化的伸缩量，从而计算预留轨缝的大小。

## 4.3.1　长钢轨一端的伸缩量 $\lambda_l$

$$\lambda_l=\frac{1}{2}(\lambda_f-\lambda_r) \tag{4.24}$$

式中　$\lambda_f$——长钢轨的自由伸缩量；

$\lambda_\gamma$——阻力阻止长钢轨未能实现的伸缩量。

1. 长钢轨的自由伸缩量 $\lambda_f$

长钢轨锁定后，如果全部未实现伸缩，将使长钢轨内产生相应的温度力，如图 4.6 所示。因而，可借助温度力分布图来求取自由伸缩量。

根据虎克定律，则

$$\lambda_f=\frac{\max P_t\cdot L}{EF}=\frac{A_f}{EF} \tag{4.25}$$

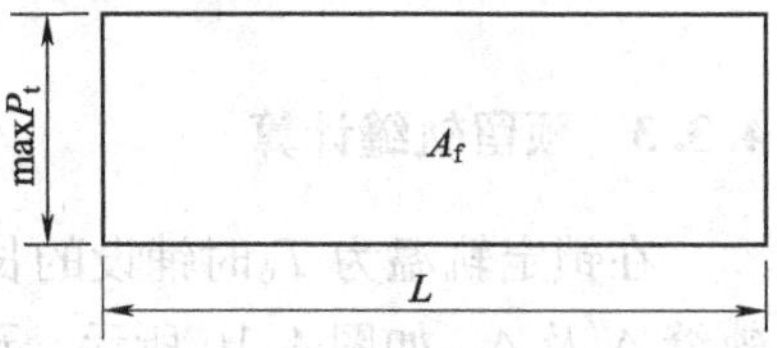

图 4.6　长轨条伸缩前温度力分布图

2. 长钢轨未能实现的伸缩量，将使长钢轨内产生相应的温度力，如图 4.7 所示，为了简化计算，现借助温度力分布图来求长钢轨未能实现的伸缩量。根据虎克定律利用微分方程求得：

$$\lambda_r=\int_0^L d\lambda_r=\int_0^L\frac{P_x\cdot dx}{EF}=\frac{A_r}{EF} \tag{4.26}$$

3. 长钢轨一端的伸缩量 $\lambda_1$

$$\lambda_1=\frac{1}{2}(\lambda_f-\lambda_r)=\frac{1}{2}\left(\frac{A_f}{EF}-\frac{A_\gamma}{EF}\right)=\frac{1}{EF}A_1 \tag{4.27}$$

$$A_1=\frac{1}{2}(A_f-A_r)$$

$A_1$为图 4.8 中阴影部分三角形 $BCD$ 的面积。这部分温度力在长钢轨两端伸缩区范围内，以伸缩的方式释放，所以：

$$\lambda_1=\frac{1}{EF}A_1=\frac{1}{EF}\cdot\frac{1}{2}(\max P_t-R_j)l$$

又因为 $l=\dfrac{\max P_t-R_j}{p}$代入上式得

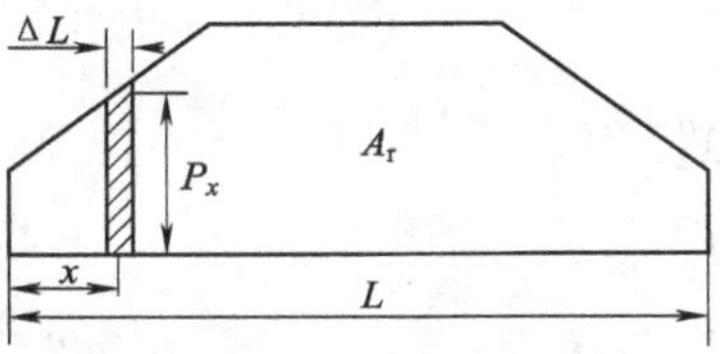

图 4.7　长轨条伸缩后温度力分布图

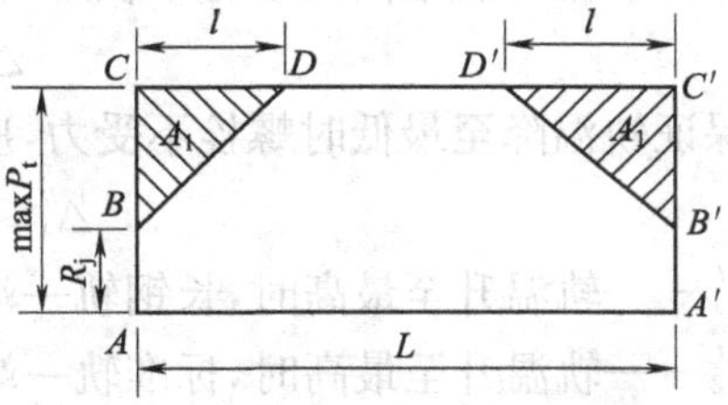

图 4.8　长钢轨温度力分布图

$$\lambda_1=\frac{(\max P_t-P_j)^2}{2EFp} \tag{4.28}$$

### 4.3.2　标准轨一端的伸缩量 $\lambda_2$

设标准轨长为 $L_{标}$，当轨温下降或升高时，标准轨伸缩，其伸缩过程如图 4.9 所示。

温度力 $P_t$ 小于接头阻力 $R_j$ 时，轨端无位移；温度力随轨温之变化幅度增大而增大，当大于接头阻力 $R_j$ 时，轨端开始位移，道床阻力开始发挥作用，直至整根标准轨长度 $L_{标}$ 范围内的道床阻力充分发挥完，为轨端有约束伸缩阶段；此后，温度继续下降或升高，道床阻力不能再进一步提供阻力，此时轨端之伸缩无约束，相当于自由伸缩，为自由伸缩阶段。标准轨一端的最大伸缩量 $\lambda_2$ 等于图中的阴影面积 $A_2$ 除以 $EF$。即

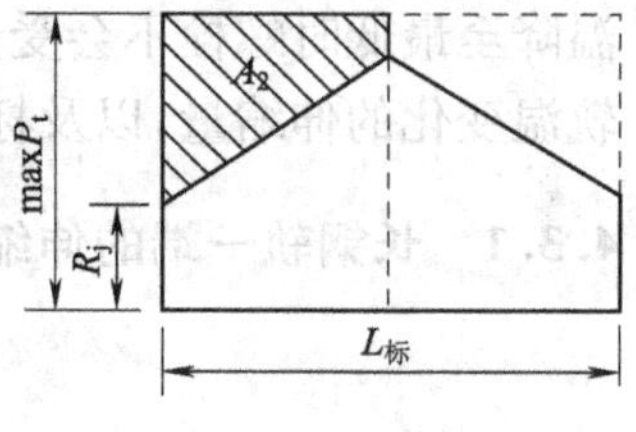


图 4.9　标准轨温度力分布图

$$\lambda_2=\frac{A_2}{EF}=\frac{\max P_t\times L_{标}}{2EF}-\frac{R_j\times L_{标}+pL_{标}^2/4}{2EF}$$

$$=\frac{(\max P_t-R_j)L_{标}-pL_{标}^2/4}{2EF} \tag{4.29}$$

### 4.3.3　预留轨缝计算

在锁定轨温为 $T_0$ 时铺设的长轨条，其伸缩区的标准轨之间及标准轨与长轨条之间应预留轨缝 $\Delta_2$ 及 $\Delta_1$，如图 4.10 所示。预留轨缝的大小应满足以下两个条件：

图 4.10　无缝线路缓冲区布置图

(1)在当地最高轨温时，轨端刚好顶严，两轨端不受纵向压力作用；

(2)在当地最低轨温时，轨缝最大不超过构造轨缝，以保证螺栓既不承剪也不承弯。

即预留轨缝 $\Delta$ 必须满足：

$$\Delta'<\Delta<\Delta'' \tag{4.30}$$

式中　$\Delta'$——轨温升至最高时，保证轨缝不顶严的预留轨缝值；

$\Delta''$——轨温降至最低时，保证螺栓不受力的预留轨缝值。

1. 长钢轨与标准轨间的预留轨缝 $\Delta_1$

$$\Delta_1'<\Delta_1<\Delta_1'' \tag{4.31}$$

要保证轨温升至最高时轨缝不顶严，应有

$$\Delta_1'\geqslant\lambda_1'+\lambda_2' \tag{4.32}$$

要保证轨温降至最低时螺栓不受力，应有

$$\Delta_1''\leqslant\delta_0-(\lambda_1''+\lambda_2'') \tag{4.33}$$

式中　$\lambda_1'$——轨温升至最高时，长钢轨一端的伸长量；

$\lambda_2'$——轨温升至最高时，标准轨一端的伸长量；

$\lambda_1''$——轨温降至最低时，长钢轨一端的缩短量；

$\lambda''_2$——轨温降至最低时，标准轨一端的缩短量；

$\delta_0$——构造轨缝为 18 mm。

2. 标准轨与标准轨之间的预留轨缝 $\Delta_2$

$$\Delta'_2 < \Delta_2 < \Delta''_2 \tag{4.34}$$

要保证轨温升至最高时轨缝不顶严，应有：

$$\Delta'_2 \geqslant 2\lambda'_2 \tag{4.35}$$

要保证轨温降至最低时螺栓不受力，应有：

$$\Delta''_2 \leqslant \delta_0 - 2\lambda''_2 \tag{4.36}$$

**【例 4.5】** 北京地区铺设无缝线路，具体资料如下：钢轨为 60 kg/m，缓冲区钢轨长 $L_{标}$＝25 m，钢轨断面积 $F$＝77.45 cm$^2$；接头为 $\phi$24 mm、10.9 级螺栓，6 孔夹板，接头阻力 $R_j$＝460 kN；轨枕为混凝土轨枕，每公里铺设 1 840 根/km，单位道床纵向阻力 $p$＝91 N/cm；北京地区最高轨温为 $T_{max}$＝62.6 ℃，最低轨温 $T_{min}$＝－22.8 ℃；锁定轨温 $T_0$＝25 ℃；构造轨缝 $\delta_0$＝18(mm)。

**【解】** 预留轨缝计算：

1. 最大轨温变化幅度

$$\max\Delta t_{(升)} = 62.6 - 25 = 37.6\ ℃$$

$$\max\Delta t_{(降)} = -22.8 - 25 = -47.8\ ℃$$

2. 最大温度力

$$\max P_{t压} = 248 \times 77.45 \times 37.6 = 722\ 206(\text{N})$$

$$\max P_{t拉} = 248 \times 77.45 \times 47.8 = 918\ 123(\text{N})$$

3. 长钢轨一端的伸缩量

$$\lambda'_1 = \frac{(722\ 206 - 460\ 000)^2}{2 \times 2.1 \times 10^5 \times 100 \times 77.45 \times 91} \times 10 = 2.3(\text{mm})$$

$$\lambda''_1 = \frac{(918\ 123 - 460\ 000)^2}{2 \times 2.1 \times 10^5 \times 100 \times 77.45 \times 91} \times 10 = 7.1(\text{mm})$$

4. 标准轨一端的伸缩量

$$\lambda'_2 = \frac{(722\ 206 - 460\ 000) \times 25 \times 1\ 000 - 91 \times 25^2 \times 100^2 \div 4 \times 10}{2 \times 2.1 \times 10^5 \times 100 \times 77.45} = 1.6(\text{mm})$$

$$\lambda''_2 = \frac{(918\ 123 - 460\ 000) \times 25 \times 1\ 000 - 91 \times 25^2 \times 100^2 \div 4 \times 10}{2 \times 2.1 \times 10^5 \times 100 \times 77.45} = 3.1(\text{mm})$$

5. 长钢轨与标准轨之间的预留轨缝 $\Delta_1$

$$\Delta'_1 \geqslant 2.3 + 1.6 = 3.9(\text{mm})$$

$$\Delta''_1 \leqslant 18 - (7.1 + 3.1) = 7.2(\text{mm})$$

$$3.9 < \Delta_1 < 7.2$$

采取 $\Delta_1$＝6(mm)

6. 标准轨与标准轨之间的预留轨缝 $\Delta_2$

$$\Delta'_2 \geqslant 2 \times 1.6 = 3.2\ \text{mm}$$

$$\Delta'_2 \leqslant 18 - 2 \times 3.1 = 11.8\ \text{mm}$$

$$3.1 < \Delta_2 < 11.8$$

采取 $\Delta_2$＝8 mm

# 典型工作任务4　无缝线路的稳定性

## 4.4.1 概　　述

无缝线路作为一种工程结构，其最大特点是在夏季高温季节在钢轨中存在有巨大的温度压力，而这一温度压力是引起无缝线路胀轨跑道的主要原因。胀轨跑道会使线路方向不良，影响列车行驶的平稳性，甚至引发列车脱轨事故。因此，无缝线路稳定性成为普遍关注的问题之一。

无缝线路稳定性主要研究高温条件下轨道横向位移与温度应力变化的规律，并针对既有轨道与运营环境条件，确定相应的轨温变化幅度及横向变形位移容许值，制定相应的线路维修作业标准。

无缝线路稳定性分析的正确性及精确程度首先取决于对计算模型的正确抽象。为此，就应对轨道膨曲的物理过程及主要影响因素有详尽的了解，以便在计算中作出正确反映。

无缝线路的膨曲是轨道结构局部的一种爆发性破坏，俗称胀轨跑道。这一基于现场经验的通俗叫法，确切地反映了轨道这一结构物的失稳特征，即在膨曲(跑道)之前或多或少总有一个胀轨变形过程。从国内外进行的大量试验和现场事故的调查分析来看，轨道膨曲的发展是有一个过程的。这一过程基本上可分为三个阶段，即持稳阶段(相对稳定阶段)、胀轨阶段(缓慢变形阶段)和跑道阶段(突然变形阶段、最终破坏)，见图4.11。轨道的胀轨跑道还有一个明显的特征，它总是发生在轨道具有初始弯曲处，一般顺直的轨道上是不会发生胀轨跑道的。图4.11的纵坐标为钢轨温度压力，横坐标为弯曲变形矢度 $f+f_0$，其中 $f_0$ 为初始弯曲矢度，在温升之前即已存在于线路。

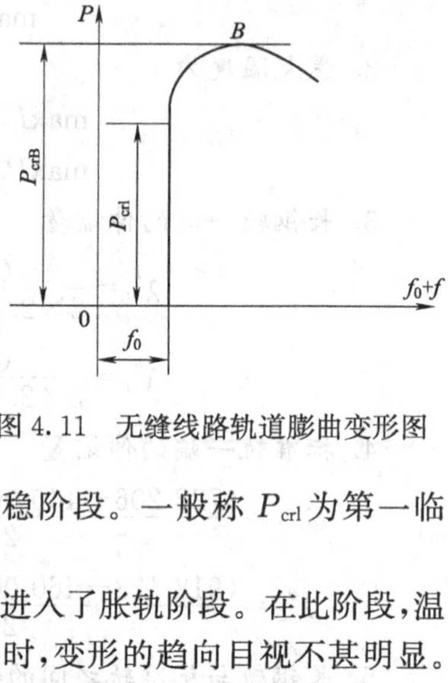


图4.11　无缝线路轨道膨曲变形图

当轨温开始高于零应力轨温时，在钢轨内虽已产生温度压力，但轨道仍能保持初始状态，并不变形。这时轨道能量的增加，主要是以压缩形变能的形态储存于钢轨中。这种状态一直保持到温度力达到某一临界值 $P_{crl}$ 时为止，称之为持稳阶段。一般称 $P_{crl}$ 为第一临界力。

其后，随着轨温的增加，轨道框架开始产生微小的横移，即进入了胀轨阶段。在此阶段，温度压力的增加与横向变形之间的关系呈现非线性。开始横移时，变形的趋向目视不甚明显。随着温度压力的继续升高，变形速率不断加快，变形的形状也逐渐清晰，并趋于稳定。变形的形状基本上可分为两种类型：对称型和反对称型，如图4.12所示。

此后，变形继续发展，不仅矢度扩大，波长亦有所增加。当发展到某种程度时，道砟被挤压错动，并伴有轻微响声，这预示着轨道的受力与变形已逼近临界状态。

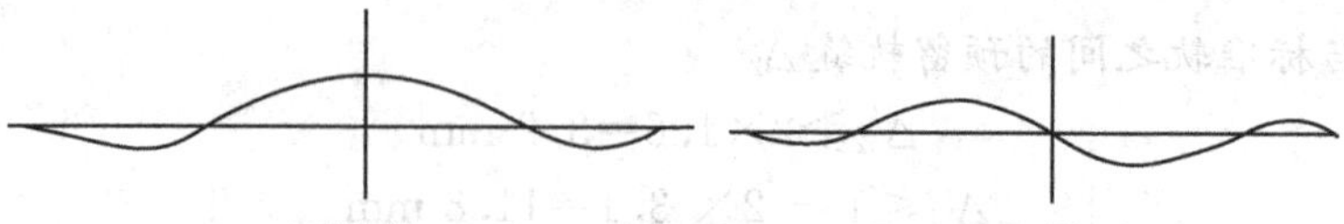


图4.12　无缝线路胀轨阶段钢轨变形图

当钢轨温度压力达到膨曲临界力 $P_{crB}$时，轨道一经干扰将伴随巨大声响而突然膨曲，释放能量，道砟抛出，轨枕裂损，钢轨严重弯曲变形，轨道受到破坏，这就是跑道阶段。变形曲线相对膨曲前的线型发生了很大变化。弯曲变形矢度一般可达 30～50 cm，变形范围可达 20～30 m。跑道的物理实质是轨道框架抵抗弯曲的能力，尤其是道床横向分布阻力已约束不住轨道的横移和弯曲变形的发展，以致整个轨道失去稳定平衡，从而使积存于轨道框架内的巨大弹性势能，主要是钢轨轴向压缩变形能，骤然释放出来。这个过程是在瞬间完成的，具有明显而强烈的动态特征。

### 4.4.2 影响无缝线路稳定性的因素

对无缝线路大量调查后表明，大部分胀轨跑道并非是温度力过大所致，而是对无缝线路起稳定作用的因素认识不足，在维修养护中破坏了这些稳定因素而导致无缝线路的胀轨跑道。因此，我们必须要研究使得无缝线路稳定的因素和不稳定的因素，并注意发展有利因素，克服不利因素，从而提高无缝线路的稳定性，发挥无缝线路的优越性。

影响无缝线路稳定性的主要因素有：钢轨的温升幅度，轨道原始不平顺，道床阻力、轨道框架刚度、道床纵向阻力以及中间扣件的作用等。为了简化计算，一般只考虑钢轨温升幅度，轨道原始不平顺，横向道床阻力以及钢轨的横向刚度。对于道床纵向阻力、中间扣件的作用等，一般忽略不计。

1. 钢轨的温升幅度

温升引起钢轨轴向温度压力增高，它是影响无缝线路稳定的根本原因。在无缝线路设计中合理选择允许温升，确定锁定轨温是至关重要的。

2. 道床横向阻力

道床抵抗轨道框架横向位移的阻力称道床横向阻力。它是防止胀轨跑道，保持轨道稳定的重要因素。

道床横向阻力是由轨枕两侧及枕底与道砟接触面之间的摩阻力和枕端砟肩阻止轨枕横移的抗力组成。道床横向阻力的大小与道砟材质、密实程度以及轨道框架重量等因素有关。并随着道床肩宽与道砟肩断面形状不同而异。根据试验证明：肩宽在 450～550 mm 时，横向阻力接近最高值；砟肩堆高，也可以提高横向阻力。

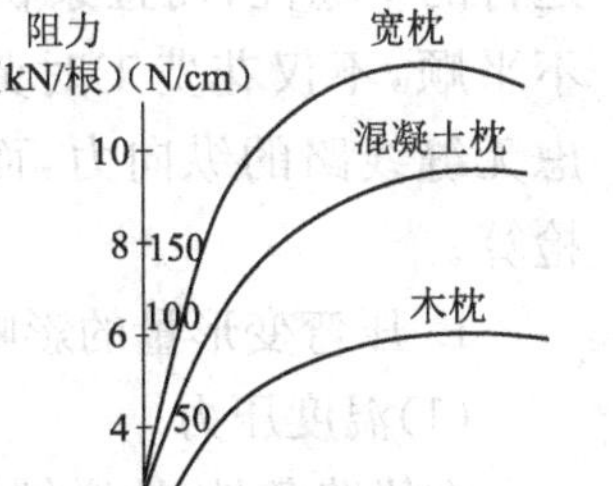

图 4.13 道床横向阻力与轨枕位移关系图

由实测得出，道床横向阻力与轨枕位移之间的关系曲线如图 4.13所示。从图中可知，道床横向阻力随轨枕位移增大而增长；当位移达到某一定值时，道床横向阻力接近常数，最后道床受到破坏。无缝线路进行稳定性计算时，通常采取横向位移为 2 mm 时的道床横向阻力值。

3. 轨道框架刚度

轨道框架刚度 $EJ$ 的大小，是表示轨道抵抗弯曲变形能力的大小。轨道框架刚度愈大，弯曲变形愈小，所以是保持轨道稳定的因素。

轨道框架刚度，在水平面内，等于两股钢轨的水平刚度及钢轨与轨枕节点间的阻矩之和。节点阻矩与轨枕类型、扣件类型及扣压力等有关。中间扣件的扣压力愈大，钢轨与轨枕联结愈牢固，轨道框架的水平刚度就愈大；木枕轨道，使用普通道钉，扣压力小，道钉容易浮起，节点阻矩几乎为零;混凝土轨枕轨道,使用弹性扣件,扣压力大,节点阻矩增大。目前,上述两种轨道的框架水平刚度值,暂时都不考虑节点阻力值的大小。

轨道框架水平刚度 $EJ$ 为:

$$EJ=\beta EJ_Y \tag{4.37}$$

式中 $\beta$——轨道框架换算系数,暂取 $\beta=2$;

$J_Y$——钢轨对竖直轴的惯性矩。

4. 轨道初始弯曲

轨道初始横向弯曲则是影响无缝线路稳定的直接原因。胀轨跑道多发生在轨道的初始弯曲处,因此,控制轨道的初始弯曲矢度对提高无缝线路的稳定性有重要作用。初弯矢度增加几毫米,可导致膨曲临界力的大幅度下降。因此,加强对初弯矢度,即线路方向不良的监控,对保证无缝线路的稳定有着重要的作用。轨道的初始弯曲,由初始塑性弯曲和初始弹性弯曲组成。现场称初始塑性弯曲为死弯。钢轨死弯多半是在钢轨的轧制、运输、焊接和铺设过程中形成的。钢轨出厂时允许有 1/2 200 的初始弯曲。此外,由于作业的起拨道操作不当,轮轨的相互作用,特别是横向力的作用,温度力的升降变化等,都有可能扩大长轨条的初始弹性弯曲。

### 4.4.3　城市轨道交通无砟轨道无缝线路稳定性

城市轨道交通大量采用无砟轨下基础,道床用混凝土、沥青混凝土或 CA 砂浆灌注,取代了松散的碎石道床,虽然无砟轨下基础上的无缝线路因压弯变形而失稳的可能性不大,但城市轨道交通受既有建筑物和地下管线的限制,小半径曲线的数量较多,又由于跨越街道、铁路或高架结构的需要,线路坡度较陡。高温下,在小半径曲线和大坡道地段,无缝线路受温度压力作用而产生弯曲变形(简称压弯变形)。大量连续的压弯变形不仅影响列车运行的平稳性,而且累积压弯变形超限,同样威胁行车安全。试图通过线路整修消除此类不平顺,不仅花费工时劳力,且很难奏效。此外板式无砟轨道的凸形挡台设计,不仅应考虑无缝线路的纵向力,而且还应考虑无缝线路产生压弯变形的横向分力,应作两向受力检算。

1. 压弯变形量的影响因素

(1)温度压力

在线路条件、轨道结构标准一定的情况下,无缝线路压弯变形量的大小取决于温度压力的大小,因而中和轨温设计应当合理。

(2)线路平剖面

观测证明,高温下,直线、平坡地段,无缝线路同样产生压弯变形,但在曲线、坡道地段,无缝线路压弯变形更为集中。

(3)轨道施工质量

混凝土道床的灌注、扣件的安装和长轨条的焊铺不可避免地存在轨向的偏差,因而在无砟轨下基础上的无缝线路存在初始弯曲,在温度压力作用下进一步扩大弯曲变形。

(4)扣件横向抗力

无砟轨下基础上的无缝线路通常使用无挡肩扣件,为保证运营安全,要求扣件必须具有足够横向抗力,使之控制压弯变形不超限。对此应予以重视。

2. 大坡道无缝线路防爬锁定措施

(1)轨条布置

尽可能延长无缝线路的轨条长度，使列车运行时长轨条保持“前挡、后拽”状态，并使计算轨条范围内扣件的平均阻力达到防爬限定值。

(2)支承块间距设计

支承块布置间距减小，可使列车通过时钢轨挠度减小，并增大单位长度的扣件纵向阻力，必要时可采取这一措施。

(3)扣件布置

城市轨道交通的高架桥，往往是各种不同跨度、不同梁型混合布置，小跨度、矮墩桥梁所受无缝线路的纵向力、横向力的量值较小，地面线路更可增大扣件的纵向阻力，因而宜充分利用小跨度、矮墩的桥梁和地面线路作为无缝线路的锁定区段。

# 典型工作任务 5　普通无缝线路的铺设

## 4.5.1　无缝线路的铺设

城市轨道的普通无缝线路每段长轨条的长度一般为 1 500～2 500 m。超长无缝线路虽不受这一限制，但一次铺入的单元长轨条长度也与此相近。长轨条是由厂焊长钢轨连焊而成，单独铺入。以缓冲区与相邻长轨条相连就是普通无缝线路；超长无缝线路采用长轨条依次连焊铺入的方法构成。

无缝线路铺设涉及长钢轨焊接，轨道铺设，长钢轨锁定等三个主要环节。

1. 长钢轨的焊接

长钢轨的焊接是铺设无缝线路的重要环节，其几何外形尺寸的平顺和内部质量，是保证无缝线路正常运用的关键。实践证明，若钢轨焊接质量不良，将使线路维修工作后患无穷，严重者危及行车安全。

钢轨焊接有铝热焊法、气压焊法、接触焊法等。接触焊法是目前钢轨焊接的主流方法，有固定式工厂接触焊和线上移动式接触焊两种。气压焊有大型固定式和现场移动式两种。在地铁、轻轨、城市铁道工程中一般采用固定式工厂接触焊法，近几年来才开始采用线上移动式接触焊法。

(1)接触焊

①焊接原理

接触焊的基本原理是利用电流通过某一电阻时所产生的热量熔接焊件，再经顶锻以达焊接目的。

当两焊接钢轨之间通过电流时，由于两钢轨接触面之间存在着较大电阻，因电热效应使钢轨迅速得到加热。两钢轨的接触面不可能很平，从微观上看仍是凸凹不平，因此，首先接触的是一些凸出点。这些接触点通电后在瞬间被加热到熔化状态，从而在钢轨接触面之间形成多个液体金属过梁。这些过梁在进一步加热的过程中被“爆炸”而破坏，使熔化的金属从钢轨接触面的缝隙中飞溅而出，形成闪光，与此同时，进一步加热钢轨。钢轨通过继续加热和连续闪光的作用，钢轨端面的温度逐渐均匀一致，形成一熔化金属薄层，防止周围气体侵入。与此同时，迅速施加顶锻力，迫使焊面相互挤压，使闭光时形成的火口得到充分闭合，并挤出全部液体金属，将两轨焊联成一体。

②工厂内长钢轨接触焊接工序及操作要点

a. 配轨

根据无缝线路设计图纸，编制配轨表。按配轨表的顺序和要求，丈量每根钢轨长度，依次配轨，并在自动流水作业线上，按顺序焊接钢轨。

b. 打磨除锈

钢轨两端的夹紧部位及两轨接触端面应进行打磨除锈，使之具有良好的接触导电性能。要求钢轨端部截面光洁，具有金属光泽，其与钢轨纵轴垂直面的最大偏差，不大于0.25 mm。

c. 焊接

焊接时两轨端通电加热，它包括断续预热和连续闪光二个阶段，前者使钢轨端部加热到一定的温度和深度，后者是进一步使轨端轨温均匀化和建立一层防止金属强烈氧化的保护层。当轨端加热到塑性状态后，焊接机能自动夹紧钢轨使轨端顶压，顶压力为 35～49 MPa，顶锻量为 7～15 mm，使轨端焊成整体。

d. 推平

钢轨焊接后，由于焊接时的顶压，使焊接轨端处凸出，当焊接处金属尚处于高温塑性状态时，用液压推除设备，把凸出部分推除。

e. 打磨焊缝

在轨端焊接处，除轨腰部分外均应符合原钢轨断面尺寸。因此，对焊缝应进行打磨，保证车轮通过时的平顺性。

f. 整细矫直

对焊接长钢轨要用矫直机矫直，要求用 1 m 直尺检查弯曲矢度，其值不超过 0.5 mm。

g. 超声波探伤

对焊缝用超声波探伤仪进行检查，探明是否有焊接缺陷，并作好检查记录。

h. 堆码

对焊接好的长轨条堆码到高站台上，以备吊装到运轨列车上。

③长钢轨焊接列车

铺设无缝线路，长钢轨是由定点焊轨厂焊接的。工地联合接头的焊接多采用小型移动式气压焊。近年由德法等国引进了铝热焊剂和工艺设备，采用铝热焊法焊接联合接头日渐增多。对城市兴建的轻轨铁道、快轨铁道，因施工环境的限制，其长钢轨的焊接多设计为便于移动的长钢轨焊接列车施焊，联合接头的焊接以采用铝热焊法焊接为主。

a. 长钢轨焊接列车的组成

长钢轨焊接列车由牵引车、平板车、焊机、发电机、焊前工艺设备、焊后工艺设备、长钢轨走行滚道等装配而成。焊机是核心装备。焊轨列车专用线一般设在铺设区段的铺架基地，亦可边焊接边铺设。

b. 工艺线上的配套设备

焊前工艺流水线的工装主要有：钢轨调直机 1 台；小型轨端平面铣 2 台；磨刷除锈机 2 台；其他钳工常用工具。

装备焊前工艺流水线的平车，应停在靠近存放钢轨的场地。为缩短列车焊前工艺流水线，钢轨调直机可装在钢轨整备平台处，将轨端调直工作置于车下。列车焊前流水线的对应工位，平车上安装待焊钢轨整修架，地下调直好的钢轨一一输入车上整修架。待焊钢轨的两端设铣床和除锈机各1台，除锈工负责轨端除锈，车工负责钢轨端面铣平。负责待焊钢轨配置工作的技术员，根据轨节设计布置图，有序地将整修好的钢轨引向滑道，进入焊机焊接。

焊后工艺流水线的工装主要有：粗磨机1台；精磨机1台及正淬火设备；钢轨矫直机1台；钢轨探伤设备；滚轮滑道。滑道与运轨列车靠连。

焊接长钢轨的焊道(焊瘤)的大部分已被焊机的推凸装置除去，经粗磨工位进行粗磨，粗磨可用粗磨机或人工完成。粗磨后进入精磨工位，精磨最好采用数控机床仿形研磨或数控仿形铣床进行精加工，使之符合钢轨断面的几何形位及误差标准。

经过精磨后，焊接轨进入正淬火工位。正淬火时，焊道温度冷却至300 ℃～400 ℃时再加热。加热温升：轨顶加热至930 ℃，风冷淬火；轨底加热至900 ℃正火，自然冷却。淬火宽度为80 mm，相对于焊道中心线前后各40 mm。过渡区(软区)宽度小于20 mm，其硬度相当于母材帽形淬火硬度(350HB)。

正淬火后，焊接轨进入调直机热调，平直度要求达到1 m直尺测量小于0.2 mm。

最后一道工序是焊道探伤。探伤后长钢轨沿滑道进入运轨车存放。运轨车相当于存放钢轨的平台。到位后，运轨列车逆行尾接于焊轨列车尾部，即靠在焊后工艺流水线的最后一节平板车之后。焊满一车运走一车，长钢轨卸下后再返回基地。

(2)气压焊

①焊接原理

金属构件的气压焊法，热源多采用氧—乙炔火焰。其焊接原理是：将被焊金属构件的焊接端加热到熔化状态或塑性状态时，在顶锻力的作用下，相互焊接的金属端面的熔体或塑体的原子之间，相互扩散渗透再结晶，在两个相互焊接的金属面之间，形成新的结晶，使两金属构件融结成一体。

②气压焊的种类

我国城市铁道现行气压焊接法可分为两种：一种是定位焊接，即将气压焊机安装在焊轨厂的焊接车间进行定位焊接，焊机体形较大；另一种是移动焊接，焊机体形较小，重量较轻，便于在工地移动焊接联合接头。

a. 工厂焊接法

工厂焊接法是利用固定在工厂焊轨车间的气压焊机，将标准钢轨焊成一定长度的长钢轨。目前各焊轨厂的焊接长度一般为250～500 m，厂焊长度以500 m为宜。

厂焊的焊接工艺分为焊前工艺和焊后工艺，两相衔接构成整个长钢轨的焊接工艺流程。以焊机为分界，钢轨进入焊机施焊之前的工艺为焊前工艺，它包括：配轨、探伤、整修钢轨端面、设标、进入待焊台位；钢轨进入焊机之后的工艺为焊后工艺，它包括：焊接、推凸、粗磨、细磨、调直、正火、探伤、进入承轨台存放待运。

b. 移动焊接法

移动焊接法主要指的是我国城市铁道采用依据气压焊原理研制成功的小型化的轻便型的气压焊机(即小型移动式气压焊机))，以焊接工地长钢轨联合接头，或超长无缝线路连入法施工的终焊时接头焊接。

小型移动式气压焊设备有压接机、加热器、控制箱、高压电动泵站、水冷装置及辅助装置(发电机、端磨机、顶磨机、手把砂轮、管路系统、氧气瓶、乙炔瓶等)，因其质量轻、体积小、操作维修方便，因而非常适合现场接头的焊接。

小型移动气压焊的工艺流程为：焊前准备→拉轨→锯轨、配轨→焊前钢轨端面打磨→对轨和夹轨→装加热器→点火焊接→加热及预顶→推除焊瘤→正火→打磨及矫正→质量验收→清理施工现场。

(3)铝热焊

①焊接原理

钢轨的铝热焊是利用焊剂中的铝在高温条件下与氧有较强的化学亲合力，它从重金属的氧化物中夺取氧，使重金属还原，同时放出热量，将金属熔成铁水，浇铸施焊而成。

铝热焊剂是由还原金属(铝)、氧化金属(氧化铁)、铁合金和铁钉头配制而成。为提高铝热焊质量，可按需要在铝热焊剂中掺入少量合金元素，如锰、钛、钼、硅等，以及加入石墨，调整碳的含量。

铝热焊法是将配制好的铝热焊剂，放入特制的坩锅，用高温火柴引燃焊剂，产生强烈的化学反应，得到高温的钢水和溶渣，待反应平静后，将高温的钢水注入扣紧钢轨经过预热的砂型中，将砂型中对接好的钢轨端部熔化，冷却后去除砂型，并及时对焊好的接头整形，两节钢轨即焊接成一体。

②工艺流程

制作砂型、坩埚→工地布置→切轨→对轨→扣箱及封箱→坩埚装料及安放支架→预热→浇注→推凸及整修→质量检查→正火

2. 长钢轨的装、运、卸

工厂焊好的长钢轨，用长钢轨专用列车运至施工地段卸下。装、运、卸的作业要求如下：

(1)长钢轨的装车

其装载长钢轨的车辆设 4 层承轨架，每层可装 14 根长钢轨，全车最大容量为 56 根长钢轨，轨长 500 m，总装载量为 14 km。

(2)长钢轨列车的运行和卸轨

长钢轨运输列车由间隔车、装轨车、锁定车、作业车组成。定量装载，既不偏载也不超载，只要认真按规定装载操作，设好间隔器和锁定器，运行就是安全平稳的。但途中停站，随车人员应下车检查，发现钢轨异常串动应及时处理，以确保运行安全。列车应按规定速度开行。

列车到达卸车地点，车上作业人员应按卸轨顺序依次松开锁定器。作业车上操作员先用车装钢轨引拉器把待卸的长钢轨拉到有驱动装置的平台上。开始卸轨时，开动驱动装置，将长钢轨推送到车尾出轨口处，轨端接地后对位。而后，再开动驱动器，列车以相应速度向前开行。长钢轨落地 50 m 后，驱动器停车，列车可快速开行。在前一根钢轨下卸的同时，应引拉后续钢轨尾随而至，停于钢轨驱动台旁。待前一根钢轨的尾端到达后，后续钢轨随即跟下，如此依次卸下，直至到点或卸毕为止。长钢轨卸在两侧砟肩上。

3. 城市轨道交通无缝线路铺设方法

无砟轨道无缝线路铺设法

(1) 固定接触焊换铺工具轨法

此法简称“换铺法”：利用工具轨组装轨排，铺设轨道，完成整体道床施工后，暂不拆除工具轨；同时在焊轨工厂或焊轨基地用固定式接触焊机将标准钢轨焊接成 150～300 m 的长轨条，利用工具轨轨道运输、卸铺长轨条，铝热焊或移动气压焊焊联长轨条至设计长度，换轨入槽并锁定；最后回收工具轨。

优点:传统方法,工艺成熟,不需要专门的技术装备。缺点:工具轨使用量大,施工环节多,需要换铺工序,工期长,可能需要建设临时焊轨基地,费用较高。

(2)直铺法

①固定接触焊长轨排法

此法先在地面焊轨或铺轨基地内将标准钢轨焊成125 m长轨条,再组装成长轨排;利用特制的长轨排运输车运送至洞内作业面,利用多台龙门式铺轨机将轨排调至安装位置,再进行联合接头焊接;对长轨排精调后浇注道床混凝土一次成型无缝线路轨道。

优点:取消了工具轨,减少了换铺工序;一次成型整体道床及无缝线路,工期短、效率高、成本低。缺点:地面焊轨及铺轨基地场地要求较大,并需布置成流水作业线;长轨排的吊装和运输需要特制的运输车,洞内铺设需要机械数量多;轨排基地必须位于车辆段或其他有坡道运输条件的洞口,长轨排一般无法在垂直吊装的轨排口实现装车。

该方法适用于车辆段具有较大场地用于布置焊轨及组装长轨排,机械充足,具有适用与地铁的特制长轨排运输车的情况。

②线上移动式接触焊短轨排法

此法在地面铺轨基地直接用正式钢轨组装标准轨排,不用工具轨;利用轨道平板车通过已铺线路运输轨排到工作面,现场(或洞内)小龙门吊铺设轨排;精调轨排后浇注道床混凝土;待道床混凝土达到强度后,在不影响铺轨通道的前提下,利用线上移动式接触焊焊轨车直接焊接钢轨接头,完成无缝线路的施工。

优点:取消了工具轨,减少了换铺工序,机械化程度高,整体道床施工和焊轨作业在不同的工作面上可同时进行;施工组织灵活,工期短,效率高,成本低。缺点:需要购买移动式焊轨车组,洞内焊接烟尘及噪声防治难度大,作业环境差。

该法适用条件较广,除需要移动式焊轨车组外,不需要特殊设备;若能有效克服洞内焊轨烟尘和噪声,是一种特别适用于地铁、轻轨线路的轨道施工方法。

上述几种铺轨方法,在我国城市轨道交通铺轨施工中分别采用过,均取得了较好的效果。

4. 超长无缝线路的铺设方法

超长无缝线路是以一次铺入锁定的长轨条为单元,依次分段铺设而成。施工方法有以下两种可供选择:其一叫做“连入法”,用于作业轨温与设计轨温范围相符合的情况;另一叫做“插入法”,用于作业轨温与设计锁定轨温范围不符合的情况。

(1)连入法铺设

超长无缝线路采用连入法铺设时,长轨条的始端要用焊接法与上次铺入的长轨条终端焊联。也就是说,在续铺的始端,新旧钢轨引入换轨车龙门,换轨车即缓慢前进,待新轨已稳定落地之后,即开始进行始端的连入焊接,此时,边连入焊,换轨车边前进,直至终端,新铺入的长轨条的终端与线路上的旧轨用临时联结器联结。

连入焊采用小型气压焊或铝热焊均可。

(2)插入法铺设

铺设时的轨温与设计允许铺设轨温范围不符时,多采用插入法铺设。采用此法铺设长轨条时,可在任意轨温条件下,先依次分段铺设,在两单元长轨条之间插入一根缓冲轨,待轨温适宜时放散应力。而后将缓冲轨拆除,并锯下长轨条的有孔端,插入一段焊接轨进行终焊。

施工注意事项如下：

①虽然原则上可在任何轨温条件下铺设，但实际操作还是要尽量选择在设计轨温范围内铺设，或靠近设计轨温范围的轨温条件下铺设。

②终焊最好选在较低温度下进行，采用拉伸法，放散应力与终焊并举。

③终焊最好选用具有拉伸功能的小型气压焊机进行。

④终焊采用铝热焊时，要采用宽臂距拉伸机，拉伸到位后保压施焊。

⑤放散应力时，必须采用轨下支垫滚筒与撞轨相结合的方法进行。

### 4.5.2　超长无缝线路

超长无缝线路，即轨条与轨条，轨条与道岔直接焊联，取消或减少缓冲区，轨条之间直接传递纵向力和位移的线路。其中把原普通无缝线路 1～2 km 的长轨条焊联延长，使长轨条达到或接近两个车站之间的区间长度，这种形式的无缝线路叫区间无缝线路。当把区间无缝线路的长轨条延长与车站道岔焊联在一起，就形成穿越车站的跨区间无缝线路。

由于区间无缝线路只是把普遍无缝线路的轨条长度进行了延长，在理论与技术上二者没有本质区别。适用于普通无缝线路的强度与稳定性计算理论、无缝线路设计原则、施工与养护要求和规定，也适用于区间无缝线路。

## 典型工作任务6　特殊地段无缝线路认知

这里的特殊地段无缝线路是指桥上、道岔、长大隧道、小半径等地段的无缝线路设计。有些特殊地段无缝线路的相关设计计算较为复杂，建议在熟练掌握前面无缝线路的知识后，再进行该部分内容的学习。这里仅从轨道的角度对设计的特殊性加以阐述。

### 4.6.1　桥上无缝线路

桥上无缝线路可减轻机车车辆对桥梁的振动冲击，改善列车和桥梁的运营条件，延长设备使用寿命，减少线路养护维修工作量。

桥上无缝线路的受力情况和路基上有所不同。桥上无缝线路除受到列车动荷载、温度力和制动力等作用外，还要受到桥梁的伸缩或挠曲变形位移而引起的附加力作用。因温度变化桥梁伸缩引起的梁轨相互作用力称为附加伸缩力；因桥梁挠曲引起的梁轨相互作用力称为附加挠曲力。这些力同时又反作用于桥跨和固定支座上，使桥墩产生弹性变形，墩顶发生纵向位移。桥上无缝线路长钢轨一旦断裂，温度力和伸缩附加力就会得到释放，并通过梁、轨间的约束使墩台和固定支座受到断轨力的作用。此外，附加力的大小不仅与钢轨扣紧的程度有关，还与梁跨、支座布置、桥跨数量以及桥梁处于无缝线路的部位（伸缩区或固定区）等因素有关。桥上无缝线路的设计，除了路基上设计的内容外，还应当确定钢轨扣件的扣紧方式，力求达到既能防止钢轨爬行和保证钢轨断缝不超过允许值，又能减少梁与钢轨之间相互作用力的目的，保证钢轨、桥跨、墩台均能满足各自的强度条件、稳定条件以及钢轨断缝条件。

本部分只对桥上无缝线路梁轨相互作用基本概念做一些介绍。

1. 梁轨相互作用原理和基本微分方程

梁轨相互作用原理是分析桥上无缝线路长钢轨中纵向力产生的基础。此原理的概念如下：由于温度变化、列车荷载的作用和冬季钢轨折断，桥梁与钢轨之间产生相对位移，因轨道阻力作用，梁轨相对位移受到约束，因此梁轨间产生大小相等、方向相反的纵向力，致使钢轨产生变形，如此桥梁与钢轨组成一个互制的力学平衡体系。产生纵向力的充要条件为：梁轨相对位移和扣件纵向阻力的作用。由此可知，扣件纵向阻力的大小对梁轨受力有很大影响。从减小纵向力考虑，减小扣件纵向阻力是有利的，但过小的扣件阻力会使焊接长钢轨在低温断裂后产生过大的轨缝，影响行车安全。因此，对扣件纵向阻力要有一个合理的取值。

以钢轨为研究对象，任取 $\mathrm{d}x$ 一微段，其受力的平衡图式如图 4.14 所示。图中 $Q(u)$ 为梁轨间发生相对位移时产生的摩阻力，$u$ 是梁轨间的相对位移，为钢轨纵向位移与梁纵向位移之差。

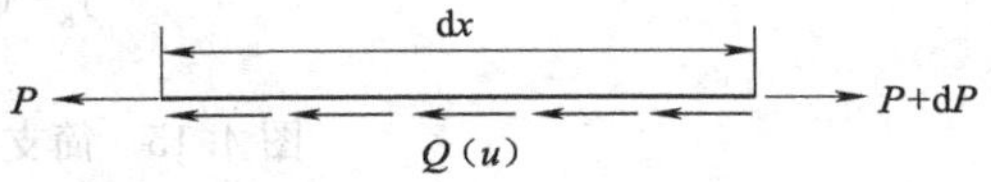

图 4.14　梁轨相互作用原理简图

由力的平衡条件，可得：

$$P+\mathrm{d}P=P+Q(u)\mathrm{d}x,\mathrm{d}P=Q(u)\mathrm{d}x,\frac{\mathrm{d}P}{\mathrm{d}x}=Q(u)$$

在 $\mathrm{d}x$ 微段内，其变形量为：$\mathrm{d}y=\dfrac{P}{EF}\mathrm{d}x$

于是得 $\dfrac{\mathrm{d}P}{\mathrm{d}x}=EF\dfrac{\mathrm{d}^2y}{\mathrm{d}x^2}$，即

$$EF\frac{\mathrm{d}^2y}{\mathrm{d}x^2}=Q(u) \tag{4.38}$$

式中　$E$——钢轨钢的弹性模量；

$F$——钢轨截面积；

$Q(u)$——线路纵向阻力；

$y$——钢轨纵向位移。

梁轨间的相对位移为 $u=y-\delta$，$y$ 为钢轨位移，$\delta$ 为梁位移，则可知：

$$\frac{\mathrm{d}^2y}{\mathrm{d}x^2}=\frac{\mathrm{d}^2u}{\mathrm{d}x^2}+\frac{\mathrm{d}^2\delta}{\mathrm{d}x^2},\frac{\mathrm{d}^2u}{\mathrm{d}x^2}=\frac{Q(u)}{EF}-\frac{\mathrm{d}^2\delta}{\mathrm{d}x^2} \tag{4.39}$$

式(4.39)称为梁轨相对位移微分方程，其中梁的位移 $\delta$ 为已知函数。计算附加伸缩力时，$\delta$ 为梁的伸缩位移；计算附加挠曲力时，$\delta$ 为列车荷载作用下梁上翼缘的位移。对高墩桥梁，应考虑墩顶位移的影响。

以往计算桥上无缝线路附加力时，考虑线路纵向阻力 $Q(u)$ 为常量，但实测表明，梁轨间摩阻力随着位移的增大而增大，当位移增大到某一值时，梁轨间产生滑移，摩阻力趋于一极限值。在计算时，为提高计算精度，常将 $Q(u)$ 定为线性或非线性变化函数。

2. 附加伸缩力计算

无砟桥上的钢轨由扣件扣在桥枕上，桥枕通过钩螺栓固定在钢梁上。当梁受温度变化产生伸缩时，迫使钢轨产生位移，而长钢轨是一个整体，当梁位于无缝线路固定区时，固定区钢轨是不能伸缩的。这样，由于梁的伸缩，通过扣件对钢轨的作用，使钢轨产生附加纵向力，即伸缩附加力。图 4.15(a)为单跨简支梁位于固定区，当梁温升高，使钢梁伸长时，钢轨产生的伸缩附加力分布图。

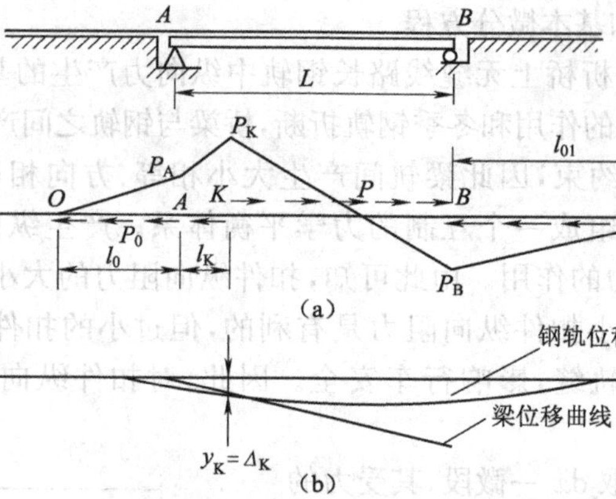


图 4.15　简支梁附加伸缩力示意图(升温)

这里设钢轨位移为 $y$,梁的位移为 $\Delta$。分析梁和钢轨的位移以及其相对位移,判断纵向力的分布及方向,对分析附加纵向力是非常重要的。

图 4.15(b)所示为简支梁,由于梁温升高,使梁和钢轨出现的位移曲线。在固定支座处桥梁位移 $\Delta=0$,钢轨因梁伸长而被拉着向活动端移动,所以在固定端钢轨产生位移 $y>0$;而在活动端,梁位移 $\Delta$ 达到最大,此处 $0<y<\Delta$,这样,必然存在有一个梁和钢轨位移相等的点 $K$,$\Delta K=y_K$,即在 $K$ 点之前,钢轨受拉,有伸缩附加拉力,在 $K$ 点达到最大值 $P_K$[图 4.15(a)]。在 $A$ 点伸缩附加拉力为 $P_A$,$OA$ 段与 $AK$ 段的斜率反映了在路基上和桥上扣件阻力(或道床阻力)的梯度不同。从 $K$ 点以后,梁的位移增加,拉力下降,直至活动端 $B$,梁的位移 $\Delta$ 达到最大,因而钢轨被压缩到最大限度,出现了最大伸缩附加压力 $P_B$,铺轨被压缩的影响终点为 $N$,伸缩附加力 $PN=0$,因此,出现如图 4.15(a)所示的伸缩附加力分布情况。当降温时,附加拉、压力正好相反。对于位于桥上无缝线路固定区的钢轨,有拉伸变形和压缩变形,两者的代数和为零,而且在 $K$ 点梁与钢轨的位移相等,这样可得到两个方程:

$$\left.\begin{aligned}\sum y_{拉}+\sum y_{压}=0\\ y_K=\Delta_K\end{aligned}\right\}\qquad(4.40)$$

通过这两个基本方程,可以求得钢轨各点的附加力和位移。如果是两跨梁,则增加一个 $y_K=\Delta K$ 的平衡条件,也可求得相应的附加力和位移,对于多跨梁可以此类推。

3. 挠曲附加力计算

梁受列车荷载的作用而出现挠曲变形,致使桥上钢轨产生附加力,即为挠曲附加力。梁的挠曲变形如图 4.16 所示。以上承式简支梁为例,如果简支梁的两个支座都为活动支座,则出现如图 4.16(b)所示的情况,梁的上翼缘各收缩 $\Delta/2$,而下翼缘各伸长 $\Delta/2$;若将梁的左支座改为固定支座[图 4.16(c)],左支座的梁下翼缘位移 $\Delta=0$,上翼缘位移为 $\Delta$;右支座梁的下翼缘位移为 $\Delta$,上翼缘位移为 $\Delta=0$。这样,在整个梁的上翼缘出现挠曲变形,而钢轨扣在梁上,随着梁的挠曲而出现附加力。

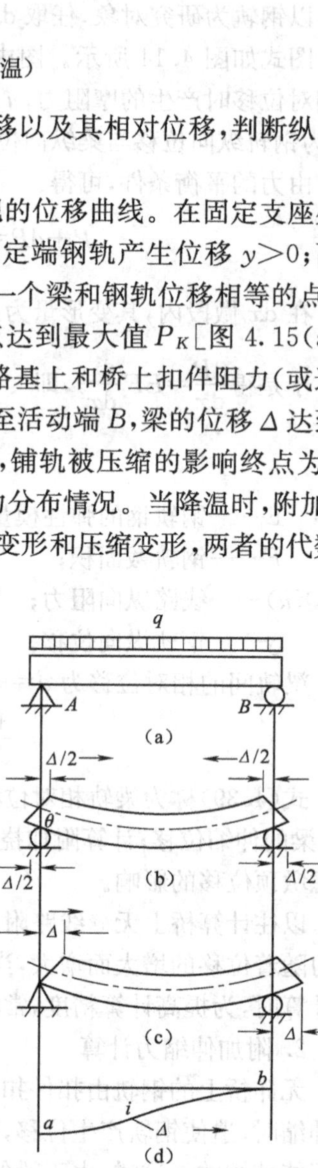


图 4.16　梁的挠曲引起的纵向位移

因为梁与钢轨的挠曲位移曲线与伸缩位移曲线类似,所以附加力分布也类似,如图 4.17

所示。在固定支座上翼缘的位移 $\Delta$ 最大，使钢轨附加拉力也达到最大，活动端钢轨受压缩，出现附加压力 $P_B$，而且在其附近必有 $\Delta K = y_K$ 的点，该处 $P_K$ 为最大附加压力。各段的斜率反映了各段的纵向阻力梯度，无列车荷载、有机车荷载、有车辆荷载三种情况下阻力梯度都不同。与求伸缩附加力一样，可求得钢轨的挠曲附加力分布和位移。

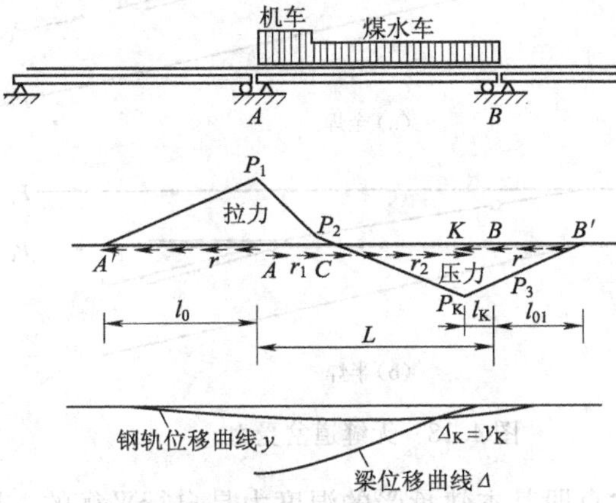


图 4.17　附加挠曲力

4. 桥上无缝线路的设计、铺设及养护维修特点

桥上无缝线路承受着伸缩附加力和挠曲附加力，为了尽量减少这些附加力，又要防止在冬季因钢轨折断而使断缝过大（不超过允许值），所以设计时要根据梁的情况、当地的各种条件，在满足强度和稳定的前提下，通过设计选择合理的扣件布置。如采用 1-2-1、1-3-1、1-4-1、1-6-1、1-9-1 等松紧相隔的扣件布置形式（即紧—松—紧的扣件布置）。对于桥上木枕轨道，应采用 K 式扣件，该扣件的扣压力大，每股钢轨的枕上扣件阻力可达 7 500 N；对于不扣紧的 K 式扣件，可将扣件的轨卡不贴牢轨底顶面。也可以用道钉扣件，但其扣件阻力仅为 500 N 左右。

当桥梁位于固定区时，长轨节应大于桥梁总长再加两端锁定区，所以一般应大于 300 m，桥头两端各 75 m 作为锁定区，以便锁定，防止桥上钢轨因不均匀爬行而产生附加力。如果长轨节远远大于 300 m，除了正常伸缩区外，还要在桥头两端各加设 75 m 的锁定区。在现场进行焊接的焊缝，由于强度低，焊缝应距梁上挡砟墙有 50 m 左右的距离，以防止桥梁附加力过大而使钢轨折断。

对于长大桥上的铝热焊接头，应加强检查，发现伤损要及时更换。

由于桥上存在附加力，可能会使桥上无缝线路的锁定轨温与路基上不同。在可能的条件下，应尽量采取与路基上的无缝线路相同的锁定轨温，以便施工方便。

桥上无缝线路的养护维修，要遵照设计所采用的扣件布置方式，该紧的扣件要用 80～120 N · m的扭矩拧紧，该松的扣件，要充分松动。

### 4.6.2　无缝道岔设计

1. 无缝道岔的受力特点

无缝道岔是把道岔中各个接头焊接或胶接起来，并把道岔两端与区间的无缝线路长轨条焊连在一起。无缝道岔是跨区间无缝线路的技术难点。

若道岔的直、侧股都与无缝线路长轨条焊连,称其为全焊无缝道岔。若只有道岔直股与无缝线路长轨条焊连,则称其为半焊无缝道岔。无缝道岔的受力状况如图 4.18 所示。

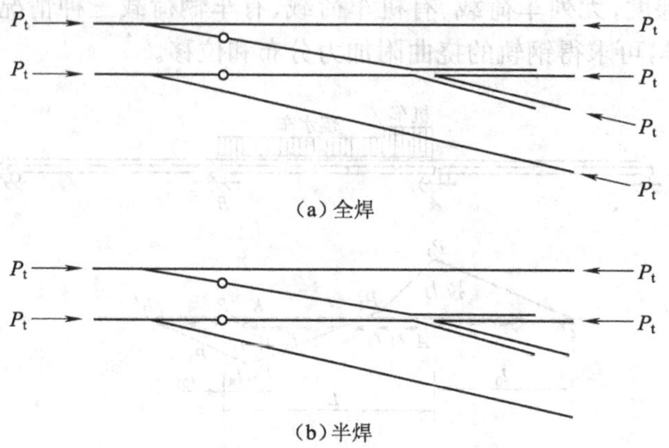


图 4.18　无缝道岔受力

由图 4.18 可知,无缝道岔直股基本轨承受的温度力是自行平衡的。道岔里股钢轨(辙叉、连接轨及尖轨)只在一端承受温度力(如同伸缩区)。该力将使道岔里股钢轨产生伸缩位移,释放出一部分温度力,同时一部分力也将通过道岔的有关部件(限位器、岔枕和钢轨扣件)传给基本轨,形成基本轨附加温度力。而半焊道岔的侧股基本轨也相当于无缝线路伸缩区的钢轨。

造成道岔里轨产生伸缩位移和基本轨承受附加力的根本原因是道岔里轨末端承受着很大的温度力,这一温度力首先使里轨产生伸缩位移,与此同时,又会通过辙跟结构(限位器)、岔枕的弯曲刚度、钢轨扣件的阻矩把一部分温度力传给基本轨,在传力过程中当然也会受到道床阻力的影响,最终形成道岔基本轨的附加温度力。显然道岔基本轨的附加温度力受道岔里股钢轨伸缩位移的影响,设计时应当首先计算出里股钢轨伸缩位移,之后,才能确切地知道限位器的接触状况、岔枕的弯曲变形,进而求得道岔基本轨的附加温度力及道岔其他部件的受力情况。

2. 无缝道岔的设计内容

无缝道岔设计、检算的主要内容是:

(1)计算分析尖轨和心轨伸缩位移,并检算其是否在允许的范围内。

(2)计算分析基本轨的附加温度力。

(3)计算分析限位器和辙跟螺栓承受的剪力,并检算其是否在允许的范围内。

(4)根据基本轨附加温度力确定无缝道岔的设计锁定轨温。

无缝道岔的设计,与道岔号数、道岔结构形式、道岔单组铺设或相接铺设、岔枕及扣件类型、半焊或全焊道岔等因素有关,但计算原理相同。无缝道岔的设计计算较为复杂。目前,我国无缝道岔的理论分析方法有:当量阻力法、二次松弛法以及两轨相互作用法等。

无缝道岔承受着巨大的温度力,因此在道岔结构上做了加强和改进,扣件的扣压力更大,岔枕为断面积较大的木枕或混凝土轨枕,岔区内道床应饱满密实并且有与无缝线路相同的道床肩宽与堆高。辙跟结构采用限位器(图 4.19),以限制在温度力作用下尖轨过量的伸缩。限位器的限位值一般为 7～10 mm,里轨伸缩超过限位值后,限位器就会将继续增加的温度力全部传给基本轨。可动心轨辙叉要设置长翼轨并与心轨不动部分相连，以利于传递温度力（图4.20）。

图4.19 限位器辙跟结构

图4.20 长翼轨结构

为便于施工和养护维修，无缝道岔设计锁定轨温与区间无缝线路轨道的设计锁定轨温应当尽可能一致。为保证跨区间无缝线路轨道的安全，道岔的各联结部件，尤其是限位器和间隔铁处的联结螺栓必须牢固、耐久、可靠。另外，考虑道岔基本轨附加纵向力及道岔铺设施工经常不能与正线轨道同步，除将一组道岔划分为一个单元轨节之外，还应将道岔前后一段长度的钢轨与道岔同设在固定区内。

3. 无缝道岔的养护维修

无缝道岔的钢轨接头，除绝缘接头采用胶接绝缘接头外，其余接头均应焊接，高锰钢整铸辙叉前后4个接头可采用冻结接头。导轨、辙叉、心轨、翼轨的扣件扭矩应保持120～150 N·m；尖轨及其前后各25 m范围内的基本轨扣件扭矩应保持在60～80 N·m。间隔铁采用直径为27 mm的10.9级螺栓，锰钢整铸辙叉接头采用直径为24 mm的10.9级螺栓，扭矩应保持700～900 N·m。定期检查并按规定扭矩拧紧扣件有关螺栓（包括铁垫板与岔枕的联结螺栓），注意检查并按规定扭矩拧紧限位器联结螺栓、翼轨间隔铁联结螺栓、道岔半焊时侧股末端的高强度接头螺栓等。经常注意保持道岔道床的饱满、密实及标准的道床断面尺寸。加强对道岔基本轨焊接接头的探伤检查。经常观察、检查限位器及翼轨末端间隔铁的联结螺栓状况，发现剪弯或破损要在螺栓不受力时及时更换。高温季节注意观察限位器前道岔及相连线路方向变化，以保证稳定性。铺设半焊无缝道岔时，道岔侧股应按无缝线路伸缩区要求进行维修。无缝道岔部件更换应按相应规定（轨温、方法、步骤等）严格进行。在设计锁定轨温范围内进行锁定时，应使限位器子、母块居中。

### 4.6.3 小半径曲线上的无缝线路

目前实践证明，在半径小于600 m的曲线地段铺设无缝线路时，轨道结构稳定，维修工作量少，发挥了无缝线路应有的技术经济效益。曲线上的无缝线路与直线上的无缝线路相比较，不同之处在于额外地承受了以下的力和变形：

(1)列车通过曲线时，由于有未被平衡的超高而产生离心力或向心力，而且转向架通过曲线时也产生横向水平力。

(2)曲线上承受有纵向温度压力的径向分力，如图4.21所示，温度力 $P_t$ 的径向分力 $P_r$ 为：

$$P_r=2P_t\sin\frac{\alpha}{2}\approx\frac{P_t l}{R} \tag{4.41}$$

式中　$P_t$——温度压力(N)；

$l$——曲线截取长(mm)，可取轨枕间距；

$R$——曲线半径(mm)；

$P_r$——轨枕承受的附加径向分力(N)。

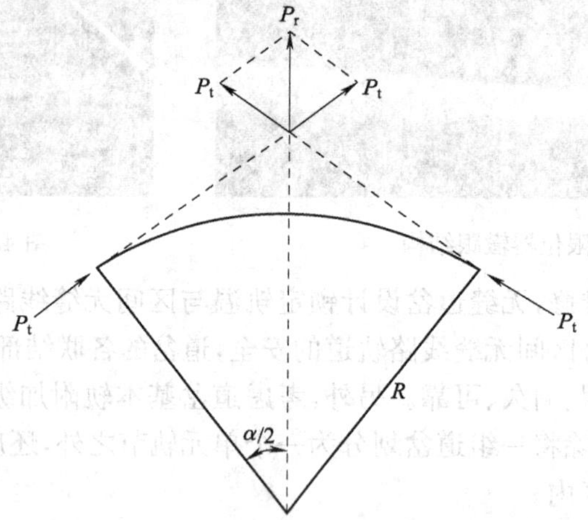


图 4.21　曲线上温度力的径向分力

(3)夏季对于轨温高于锁定轨温的曲线轨道，当轨温继续升高时，轨道出现微小横移，当轨温下降时，轨道不能复原，仍有残余变形。这样，轨温反复变化，残余变形积累。

(4)曲线轨道发生胀轨跑道的过程与直线不同，直线轨道是变形逐渐积累，膨曲突然发生，而曲线轨道变形不仅发生在局部，而且沿全长向外变形，在变形过程中释放温度力。

在曲线轨道上，存在温度力的径向分力和列车通过时的横向水平力，这是造成曲线轨道稳定性差的重要原因，从式(4.41)可看出，随着半径 $R$ 的减少，$P_r$增大，稳定性降低。

曲线轨道残余变形的积累，降低了轨道的稳定性，因此在曲线轨道上，必须控制残余变形量。

在曲线上铺设无缝线路，受到曲线半径的限制。多大半径的曲线允许铺设无缝线路，受到轨道的强度和温度条件，尤其是稳定性条件和经济合理性两个条件的约束。

曲线上的钢轨随半径减小，磨耗量增大，使用寿命缩短。无缝线路投资大，但铺设后经济效益好。只要钢轨在使用年限内，能收回铺设无缝线路的投资，那么铺设无缝线路是合理的。所以各国都在满足强度、稳定性的前提下，同时考虑经济合理性来确定铺设无缝线路的最小半径。

考虑到上述因素，在小半径曲线上设计、铺设、使用无缝线路时，要注意以下几点：

①最小曲线半径一般为 400 m，但要根据具体线路的运量，机车、轨道的变化，并考虑原轨道的磨耗情况来决定。

②轨道结构要适当加强。钢轨不低于 50 kg/m，并尽量采用淬火轨或低合金耐磨轨铺设。

③按规定选择、配置轨枕，道床内、外侧肩宽和堆高要按相应规定设置。

④一个小半径曲线，最好单独铺一节长轨，伸缩区最好设在直线上。

⑤为防止胀轨跑道，应控制残余变形，用 5 m 弦测量的正矢 $f \leqslant 9$ mm。

⑥合理设置轨距、超高等几何参数，并采用对曲线钢轨涂油等措施，延长钢轨使用寿命。

### 4.6.4 长大坡道无缝线路

1. 在长大坡道铺设无缝线路特点

在长大坡道线上铺设无缝线路可防止钢轨爬行，延长钢轨的使用寿命。长大坡道线路多位于山区的双机或多机牵引地段，列车频繁制动，因此，铺设的无缝线路具有下列特点：

(1)列车制动使列车运行前方钢轨产生纵向压力，列车尾部钢轨产生拉力，影响无缝线路的强度及稳定性。

(2)列车制动引起钢轨的不均匀爬行，积蓄了压力，使原有的锁定轨温发生变化，也带来轨道方向的不良和道床不均匀下沉等病害，进而促使轨道的稳定性和强度降低。

2. 在长大坡道线上铺设无缝线路应注意事项

(1)一般情况下，在大坡道上铺设无缝线路不受限制，但在铺设时必须充分考虑制动力的影响，必要时需检算轨道强度及稳定性。

(2)为了防止不均匀爬行的发生，必须加强防爬锁定，包括采用Ⅱ型以上混凝土枕，按规定增加轨枕根数，采用扣压力大的弹条扣件，枕盒内道砟要保持充足、密实。

(3)在长大坡道的变坡点，如果是凹形纵断面，为防止不均匀爬行，长轨节应在凹形变坡点断开，设置缓冲区，缓冲区钢轨数量应比一般情况下增加 2 根；如果是凹形纵断面，应按规定设置曲线半径较大的竖曲线，以降低纵向压力的竖向分力。

(4)加设观测桩，随时注意爬行状况，检查竖曲线半径的变化，防止不均匀爬行的积累而出现压力峰。

### 4.6.5 寒冷地区的无缝线路

在我国，轨温温差大于 90 ℃的地区统称为寒冷地区。在哈尔滨地区，最大年轨温差达 105 ℃。因为寒冷地区轨温差大，所以在设计、铺设时应注意以下几点：

(1)无缝线路温度力大，长轨节伸缩量大，因此，根据不同情况可以采用定期放散温度应力式或温度应力式。一般情况下，我国所有地区都可以铺设温度应力式无缝线路，接头的连接形式，在轨温差为 100 ℃的地区都可以用普通接头，但拧矩要达到 1 000 N · m。如果条件允许，也可以用伸缩接头。

(2)为了提高轨道的强度和稳定性，应对轨道进行加强，包括采用高强度钢轨。

(3)路基、道床应处于完好状态，应彻底整治冻害和翻浆冒泥等病害。

## 典型工作任务 7 无缝线路应力放散与调整

无缝线路铺设的最理想季节是在春秋季节，此时的轨温较易达到锁定轨温。但是随着城市轨道交通的发展，需要铺设大量的无缝线路，所以要在一年四季铺设无缝线路。夏季和冬季铺设无缝线路，施工锁定轨温不在设计锁定轨温范围；此外，无缝线路在运营过程中钢轨发生爬行，导致纵向温度力分布不均匀，甚至产生纵向温度力局部集中现象，为此要对无缝线路进行应力放散和调整，以保证无缝线路纵向温度力的均匀和实际锁定轨温在设计锁定轨温范围内。

### 4.7.1　应力放散

1. 应力放散的概念

应力放散，就是使积累在长钢轨内的温度力释放出去，使其恢复原来铺设时的无应力状态或设计锁定轨温。根据放散前的实际锁定轨温与原铺设时的施工锁定轨温（或设计锁定轨温）的变化情况，应力放散分为"伸长放散"（又称"放伸"或"放升"）和"收缩放散"（又称"放缩"或"放降"）两种，大约有95%以上的放散属于"伸长放散"。

2. 锁定轨温变化的原因

(1)为了扩大施工季节，加速无缝线路的铺设，在气温较高或较低季节进行铺设施工，因此造成锁定轨温比设计锁定轨温过高或过低的情况。

(2)由于低温焊接断缝。冬季固定区钢轨折断后，断口处两端钢轨收缩，放散了一部分温度拉力。如果为了抢修通车，在当时低温条件下焊上一段短轨，这就相当于这段线路在低温下锁定，改变了原来的锁定轨温。

(3)由于作业不当，如在低温或高温时解开接头，在伸缩区超限超温作业等，会导致钢轨产生不正常的伸缩变形，相当于放散了钢轨应力。作业完后恢复线路，等于重新加以锁定线路，改变了原来的锁定轨温。

(4)由于线路严重爬行，使钢轨产生不正常的伸缩变形，改变了原来的锁定轨温。

3. 锁定轨温的检验

检验长钢轨锁定轨温的变化情况，简单易行的方法是设置位移观测桩，通过观测钢轨长度的变化，可以计算出锁定轨温变化的大小，从而确定应力放散或调整区段。

普通无缝线路长轨条长度不超过1 000 m时设置5对位移观测桩，长轨条长度大于1 000 m时设置7对位移观测桩。固定区较长时，可适当增加对数（其中固定区中间点1对，伸缩区始、终点各1对，其余设置在固定区）。

超长无缝线路，单元轨条长度不超过1 200 m时设6对位移观测桩（单元轨条起、讫点，距单元轨条起、讫点100 m及400 m各设置1对）；单元轨条长度大于1 200 m时设7对位移观测桩（单元轨条中点设置1对，单元轨条起、讫点，距单元轨条起、讫点100 m及400 m各设置1对）。

钢轨长度变化引起锁定轨温变化的关系式如下：

$$\Delta t=\frac{\Delta l}{0.011\,8\times l}(^\circ\mathrm{C})$$

式中　$\Delta l$——钢轨长度变化（mm）；

$\Delta t$——锁定轨温变化度数（℃）；

$l$——钢轨原始长度（m）。

**【例4.6】**　某上行线一段无缝线路，全长1 348 m，原锁定轨温为30 ℃，由于破底清筛后，线路爬行不匀，观测资料见表4.6，求这段钢轨的实际锁定轨温。

**表 4.6　线路爬行观测资料**

| | | |
|---|---|---|
| 钢轨 | 缩短(mm) | 22　　28 |
| | 伸长(mm) | 24　　6 |
| 爬行后 | 爬行量(mm) | 28　6　30　2　8 |
| 爬行前 | | 0　0　0　0　0 |
| 两桩之间距离(m) | | 100　574　574　100 |
| 爬行观测桩编号 | | 1号　2号　3号　4号　5号 |
| 行车方向 | | → |
| 爬行观测桩编号 | | 1号　2号　3号　4号　5号 |
| 两桩之间距离(m) | | 100　574　574　100 |
| 爬行前 | 爬行量(mm) | 0　0　0　0　0 |
| 爬行后 | | 30　6　12　0　10 |
| 钢轨 | 伸长(mm) | 6　　10 |
| | 缩短(mm) | 24　　12 |

以右股1号~2号桩之间钢轨长度变化情况为例：

**【解】**

钢轨原始长度 $l=100$ m

钢轨长度缩短量 $\Delta l=30-6=24$(mm)

锁定轨温变化度数 $\Delta t=\dfrac{24}{0.011\,8\times 100}=20$(℃)

这段钢轨的实际锁定轨温为：

$$T_{锁}=30-20=10(℃)$$

4. 应力放散量的计算

(1)放散量

按长轨自由伸缩公式计算：

$$\Delta l=\alpha L(T'_0-T_0)(\text{mm}) \tag{4.42}$$

式中　$L$——需放散的长轨长度(mm)；

$\alpha$——线胀系数，数值为 $11.8\times 10^{-6}$/℃；

$T'_0$——应力放散后的锁定轨温(℃)，应在设计锁定轨温范围内；

$T_0$——原锁定轨温(℃)。

(2)锯轨量

放散时长轨发生伸缩，达到计算的放散量后，必须将与长轨联结的缓冲轨锯短或换长。在"放伸"时缓冲轨应锯短(或换为标准缩短轨)，其锯轨量为：

$$K=\Delta l+\sum a-\sum b\pm c(\text{mm}) \tag{4.43}$$

式中　$\Delta l$——放散量(mm)；

$\sum a$——放散后缓冲区上预留轨缝之和(mm)；

$\sum b$——放散前缓冲区上预留轨缝之和(mm)；

$c$——整治线路爬行时的钢轨爬行量。当放散方向与爬行方向一致时为"+"反之为"−"(mm)。

“放缩”后需更换的缓冲轨，其长度亦可按上式计算。

5. 应力放散方法

过去常用的有列车辗压法、撞轨法和滚筒放散法。实践证明，前两种方法由于轨底与胶垫(或垫板)间摩阻力很大，放散应力很不均匀，离放散始端 500 m 以外的钢轨断面位移量很小，故效果很差，已多不采用。

目前常用的方法有滚筒放散法(与撞击结合)和拉伸放散法(与滚筒结合)两种。放散时，每隔 50～200 m 设置一个观测点，观测钢轨位移量，及时排除影响放散的故障，以求放散均匀。

(1)滚筒放散法

适用条件：一般是当放散时的自然轨温在设计锁定轨温铺设范围之内时采用。适用于放伸或放缩。其优点是方法简便、放散均匀准确，对于目前使用弹条扣件的无缝线路是一种较好的放散方法。

方法简介：封锁线路后，将扣件及防爬设备全部松开，在长轨轨底垫入滚筒(滚筒长不超过轨底宽 10 mm，为 $\phi$24～30 mm 无缝钢管或圆钢，每 10 m 插入 1 根；木枕用支架滚筒)，使轨底与轨枕离开，然后辅之敲击或撞击钢轨，使钢轨自由伸缩。待放散均匀基本达到零应力后，将放散量视伸长或缩短采取切锯或更换缓冲轨，然后锁定线路恢复通车。如采用撞轨器辅助撞击钢轨，当放伸时每公里处设一个撞轨点，放缩时 300～500 m 设一处，遇曲线或上坡地段应适当缩短间隔。

(2)拉伸放散法

适用条件：放散时的自然轨温低于设计锁定轨温铺设范围时，宜采用本方法进行“放伸”。其优点是可以保证锁定轨温准确，放散均匀，同时因拉伸器的拉力很大，可以节省人力，缩短放散时间。

方法简介：在滚筒放散的基础上，先将钢轨放至“零应力”状态(一般不辅用撞轨器)，然后在长轨端加上 1 组(单股拉)或 2 组(双股拉)拉伸器，对长轨施加拉力，达到计算放散量后进行锁定。

拉伸法要求放散时，必须先将长钢轨放散到“零应力”状态后，再拉至所需要调整的轨温长度，这样可以准确掌握放散后的锁定轨温。如果拉伸器的拉力不足以达到放散量时，可辅以撞轨器，在拉稳后进行撞轨。

### 4.7.2 应力调整

应力调整与应力放散的不同点是，应力放散要改变原有的锁定轨温。而应力调整则只对局部应力不均之处进行调整，而不改变原有长轨的锁定轨温。因此，应力调整是针对长轨出现局部爬行不均或夏季局部方向变化较大碎弯较多时而采取的改善温度应力分布状况的措施。应力调整常用的方法有滚筒法和列车碾压法两种。

(1)滚筒法调整应力与滚筒法放散应力大体相同，不同的是调整应力时，只在局部范围内松开扣件，调够位移量后再锁定线路。

(2)列车碾压法可用于行车密度较大的区段，采取在不中断行车的情况下，利用列车碾压的方法进行应力调整。利用列车碾压分为顺向、逆向和双向调整三种情况。顺向调整是在双线地段，将需要顺列车运行方向调整地段的始端锁定不动，松开扣件后进行列车碾压调整；逆向调整是在双线地段，将需要逆列车运行方向调整地段的终端锁定不动，松开扣件后进行列车碾压调整；双向调整是在单线地段，将需要调整地段的中部约 50 m 范围内用防爬器锁定不动，然后松开两端扣件，利用列车碾压调整。

## 项目小结

本项目主要介绍了无缝线路的类型、无缝线路的基本原理包括温度力、轨温以及纵向阻力的计算、无缝线路缓冲区的设置方法及预留轨缝的计算、无缝线路稳定性的计算方法、特殊地段无缝线路内容以及无缝线路的应力放散与调整方法、无缝线路的维护方法等内容。通过本项目内容的学习可以对无缝线路有一个系统的认知，能够进行无缝线路的设计、计算以及维护等工作。

## 复习思考题

1. 无缝线路轨道结构有哪几种类型？各有什么特点？城市轨道交通中常用的是哪一种？
2. 推导温度力与轨温变化幅度的关系式。这个关系式表明了什么？
3. 无缝线路轨道纵向阻力有哪些？
4. 影响接头阻力的因素有哪些？
5. 无缝线路伸缩区长度如何计算？
6. 作图阐明轨温往复变化时温度力的变化规律。
7. 缓冲区轨缝如何预留？原则是什么？
8. 影响无缝线路稳定性的因素有哪些？各有什么特点？
9. 焊接长钢轨有哪些方法？各有什么特点？
10. 无砟轨道无缝线路的铺设方法有哪几种？
11. 城市轨道交通无砟轨道大坡道无缝线路的防爬锁定措施有哪些？
12. 什么叫应力放散？什么叫应力调整？
13. 应力放散的方法有哪几种？各有什么特点？

# 项目5　普通单开道岔

## 项目描述

把两条或两条以上的轨道在平面上进行相互连接或交叉的设备，统称为道岔。道岔是城市轨道中不可缺少的重要组成部分，根据用途和条件的不同，可以利用道岔把许多平行股道组合成各种不同形式的车站或车场，其目的是使列车由一条轨道转入或越过另一条轨道，以满足城市轨道运输中的各种作业需要。项目主要介绍普通单开道岔的组成、检查方法。通过该项目的学习，掌握检查普通单开道岔的程序与步骤，能够根据线路的工程环境和使用要求，对普通单开道岔的质量作出准确判别。

## 拟实现的教学目标

1. 能力目标

(1)能了解普通单开道岔的组成；

(2)能正确使用轨距尺及支距尺进行检查普通单开道岔；

(3)能根据检查结果对普通单开道岔作出准确评定。

(4)能正确填写道岔检查记录簿。

2. 知识目标

(1)了解普通单开道岔的组成、作用及特点；

(2)掌握普通单开道岔的类型、几何尺寸。

3. 素质目标

(1)具有良好的职业道德，勤奋学习，勇于进取；

(2)具有科学严谨的工作作风；

(3)具有较强的身体素质和良好的心理素质。

## 典型工作任务1　道岔的类型

### 5.1.1　道岔的用途

把两条或两条以上的轨道，在平面上进行相互连接或交叉的设备，统称为道岔。道岔是城市轨道中不可缺少的重要组成部分，根据用途和条件的不同，可以利用道岔把许多平行股道组合成各种不同形式的车站或车场，其目的是使列车由一条轨道转入或越过另一条轨道，以满足城市轨道运输中的各种作业需要。

### 5.1.2　道岔的分类

根据道岔的用途和构造形式的不同，基本上可分为连接设备、交叉设备和连接与交叉组合设备。地铁（将城市轨道简称为地铁）常用的线路连接设备有各种类型的单式道岔和复式道岔；交叉设备有直角交叉和菱形交叉；连接与交叉的组合设备有交分道岔和渡线等。

根据用途和平面形状，道岔有如下几种标准类型。

（1）普通单开道岔；

（2）对称道岔；

（3）三开道岔；

（4）交分道岔；

（5）交叉渡线。

### 5.1.3　道岔的构成特征

1. 普通单开道岔

普通单开道岔是将一条地铁线路分为两条，其中主线为直线，侧线为向主线的左侧或右侧分开的道岔，如图 5.1 所示。

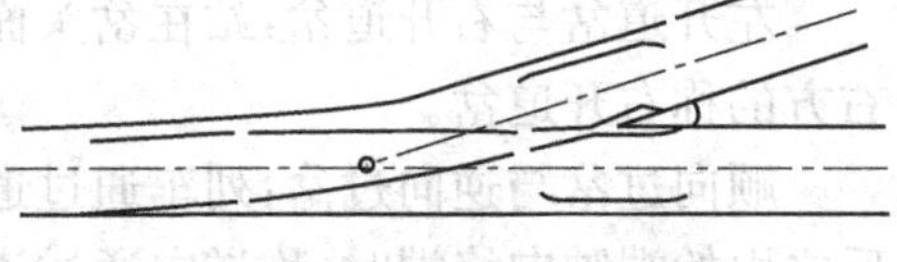

图 5.1　普通单开道岔

2. 对称（双开）道岔

对称（双开）道岔是将主线向左、右两侧对称分开的道岔，如图 5.2 所示。

3. 三开道岔

三开道岔是将一条线分为三条线，其中主线为直线，侧线为向左、右两侧对称分开的道岔，如图 5.3 所示。

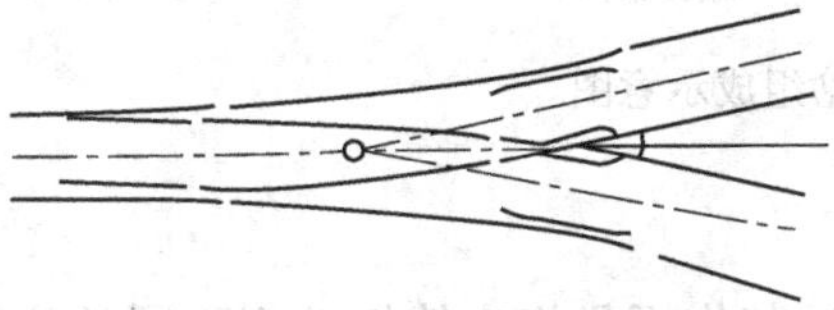

图 5.2　对称（双开）道岔

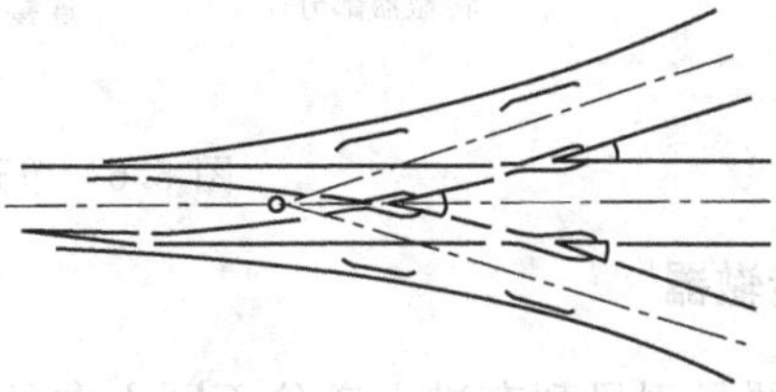

图 5.3　三开道岔

4. 交分道岔

交分道岔是两直线在平面斜交成菱形交叉的基础上，增设两组双转辙器和两条方向不同的侧线，使列车既可顺交叉轨道直向运行，也可沿曲线转入侧线运行的道岔，如图 5.4 所示。

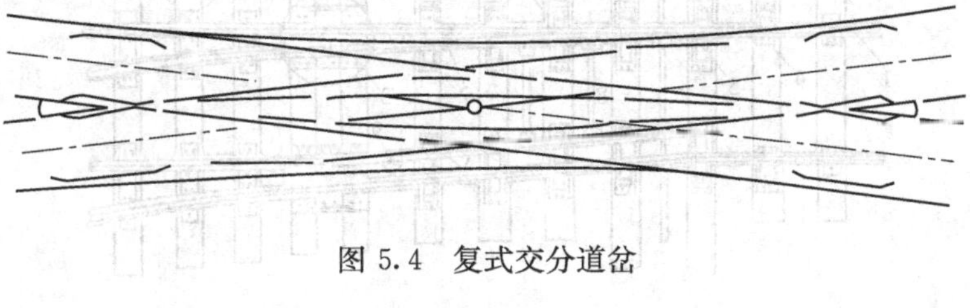

图 5.4　复式交分道岔

5. 交叉渡线

交叉渡线由四组相同号数的单开道岔和一组菱形交叉所构成。即是两组方向相反的单渡线交叉重叠在一起的设备，供两条线路上的列车双向串线之用，如图 5.5 所示。

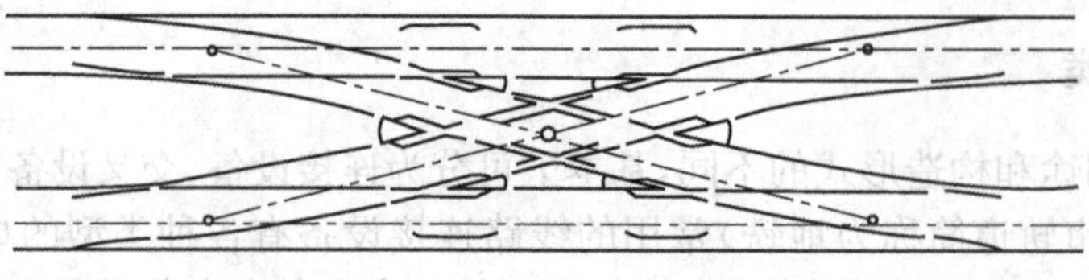

图 5.5　交叉渡线

## 典型工作任务 2　普通单开道岔的构造

单开道岔是一种最常见的道岔，为便于分析理解，将几个道岔基本概念作以下解释。

道岔始端（或称岔头）与道岔终端（或称岔尾）：尖轨尖端前基本轨端轨缝中心处称道岔始端，而辙叉跟端轨缝中心处则称道岔终端。

左开道岔与右开道岔：站在岔头面向岔尾，凡侧线位于直线左方的称左开道岔，位于直线右方的称右开道岔。

顺向过岔与逆向过岔：列车通过道岔时，凡由道岔终端驶向道岔始端时，称顺向通过道岔，反之由始端驶向终端时，称逆向通过道岔。

一组单开道岔，主要由转辙器、连接部分、辙叉及护轨以及岔枕等组成，如图 5.6 所示。

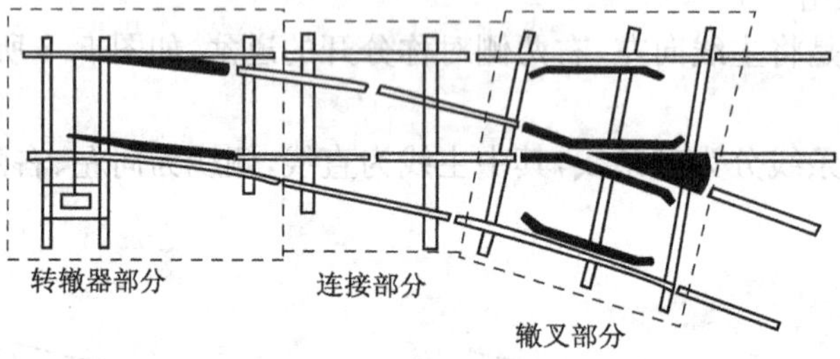


图 5.6　单开道岔组成示意图

### 5.2.1　转辙器

转辙器是引导列车进入道岔不同方向的设备，其作用是将尖轨扳动到不同的位置，使列车沿直线或侧线运行。

转辙器中的主件有基本轨和尖轨，联结零件（有拉杆、连接杆、顶铁、滑床板、轨撑），跟端结构以及辙前垫板、辙后垫板等。此外，转辙器中还包括有转辙机械等设备，如图 5.7 所示。

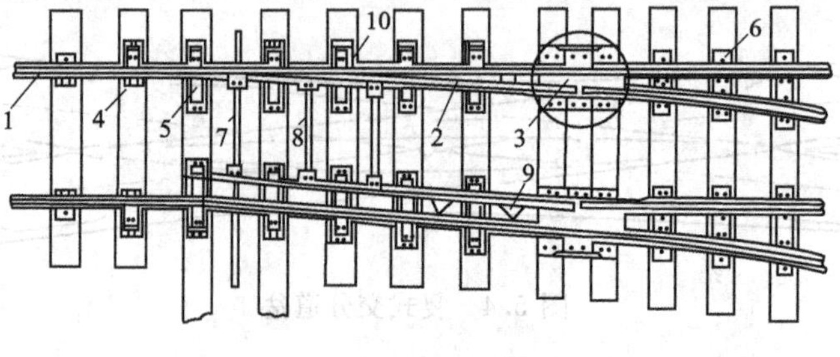


图 5.7　转辙器构造

1—基本轨；2—尖轨；3—跟端结构；4—辙前垫板；5—滑床板；6—辙后垫板；7—拉杆；8—连接杆；9—顶铁；10—轨撑

1. 基本轨

道岔基本轨由标准断面的钢轨制成，其作用除承受车轮的垂直压力并经过垫板将其传递于岔枕外，还与尖轨共同承受车轮的横向水平推力并保持尖轨位置的稳定。

2. 尖轨

尖轨是转辙器中的重要部件之一。尖轨是用与基本轨同类型的标准钢轨或特种断面钢轨刨制而成。

尖轨的作用是依靠其被刨尖的一端与基本轨紧密贴靠，以正确引导车轮的运行方向，列车靠它引进直股或侧股线路上。

尖轨按平面形状分为的直线尖轨和的曲线尖轨两种，如图 5.8 和图 5.9 所示。直线尖轨工作边与基本轨工作边所成的夹角 $\beta$ 称为转辙角，也是尖轨的冲击角。显然，冲击角愈大，车轮撞击尖轨的水平力和动能损失也愈大，不但增大了列车进入侧线时的摇晃，而且也限制了列车侧向通过道岔的速度。

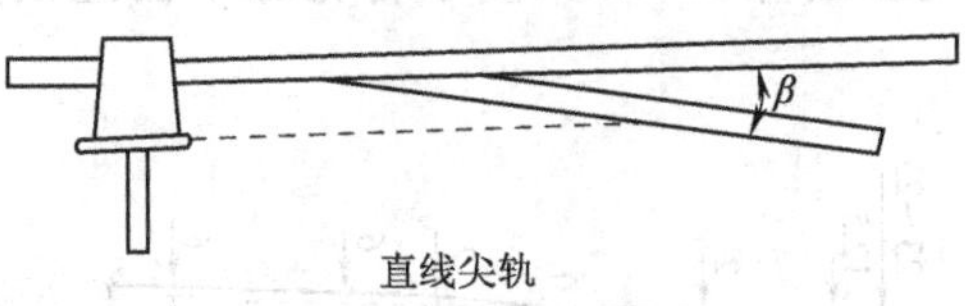


图 5.8　直线型尖轨

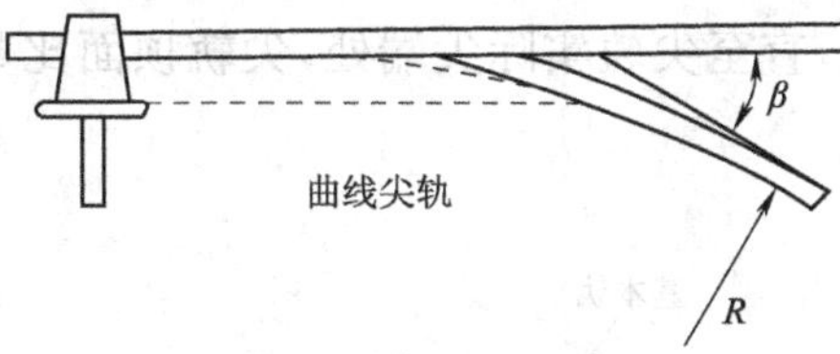


图 5.9　曲线型尖轨

由于直线尖轨制造加工简单，更换使用方便，左、右开道岔皆可互换使用，尖轨尖端刨削部分短，横向刚度大，尖轨摆度与跟端轮缘槽小，故目前大部分道岔多采用直线尖轨。如需减小尖轨的冲击角、提高列车的侧向通过速度以及缩短道岔长度时，则宜采用曲线尖轨。曲线尖轨的曲线形状一般多为圆曲线，按其与基本轨贴靠形式的不同可分为：切线形、半切线形和割线形三种，如图 5.10 所示。

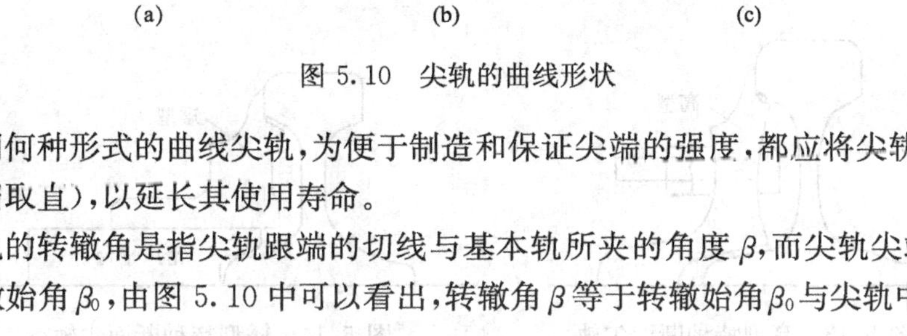


图 5.10　尖轨的曲线形状

无论采用何种形式的曲线尖轨，为便于制造和保证尖端的强度，都应将尖轨尖端钝化（将尖端部分适当取直），以延长其使用寿命。

曲线尖轨的转辙角是指尖轨跟端的切线与基本轨所夹的角度 $\beta$，而尖轨尖端与基本轨所夹的角叫转辙始角 $\beta_0$，由图 5.10 中可以看出，转辙角 $\beta$ 等于转辙始角 $\beta_0$ 与尖轨中心角 $\varphi$ 之和，即 $\beta=\beta_0+\varphi$。

在曲线尖轨转辙器中，只有通向侧线的尖轨为曲线尖轨，而通向直线的尖轨仍须采用直线尖轨，不能互换使用，在铺设更换曲线尖轨的道岔时应特别注意。

尖轨按断面形状和特征分为：普通断面尖轨、高型特种断面尖轨和矮型特种断面尖轨三种。

采用普通断面钢轨制作的尖轨，为了使尖轨尖端紧密贴靠基本轨，须将尖轨尖端轨头两侧及轨底内侧（靠基本轨之一侧）进行刨切，并使尖轨覆盖在基本轨轨底之上，尖轨轨底未刨切的部分，则放在高出基本轨底面 6 mm 的垫板平台上，如图 5.11 所示。此外，为了加强尖轨的水平刚度，须在尖轨轨腰两侧增加两块条形补强钢板，其长度应与轨底的刨切长度相同。

由于尖轨是放在高出基本轨底面 6 mm 的垫板平台上，为使尖轨尖端不承受车轮重量，必须将尖轨顶面刨切，使之逐渐降低，如图 5.12 所示；即在尖轨顶面宽 35 mm 处，刨切成与基本轨顶面齐平，在尖轨顶面宽 70 mm 处以后，尖轨顶面高出基本轨顶面 6mm，由顶宽 35～70 mm 范围内均匀顺坡，在顶宽 35～20 mm 一段，使车轮压力逐渐由尖轨转移到基本轨上，因此，在尖轨顶宽 20 mm 处，尖轨顶面应比基本轨顶面低 2 mm，使车轮的圆锥形踏面同时压在尖轨和基本轨顶面上。此后尖轨顶宽在 20 mm 以下的断面，就不再承受车轮的竖直压力，直至尖轨实际尖端处，尖轨顶面比基本轨顶面低 23 mm，使车轮轮缘不会撞击尖轨尖端。

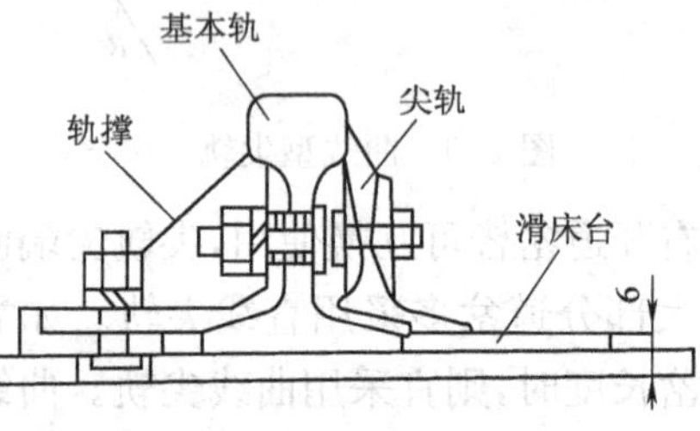


图 5.11 尖轨断面示意图

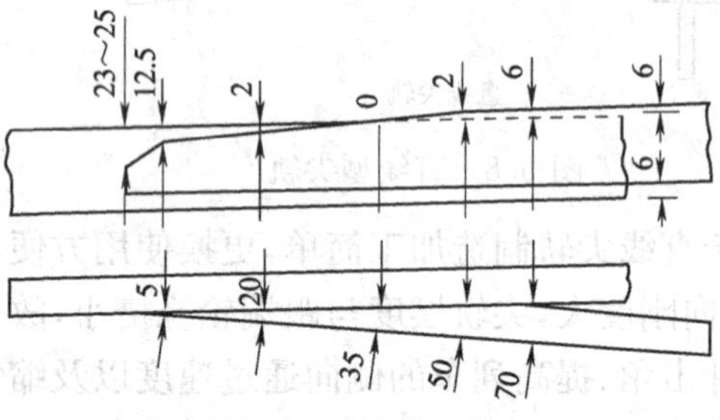


图 5.12 尖轨顶面高度变化示意图(单位：mm)

高型特种断面尖轨，如图 5.13 所示，一般指用与基本轨同类型等高的特种断面钢轨制作的尖轨，这种尖轨无论竖向或横向的刚度都很大，宜铺设在列车运行速度较高、轴重较大的线路上。目前，我国制造试铺的高型特种断面尖轨运营情况良好。

矮型特种断面尖轨，如图 5.14 所示，一般指较同类型基本轨高度低的特种断面钢轨制作的尖轨，须配合较高的滑床平台使用。由于尖轨断面高度比较小，所以稳定性好，但它的竖向和横向刚度都较高型特种断面尖轨小。目前，这种类型的尖轨在我国已经大量铺设使用。

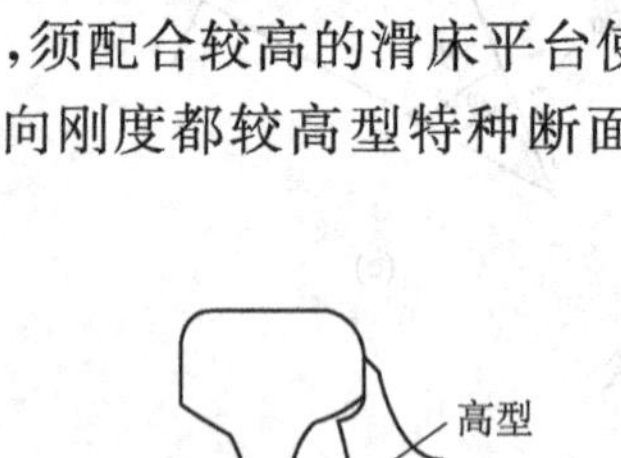


图 5.13 高型特种断面尖轨

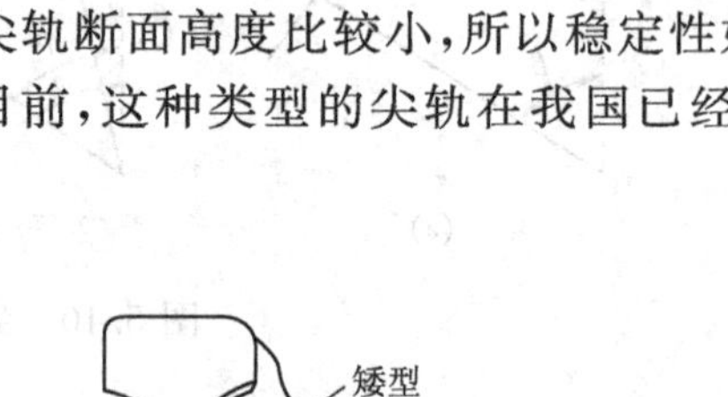


图 5.14 矮型特种断面尖轨

3. 跟端结构（活接头）

尖轨跟端结构是转辙器中的一个重要连接点，应保证尖轨由一个位置扳动至另一个位置时摆动灵活，还要保证与基本轨的连接牢固可靠，在列车通过时稳定而无变位和跳动，并且构造简单、维修方便。目前单开道岔上所采用的尖轨跟端结构大多为夹板间隔铁式，如图 5.15 所示。

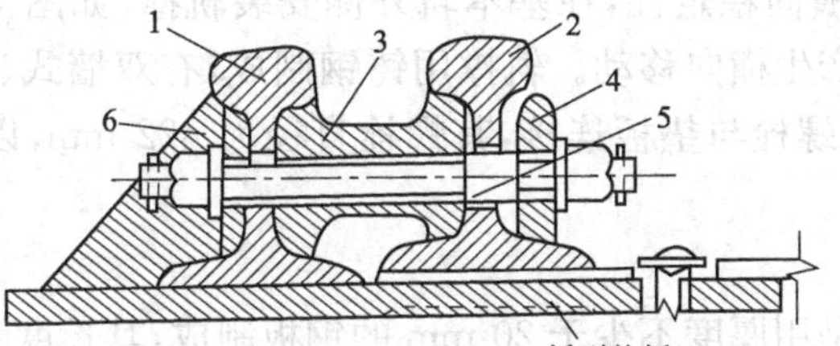


图 5.15 跟端结构

1—基本轨；2—尖轨；3—间隔铁；4—夹板；5—套管；6—轨撑

这种结构是由间隔铁、弯折夹板、辙跟外轨撑、辙跟内轨撑和异径螺栓（或螺栓套管）等组成。间隔铁的作用是保持尖轨跟端处与基本轨有固定的间隔宽度，保证车轮的正常通过。弯折夹板与异径螺栓相配合，既能保证跟端的连接具有一定的牢固性，又可以使尖轨尖端灵活摆动。辙跟内轨撑和外轨撑的作用，是固定跟端结构的位置，并防止尖轨和基本轨的爬行。此外，有一种弹性可弯式跟端结构，是为配合特种断面尖轨采用的跟端结构形式，跟端采用普通接头，为使尖轨有足够的弹性，在距跟端一定长度范围内，将尖轨轨底两侧边缘切去一部分，形成柔性点，尖轨便可绕该点转动和弹性弯曲。这种结构坚固稳定，易于养护，如图 5.16 所示。

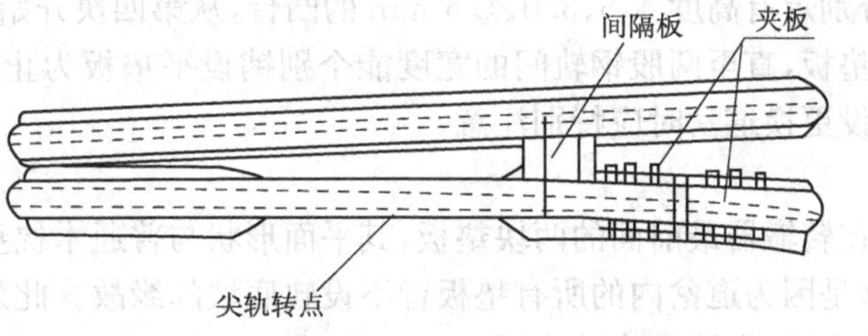


图 5.16 弹性可弯式跟端结构

4. 其他零件

(1)连接杆

连接杆的作用，是将两根尖轨联结成一个框架式整体一起摆动，同时保持两尖轨在平面上的相对位置。连接杆多用扁钢制成，通过接头铁（耳铁）与尖轨相连接，以实现两根尖轨的共同摆动。连接杆的安装根数与尖轨长度有关，普通道岔一般装设 2～3 根。安装在尖轨最前面，且与转辙机械相连的一根称转辙连接杆（拉杆），由于所受推力较大，故须用方钢制造。在有轨道电路的道岔上，连接杆中部必须有隔断电流的绝缘装置。此外，用扁钢制成的连接杆，还有防止尖轨跳动的作用。

(2)顶铁（轨距卡）

由于尖轨与轨枕没有扣件固定，为了保持尖轨在列车通过时不被车轮横向压力所挤弯，应在尖轨轨腰上安装顶铁，这样，车轮作用于尖轨的横向力便会通过顶铁传递于基本轨，共同抵抗车轮的横向压力。故要求顶铁长度应做到尖轨贴靠基本轨时，顶铁也恰好与基本轨轨腰贴靠。若顶铁长度不准确，列车通过时，尖轨就会被挤弯，形成轨距扩大或尖轨尖端不密贴，导致车轮轧伤尖轨等后果。顶铁有多种形式,有用铁板制成的半圆形,有锥体螺栓形;而 62 型、75 型普通单开道岔顶铁,是用铁板弯成等腰梯形,安装于尖轨轨腰上,在转辙器中安装 2~3 对。

(3)轨撑

为了增强转辙器的横向稳定性,在基本轨外侧安装轨撑,如图 5.15 所示,它的作用是承受横向力和防止基本轨产生横向移动。轨撑用铸钢制成,有双墙式、单墙式两种,通过水平螺栓与基本轨连接,用垂直螺栓与垫板连接,其螺栓直径为 $\phi$22 mm,以保证基本轨的位置牢固稳定。

(4)滑床板

单开道岔的滑床板是用厚度不少于 20 mm 的钢板制成,其长度为 570 mm,在板面上有凸出高 6 mm、宽 80 mm 的滑床平台。滑床板的作用是承托由尖轨与基本轨传来的压力,并传递到岔枕上去,同时应保证尖轨在滑床台上能正常的左右平滑摆动,滑床平台具有阻止基本轨向内侧移动的作用。此外,滑床板靠轨枕端头的一侧焊有挡肩(或弯折成直角钩肩),可作为轨撑的支座。为了减小尖轨摆动时的阻力,在使用中应对滑床平台经常清扫并涂以润滑剂。

(5)辙前垫板(轨撑垫板)

辙前垫板铺设在尖轨尖端前面的一段基本轨下面,与轨撑共同配合起着防止基本轨向外横向移动的作用。此外,在导曲线部分也铺设有这种垫板。

(6)辙后垫板(顺坡垫板、支距垫板)

为了使尖轨高出基本轨 6 mm 的轨面高差逐渐顺坡降低下来,并保持尖轨跟后导曲线支距的准确,在尖轨跟后一段长度内,应铺设辙后垫板。这种垫板的特点是在跟端接头后连续三块垫板的板面上,分别焊有高度 4.5、3.0、1.5 mm 的凸台,从第四块开始即为使邻近两股钢轨保持同一水平的长垫板,直至两股钢轨间的宽度能个别铺设平垫板为止,辙后垫板有左、右开和上、下股之别,铺设更换道岔时应特别注意。

(7)平垫板

平垫板是铺设在转辙器最前面的两块垫板,其平面形状与普通木枕垫板相同,但没有轨底坡,故称平垫板。这是因为道岔内的所有垫板皆不设轨底坡的缘故。此外,在道岔的连接部分以及直、侧线的钢轨末端,也铺设这种垫板。

5. 转辙机械(扳道器)

转辙机械的作用是扳动尖轨到不同的位置上,使道岔准确地向直线或侧线开通。

常用的转辙机械基本上可分为手动式与电动式两类。手扳动的有带柄道岔表示器和弹簧扳道器,多用于非集中操纵的道岔上;电动的有 ZD 型电动转辙机和 DFH 型电动转辙机,皆用于集中操纵的道岔。此外,还有电空式转辙设备,但使用较少。无论使用何种类型的转辙机械,在任何条件下转辙机械都必须具备三个功能:能扳动尖轨到不同的位置;能锁闭道岔使尖轨密贴基本轨;能显示道岔的开通方向(定位或反位)。

### 5.2.2 连接部分

在单开道岔中,连接转辙器与辙叉之间的线路称为连接部分。在其他道岔中,转辙器与转辙器之间或辙叉与辙叉之间的线路也称为连接部分。

1. 导曲线平面

导曲线的平面形式有圆曲线型、缓和曲线型及复曲线型三种,后两种用于需要侧向高速通过的大号道岔,地铁一般只采用圆曲线型。

将圆曲线型细分又有：

(1)与直线尖轨配合的圆曲线型导曲线，其切点可选在跟端或端后的适当位置。

(2)与曲线尖轨配合的圆曲线型导曲线，其半径常与尖轨曲线半径相等。

(3)后割式圆曲线型导曲线，即其后部割于直线辙叉前的适当位置，常与割线型曲线尖轨配合，以增大导曲线半径。

2. 导曲线构造

1)构造特点

道岔导曲线和一般线路上的曲线在构造上有两点不同：一是不设轨底坡，原因是为避免道岔零件进一步复杂，普通断面钢轨转辙器及组合辙叉均不设轨底坡；二是不设超高，原因是导曲线长度短，没有足够的超高递减距离。

但与特种断面有轨顶横坡的尖轨和整铸辙叉配合时，导曲线应设轨底坡；在大号道岔上，因导曲线较长，可设一定数值的超高，以提高侧向过岔速度和旅客的舒适性。

2)导曲线的加强

由于上述构造原因：使导曲线在动载作用下比一般曲线更容易产生钢轨外倾和轨距扩大，故应在导曲线两股钢轨外侧成对地安装一定数量的轨撑，或在导曲线上安装一定数量的轨距杆。为减少道岔钢轨爬行，还应按规定安装足够数量的防爬设备，将道岔锁定。

### 5.2.3 辙叉及护轨

辙叉及护轨包括辙叉、护轨、主轨(安装护轨的基本轨)及其他联结零件。辙叉与护轨组成一个整体，共同配合发挥作用，如图 5.17 所示。

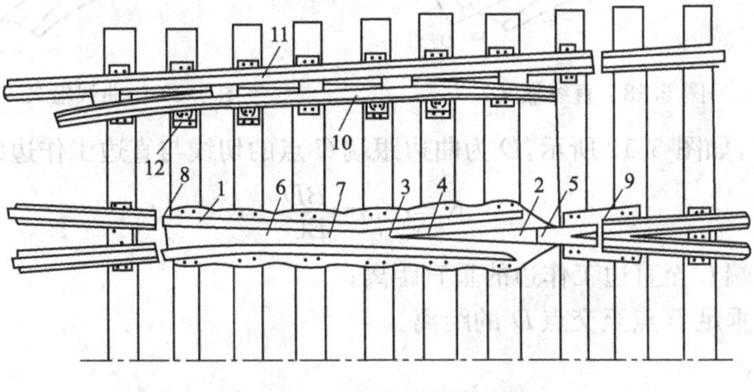


图 5.17 辙叉及护轨构造图

1—翼轨；2—心轨；3—理论尖端；4—实际尖端；5—辙叉角；6—咽喉；7—有害空间；8—辙叉趾端；9—辙叉跟端；10—护轨；11—主轨；12—护轨垫板

1. 辙叉

辙叉是道岔中两股线路相交处的设备。其作用是使列车能够按确定的行驶方向，跨越线路正常的通过道岔。

1)辙叉构造

辙叉是由翼轨和心轨(叉心)组成的。翼轨的始端称辙叉趾端；叉心的末端称为辙叉跟端；叉心两个工作边的交点称为辙叉理论中心(理论尖端)；叉心实际尖端处有 6～10 mm 的宽度称为实际尖端；叉心两个工作边的夹角 $\alpha$ 称为辙叉角(道岔角)。

辙叉趾端处两个工作边之间的宽度称为前开口；辙叉跟端两个工作边之间的宽度称为后开口；两根翼轨之间的最窄处称为辙叉咽喉；由咽喉至实际尖端的距离，因轨线中断，车轮在此处对钢轨产生剧烈冲击，此空间称为道岔的"有害空间"；由辙叉理论尖端至趾端的距离称为辙叉趾长($n$)；由辙叉理论尖端至跟端距离称为辙叉跟长($m$)；由趾端至跟端沿一股轨线量取的长度称为辙叉全长。

2)辙叉号数

辙叉号数也称道岔号数，是表示辙叉角大小的一种方法。因为辙叉角是以度、分、秒表示的，运用不方便，故在实际工作中都以辙叉号数N表示。

辙叉号数N与$\alpha$辙叉角的关系，我国地铁规定是以辙叉角的余切值表示辙叉号数的。

(1)直线辙叉，如图5.18所示。

$$N=\cot\alpha=\frac{AC}{BC} \tag{5.1}$$

式中 $N$——辙叉号数(道岔号数)；

$\alpha$——辙叉角；

$BC$——叉心工作边任一点$B$至另一工作边的垂直距离；

$AC$——由叉心理论尖端至垂足$C$的距离。

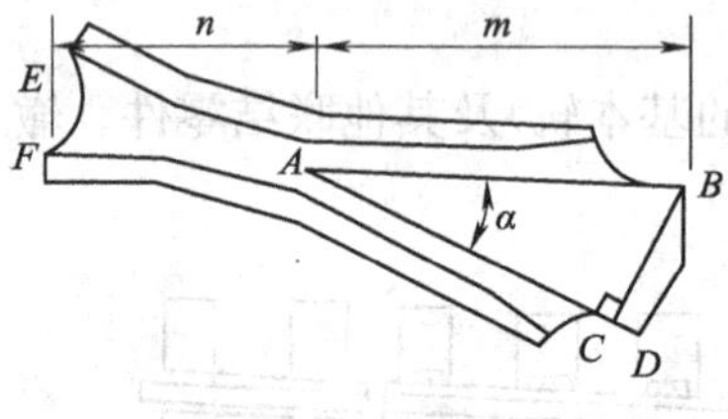

图5.18 直线辙叉

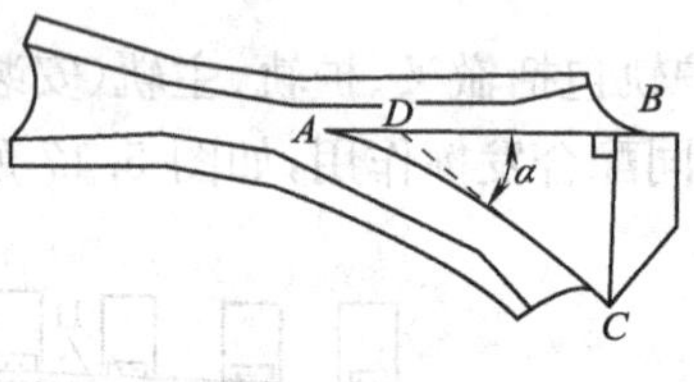

图5.19 曲线辙叉

(2)曲线辙叉，如图5.19所示，$D$为曲边跟端$C$点的切线与直边工作边的交点。

$$N=\cot\alpha=\frac{BD}{BC} \tag{5.2}$$

式中 $BC$——跟端$C$至直边工作边的垂直距离；

$BD$——由垂足$B$点至交点$D$的距离。

(3)辙叉角$\alpha$。

$$\alpha=\arctan\frac{1}{N} \tag{5.3}$$

显然，辙叉角愈大，道岔号数愈小，反之辙叉角愈小，道岔号数愈大。我国常用的几种道岔号数与辙叉角的对应关系列于表5.1中。

**表5.1 道岔号码与辙叉角的关系表**

| 道岔号码 $N$ | 6 | 7 | 9 | 12 | 18 | 24 |
|---|---|---|---|---|---|---|
| 辙叉角 $\alpha$ | 9°27′44″ | 8°07′48″ | 6°20′25″ | 4°45′49″ | 3°10′47″ | 2°23′09″ |

现场鉴别道岔号数的方法很多，可采用以下较简便的几种方法进行测量。

①在图5.18中，分别量出前开口$EF$，后开口$BD$及辙叉全长$BF$，则

$$N=\frac{BF}{EF+BD}$$

②在心轨上找出顶面宽为100 mm及200 mm两处，并分别划上两条线，然后再量测两条线间的距离，这个距离是100 mm的几倍，就是几号道岔；

③先在辙叉心轨顶面上找出一脚长的宽度处，再由该处向前量至辙叉心轨理论尖端处，实量几脚就是几号道岔。目前单开道岔主要采用6、7、9、12和18几个型号。分为单开道岔、双开道岔、三开道岔、复式交分道岔和交叉渡线等标准类型。《地铁设计规范》规定，正线和辅助线的道岔不得小于9号，车场线采用的道岔不得大于7号。

3)辙叉类型

按平面形式可分为直线辙叉和曲线辙叉。直线辙叉两股轨线均为直线，应用广泛。曲线辙叉为一股或两股轨线为曲线的辙叉，可使导曲线半径加大或缩短道岔全长，但加工复杂，目前使用尚较少。

按辙叉构造又可分为固定型和可动型两类。可动型有可动翼轨型和可动心轨型两种，可动型消灭了有害空间，可提高直向过岔速度27%～45%，寿命长，但构造复杂。目前地铁线路一般仅在复式交分道岔中的钝角辙叉中使用可动心型，其余均为固定型。

单开道岔固定型直线辙叉分为：

(1)钢轨组合式

用普通钢轨弯折、刨切加工而成。由长心轨、短心轨、翼轨、间隔铁、大垫板及其他零件构成，如图5.20所示。由长、短心轨拼装而成的叉心、要尽量保持长心轨断面完整，只将短心轨的头部及轨底刨去一部分，使其轨底叠盖在长心轨轨底上，以保持辙叉结构的坚固稳定。

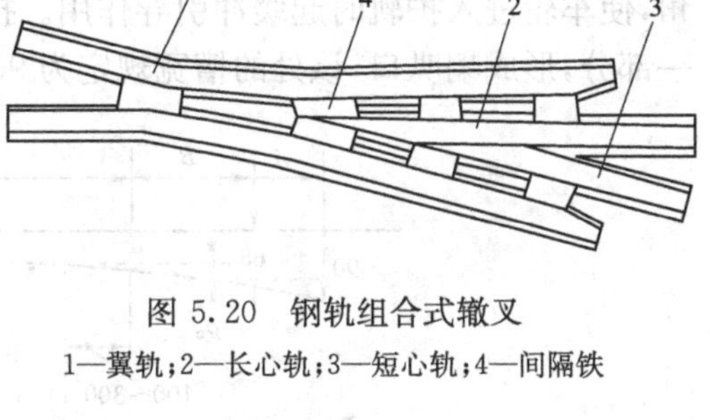

图5.20　钢轨组合式辙叉

1—翼轨；2—长心轨；3—短心轨；4—间隔铁

组合式辙叉的优点是可自行加工，可更换单个部件；缺点是零件多，维修量大，寿命短。适用于非繁忙线路，例如车场道岔。

(2)高锰钢整铸式

系采用含锰10%～14%、含碳1.0%～1.4%的高锰合金钢，把翼轨和心轨铸造成一个整体的辙叉。具有较高的强度和冲击韧性，并具有坚固耐磨、整体稳定性好、维修工作量少、使用寿命长等优点。广泛用于正线道岔上。缺点是有时因局部损坏而需更换整个辙叉。

高锰铸件初期耐压性较差，其车轮辗压的部位可能会出现肥边，这是正常的，一段时间后就不再发展了。

4)翼轨与心轨的相对高差及磨耗

锥形车轮由翼轨滚向心轨时，因轮缘逐渐离开翼轨工作边，车轮滚动圆周逐渐减小，致使车轮逐渐下降，当车轮完全滚上心轨时，车轮又上升到原来高度。反之，当车轮由心轨滚向翼轨时，亦有类似情况。因此，为了避免车轮从翼轨滚向心轨时撞击心轨前部，应将心轨端部顶面适当降低。同时，为了避免车轮从心轨滚向翼轨时突然降低而冲击翼轨，应将翼轨顶面提高，并在翼轨顶面做出1∶20的横坡。

整铸辙叉可直接铸出这一高度，对于组合辙叉一般用焊条堆焊。在理论尖端至心轨顶面宽40 mm一段，将翼轨焊高3 mm；然后向两侧顺坡至咽喉和心轨顶面宽50 mm断面处。

一般讲，车轮从翼轨滚向心轨时，是从心轨顶宽 20～25 mm 断面处过渡，而在顶宽 40～50 mm 处，车轮就完全压在心轨上，故该处是辙叉的薄弱部位，冲击力大，易损坏。故规定：在辙叉心宽 40 mm 的断面处测量辙叉的垂直磨耗，正线上超过 6 mm，辅助线上超过 8 mm，车场线上超过 10 mm 时，禁止使用。地铁单开道岔辙叉尺寸见表 5.2 所示。

**表 5.2 地铁单开道岔辙叉尺寸** mm

| 辙叉号数 | 全长 | 前长 | 后长 | 趾宽 | 跟宽 | 辙叉角 |
|---|---|---|---|---|---|---|
| 6 号 | 2 541 | 1 220 | 1 321 | 201 | 218 | 9°27′44″ |
| 7 号 | 3 035 | 1 065 | 1 970 | 150 | 279 | 8°07′48″ |
| 9 号 | 3 588 | 1 538 | 2 050 | 171 | 223 | 64°20′25″ |

2. 护轨

护轨与辙叉的配合有以下两方面的作用：一方面是控制车轮的运行方向，使之正常通过“有害空间”而不错入轮缘槽；另一方面是保护辙叉尖端不被轮缘冲击撞伤，如图 5.21 所示。护轨的平面形状，在中间的一段应为与主轨平行的直线，其长度为由咽喉至叉心顶宽为50 mm 处之间的距离，两端再附加 100～300 mm，该直线段内护轨与主轨轮缘槽宽度为 42 mm。然后两端各向轨道内侧弯折一段长度，称为过渡段或缓冲段，其弯折角应近似等于尖轨的冲击角，使车轮进入护轨时起缓冲引导作用。护轨末端的外侧面，将轨头在 150 mm 长度内斜切去一部分，形成喇叭口，该处的槽宽规定为 90 mm。

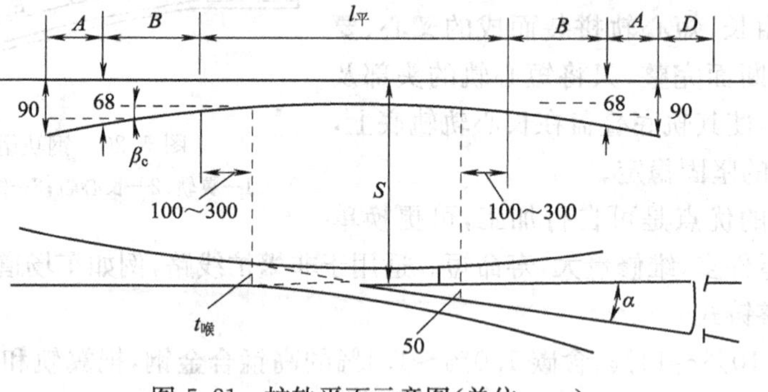

图 5.21 护轨平面示意图(单位：mm)

护轨是用普通钢轨经过刨切弯折而成，并用间隔铁、螺栓等零件与主轨连接，间隔铁为可调整宽度的螺栓型，以便在护轨侧面磨耗达到限度时，可以调整轮缘槽的宽度。

标准的 6、7、9、12 及 18 号单开道岔的护轨，全长分别为 2.3～2.4 m 、3.1 m、3.6～3.9 m、4.5～4.6 m、7.4～7.5 m。

### 5.2.4 岔枕

单开道岔使用的岔枕有两种：木岔枕和混凝土岔枕。另外，道岔还可以直接铺设在整体道床上。

1. 木岔枕

除应具备普通木枕的条件和性能外，在使用中还应注意下列几点技术要求：

(1)木岔枕的长度为 260～480 cm 共 12 级，每级长度差为 20 cm，高度 16 cm，底宽 24 cm。

旧标准木岔枕长度为 16 级，最短为 260 cm，最长为 485 cm，每级长度差为 15 cm。

(2)岔枕间距应尽量均匀一致，一般可定为区间轨枕间距的 90%～95%，并进整为 5 mm 的倍数。个别间距因构造需要可适当增大，如转辙连接杆处的间距定为 615 mm。道岔内的接头轨枕间距，则应与区间轨道的接头轨枕间距相同。

(3)由于木岔枕质量较轻，在列车的动力作用下，道岔上各部分的尺寸状态不断变化，需要经常进行捣固、拨道、改道及削平岔枕等维修养护作业，故易于造成切伤、钉孔腐朽、弯曲失效等后果，因此，木岔枕使用寿命短、稳定性差，是其主要缺点。

2. 混凝土岔枕

单开道岔混凝土岔枕，自 20 世纪 70 年代开始试铺以来，并经过不断改进，已经取得良好成果。它不但达到了道岔基础与轨道基础的一致性，而且基本上消除了木岔枕的缺点，为国家节约了大量木材。随着地铁运输的发展，这种岔枕正在逐步大量的铺设于正线的道岔上。

现将用于 60 kg/m 钢轨、12 号单开道岔，混凝土岔枕的构造特点与技术要求简要介绍如下：

(1)混凝土岔枕采用梯形截面，使用抗拉强度不低于 1 500 MPa，$\phi$10 mm 的热处理钢筋 8 根，箍筋为 $\phi$6 mm 的碳素钢筋和 $\phi$3 mm 的 3 号冷拉螺旋钢筋，混凝土采用 C58 级。承轨槽预留锚固螺栓孔，并设有挡肩以抵抗水平力，如图 5.22 所示。

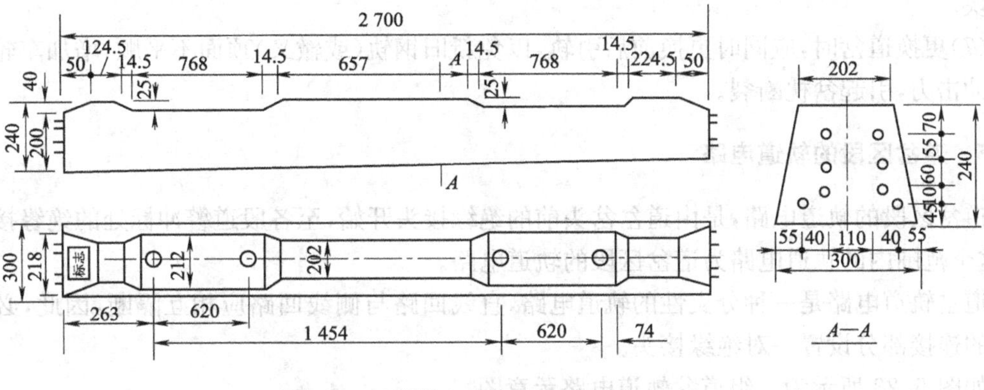


图 5.22 混凝土岔枕示意图(单位:mm)
(转辙部分第 18 号岔枕)

(2)岔枕长度由 2.4～4.9 m 共 26 级，级差长度为 10 cm，每组道岔总共铺设 94 根。在岔枕一端顶面应注明岔枕编号，铺设施工时应按编号顺序摆放。岔枕编号、长度和数量的关系列于表 5.3 中。

(3)混凝土岔枕皆不设轨底坡，但其中位于道岔始端前编号为 01、02 号的两根岔枕，分别设 1/80 与 1/60 的轨底坡，以便与设有标准轨底坡的一般混凝土轨枕过渡连接。

(4)为了改善列车进入侧线的运行条件和防止反超高，在导曲线上股的承轨槽内，设置有高出槽底 6 mm 的凸台(即导曲线保持有 6 mm 的超高)，超高顺坡在编号为 55、56、57 的三根岔枕上进行。

(5)转辙器、辙叉及护轨用轨撑或扣板与垫板联结，垫板采用 B 型弹条联结于岔枕上。辙后及道岔连接部分不设垫板，采用不分开式 A 型弹条，钢轨接头处用不分开式 B 型弹条联结于轨枕上。

表 5.3　60 kg/m 钢轨 12 号道岔混凝土岔枕编号、长度及根数

| 编号 | 01、02 | 1～6 | 7～16 | 17～24 | 25～30 | 31～34 | 35～38 | 39～42 | 43～46 | 47、48 |
|---|---|---|---|---|---|---|---|---|---|---|
| 长度(m) | 2.50 | 2.50 | 2.60 | 2.70 | 2.80 | 2.90 | 3.00 | 3.10 | 3.20 | 3.30 |
| 根数 | 2 | 6 | 10 | 8 | 6 | 4 | 4 | 4 | 4 | 2 |
| 编号 | 49、50 | 51～54 | 55、56 | 57、58 | 59、60 | 61、62 | 63、64 | 65～68 | 69、70 | 71、72 |
| 长度(m) | 3.40 | 3.50 | 3.60 | 3.70 | 3.80 | 3.90 | 4.00 | 4.10 | 4.20 | 4.30 |
| 根数 | 2 | 4 | 2 | 2 | 2 | 2 | 2 | 4 | 2 | 2 |
| 编号 | 73、74 | 75、76 | 77、78 | 79、80 | 81、82 | 83～86 | 87～92 | 总计 | | |
| 长度(m) | 4.40 | 4.50 | 4.60 | 4.70 | 4.80 | 4.90 | 2.40 | — | | |
| 根数 | 2 | 2 | 2 | 2 | 2 | 4 | 6 | 94 | | |

(6)设置垫板处，各种垫板下设置有厚度为 12 mm 的橡胶垫及 3 mm 厚的塑料垫片各一块。铺设时胶垫圆点朝下，沟槽朝上。在道岔连接部分，除 20 号～43 号岔枕处的导曲线外轨下设置有斜坡橡胶垫(工作边轨底一侧厚 10 mm，非工作边轨底一侧厚 12 mm，在铺设组装时应加以注意)及 3 mm 厚的塑料垫片各一块外，其余均设 10 mm 厚橡胶垫及 3 mm 厚塑料垫片各一块。

(7)更换道岔时，应同时更换前后引轨，以免新旧钢轨(或辙叉)顶面不平顺，增加车轮对接头的冲击力，引起岔枕断裂。

### 5.2.5　道岔区段的轨道电路

道岔区段的轨道电路，是由道岔岔头前的绝缘接头开始，至各股道警冲标处的绝缘接头为止，这个范围内的轨道电路为道岔区段的轨道电路。

道岔轨道电路是一种分支性的轨道电路，直线回路与侧线回路应相互隔断，因此，必须在道岔的连接部分设置一对绝缘接头。

如图 5.23 所示为一组道岔轨道电路示意图。

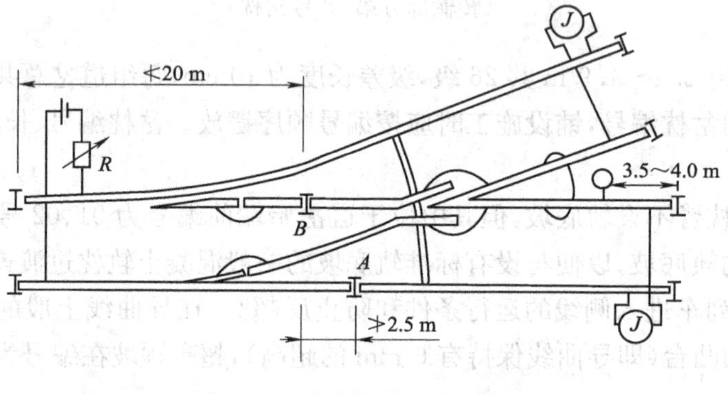


图 5.23　道岔轨道电路示意图

在道岔轨道电路中，除在连接部分(*A*、*B* 或侧股相对位置)必须设置绝缘接头外，还应加设一系列的跳线，如使直线上股与侧线下股构成回路的双跳线；连接基本轨和尖轨的跳线；连

接活接头前后钢轨的跳线；连接翼轨和叉心的跳线以及连接辙叉跟端后面两根钢轨的跳线等，这些跳线都是为减少电阻和保证电流顺利传送而设的。

道岔中的绝缘接头很重要，因为只要有一个接头失效（连电），就会破坏整个轨道电路的工作，如图5.23中，A绝缘接头发生连电，这时电源送出的电流还没有到达继电器，就从连电的接头上经过双跳线又返回电源，致使衔铁得不到电流而经常处在下落位置，始终显示红灯停车信号，影响列车的正常运行。因此，在有轨道电路的道岔上作业时，除应做到高质量高效率地完成各个基本作业项目外，尤其应保证绝缘接头的完好，防止造成连电（短路）或断路现象，以确保道岔信号正常工作和行车安全。

道岔区段的轨道电路技术要求

(1)位于警冲标处的绝缘接头，应设在距警冲标大于3.5 m的地方，这是考虑到进入股道的车辆完全脱离道岔必需的安全长度。因为由车辆的最后一根车轴至车钩的距离一般是按3.5 m计算（各城市地铁该距离有可能不同，可根据实际车辆尺寸设置），最大不宜超过4.0 m。

(2)连接部分的绝缘接头，应尽量保持对接，最大错开量不应超过2.5 m，这个长度叫"死间隔"。因为车辆的固定轴距值是按2.5 m考虑，如果车辆的转向架恰恰停在"死间隔"内时，轮轴就起不到分路的作用，致使轨道电路无法正确显示信号。

此外，两道岔绝缘接头间的距离，规定不得小于20 m，这是考虑一节车辆的两个转向架间的长度，不会同时占用两个轨道电路。

(3)绝缘接头的轨缝宽度，应比计算值加大6 mm左右，即可做成10～15 mm。这样，可以防止在夏季高温时或因钢轨爬行而将轨缝顶死造成连电。为此，除应经常检查和拧紧接头螺栓外，还应在道岔前后各50 m范围内，增加防爬设备以保持钢轨锁定。

(4)道岔内的拉杆、连接杆以及轨距拉杆等的绝缘装置应经常保持良好。

(5)施工时不得将撬棍放在绝缘接头处起道、拨道，以免损坏绝缘接头。

(6)拆装夹板或螺栓涂油时，应保持轨端连线的完好。

(7)更换岔枕及道岔时应请信号部门配合。

## 典型工作任务3　普通单开道岔的计算

### 5.3.1　轨距和水平

1. 轨距递减

目前，各城市地铁基本上采用国家铁路定型道岔，另外，根据自身轨道特点，也设计了一些特制道岔。以北京地铁为例，道岔各部轨距值，如表5.4所示。

**表5.4　单开道岔各部分轨距**　mm

| 道岔类型 | 尖轨长 | 尖轨尖端 | 尖轨跟端 | | 导曲线中　部 | 辙　叉 | |
|---|---|---|---|---|---|---|---|
| | | | 直向 | 侧向 | | 直向 | 侧向 |
| 6号(43 kg/m钢轨) | 4 000 | 1 454 | 1 439 | | 1 450 | 1 435 | 1 435 |
| 7号(43 kg/m钢轨) | 5 000 | 1 450 | 1 435 | 1 450 | 1 450 | 1 435 | 1 445 |
| 9号直尖轨(50 kg/m钢轨) | 6 250 | 1 450 | 1 439 | | 1 450 | 1 435 | 1 435 |
| 9号曲尖轨(50、60 kg/m钢轨) | 8 500 | 1 440 | 1 435 | 1 440 | 1 440 | 1 435 | 1 435 |

参考国家《铁路工务维修规则》，对地铁道岔轨距递减作如下规定：道岔轨距递减率不应大于 6‰，最好不大于 4‰，有条件时越小越好。具体如下：

(1)尖轨尖端轨距加宽部分向岔头递减，到接头处递减至 1 435 mm。

(2)尖轨尖端向尖轨跟端的递减，在尖轨全长范围内递减(除 6 号道岔)。

(3)尖轨跟端直向轨距加宽部分递减距离，向辙叉方向为 1.5 m(6 号道岔为 1.2 m)，曲尖轨道岔无此项递减。

(4)导曲线轨距加宽部分向两端递减距离：直尖轨道岔一般为“前 3 后 4” m(6 号道岔特殊为前 2 后 2.5 m，因其导曲线总长仅 11 m)。曲尖轨道岔按设计图办理。

(5)辙叉侧向轨距有加宽时，从叉后接头起 2 m 递减完。例如 7 号道岔有此项。

(6)对口道岔：两尖轨尖端距离小于 6 m，两尖端处轨距相等时不作递减，不相等时均匀递减，两尖轨尖端距离大于 6 m 时，按不大于 6‰的递减率递减，但中间应有不短于 6 m 的相等轨距段，如图 5.24 所示。

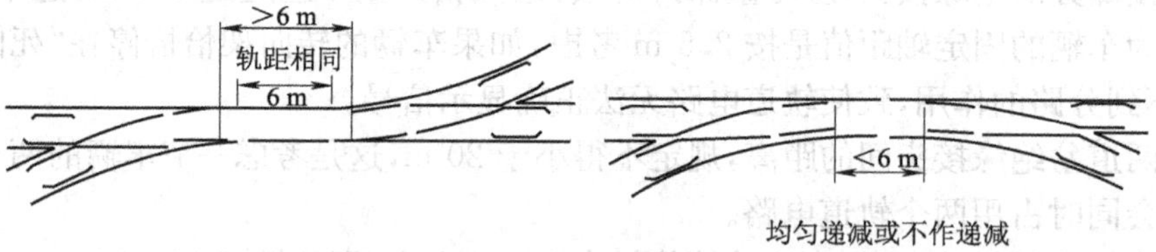


图 5.24　对口道岔两尖轨尖端轨距递减要求

(7)首尾相连的道岔：尖轨尖端轨距递减率原则上不应超过 6‰，不能按 6‰递减时，可以加大前面道岔的辙叉轨距为 1 441 mm，仍不能解决时，旧有道岔允许超过 6‰。

2. 道岔检查

道岔轨距的检查顺序一般是由岔头到岔尾，如图 5.25 所示。逐处进行检查并填写记录。

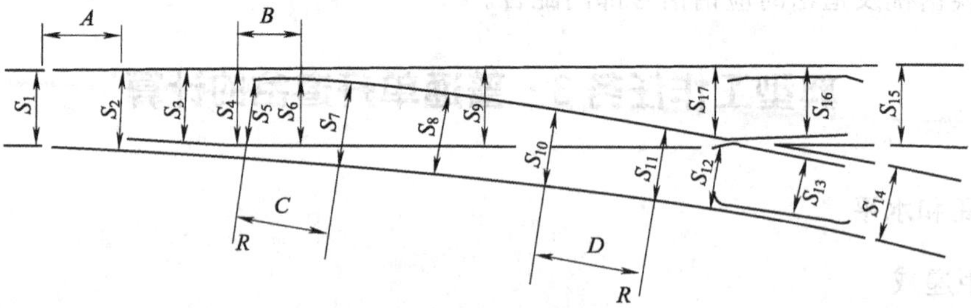


图 5.25　道岔轨距检查尺寸

在 17 处放置道尺，读取 17 项轨距值，15 项水平值及 4 项查照间隔与护背距离。计有：

(1)道岔前接头 1 处($S_1$)。

(2)尖轨前($S_2$)、尖轨中($S_3$)各 1 处，尖轨后($S_4$，$S_5$)2 处，计 4 处。

(3)导曲线前($S_7$)、导曲线中($S_8$)、导曲线后($S_{10}$)各 1 处；轨距递减距离终点($S_{11}$)一处；计 4 处。

(4)直股轨距递减终点($S_6$)一处；直股中($S_9$)一处；计 2 处。

(5)辙叉前($S_{12}$、$S_{17}$)、辙叉中($S_{13}$、$S_{16}$)，辙叉后($S_{14}$、$S_{15}$)各 2 处，计 6 处。

其中尖轨中一处因尖轨与基本轨不等高，加之尖轨轨底与滑床板间可能有缝隙。故只量轨距不量水平；另外，辙叉心轨中直、曲向只量轨距不量水平。

具体说明如下：

①一般习惯，凡遇接头应过接头 50～100 mm 放置道尺，以避免轨距递减顺坡及零件偏斜(如尖轨跟端)的影响。

②导曲线前：直线尖轨道岔在距尖轨跟端接头 6 号为 2 m、9 号为 3 m 处置道尺。对曲线尖轨道岔，因导曲线前这一点在尖轨上，而尖轨前、中、后已有测点，不必再测，故此点应移至尖轨跟端接头后 2～3 m。

③导曲线中：取导曲线前后二点的中间，此点位置不必过于精确。

④导曲线后：此点距最后一个支距点的距离(在曲股上量取)为：6 号 2.5 m；7 号 1 m；9 号直尖轨道岔 4 m；9 号曲尖轨为 3 m。若此点位置把握不准，测时宁前勿后，前则进入导曲线，数值不变；后则进入导曲线轨距加宽递减区段，测出数值无意义。

⑤尖轨中：此点位于轨距递减区段，故置尺位置应准确，轨距值应为尖轨前后二轨距值的平均值。

⑥辙叉中：点位取在心轨顶面宽 20～40 mm 一段为宜。原则上，在心轨顶面宽 50 mm 以下均可，但实际心轨尖端常有磨损或肥边，不易测准，故应稍靠后一些。而“91”、“48”值在此处一并量取。

3. 轨距的容许误差

(1)道岔轨距允许误差为＋3 mm 和－2 mm，尖轨尖端处±1 mm。水平允许误差同线路，即正线、辅助线±4 mm，车场线±6 mm 。并且不允许出现导曲线反超高。水平数值在检查轨距时一并读取，并应在记录中注明基准股。

(2)任何情况下，道岔最大轨距不得超过 1 456 mm 。

### 5.3.2　道岔各部分的槽宽及间隔

道岔中的槽宽及间隔尺寸，必须严格按规定设置，并使之经常保持在容许误差范围以内，否则将会造成道岔部件的剧烈冲击、磨损或发生行车事故。各槽宽间隔尺寸的计算原则，是在综合轮对与道岔最不利的条件下，应能保证列车安全通过道岔。

1. 尖轨跟端槽宽及跟距

(1)直线尖轨跟端槽宽 $t_{跟}$ 及尖轨跟距 $\mu$

尖轨跟端槽宽指尖轨根端非工作边至基本轨工作边的宽度，其计算条件是使具有最小内侧距和最薄轮缘的轮对通过时，轮缘背面不应挤压尖轨跟端非工作边，如图 5.26 所示。

$$t_{跟} \geqslant (S_{跟}+e+\Delta S)-(T_{min}+h_{min}) \tag{5.4}$$

式中　$S_{跟}$——尖轨跟端轨距；

$e$——在荷载作用下，轨距的弹性扩张量，$e=2$ mm；

$\Delta S$——道岔轨距容许正误差，$\Delta S=3$ mm；

$T_{min}$——轮对内侧距最小值，车辆轮对 $T_{min}=1\ 351$ mm；

$h_{min}$——轮缘厚度最小值，车辆钢轮 $h_{min}=22$ mm；

尖轨跟距 $\mu$：

$$\mu=t_{跟}+b \tag{5.5}$$

式中　$b$——尖轨跟端处钢轨头的宽度。

2) 曲线尖轨槽宽 $t_{\min}$

当列车直向过岔时，应保证在最不利条件下，即轮对一侧的车轮轮缘紧贴直股尖轨时，另一侧车轮轮缘能顺利通过而不冲击曲线尖轨的非作用边，如图 5.27 所示。则

$$t_{\min}=(S+e+\Delta S)-(T_{\min}+h_{\min}) \tag{5.6}$$

此时，曲线尖轨在其最突出处的轮缘槽，比其他任何一点的轮缘槽为小，称曲线尖轨的最小轮缘槽 $t_{\min}$，是控制曲线尖轨长度的因素之一，不宜定得过宽。为了不过分增加曲线尖轨的长度，实际采用 $t_{\min}\geqslant 68$ mm。如有必要进一步缩短曲线尖轨的长度时，根据实践经验，可将 $t_{\min}$ 减小至 65 mm 左右。

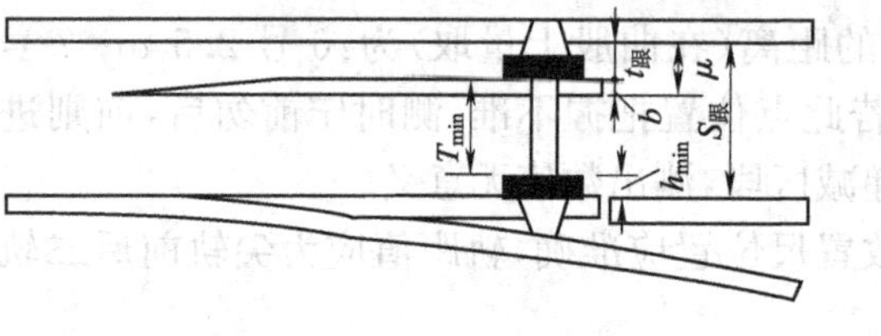


图 5.26　直尖轨跟端槽宽及跟距

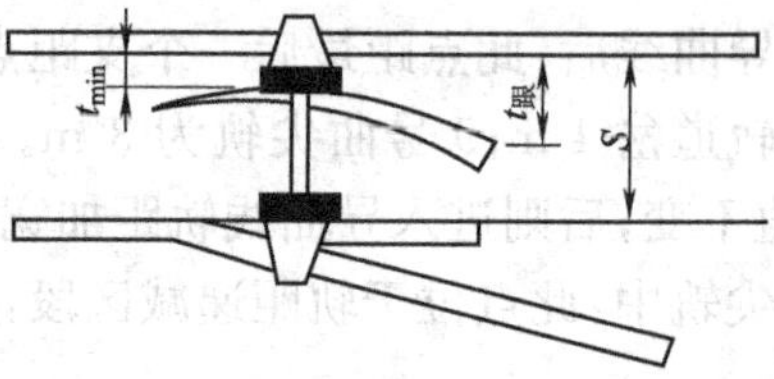


图 5.27　曲尖轨跟端槽宽

### 5.3.3　尖轨动程（摆度）

尖轨动程是指在第一连接杆（拉杆）处，尖轨与基本轨间的摆动宽度。

确定尖轨动程的尺寸原则是：使具有最小内侧距和最薄轮缘厚度的轮对，在尖轨尖端处轨距最大时，能自由通过而不推挤尖轨，如图 5.28 所示。

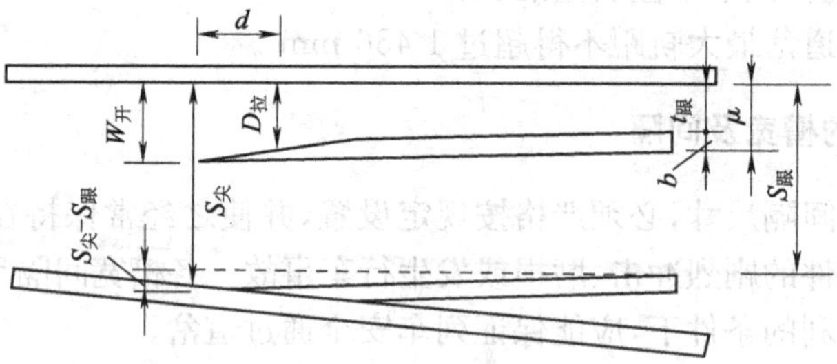


图 5.28　尖轨动程示意图

1. 直线尖轨尖端的开口宽度 $W_{开}$

由图可以看出

$$W_{开}\geqslant \mu+(S_{尖}-S_{跟}) \tag{5.7}$$

2. 直线尖轨动程 $D_{拉}$

由于动程是在拉杆处量取，拉杆至尖轨尖端的距离一般定为 380 mm，因此，拉杆处的实际动程应按下式计算：

$$D_{拉}=\frac{W_{开}(l_{尖}-d)}{l_{尖}} \tag{5.8}$$

式中　$D_{拉}$——拉杆处的动程；

$l_{尖}$——尖轨长度；

$d$——拉杆中心至尖轨尖端的距离，$d=380$ mm。

【例 5.1】 如道岔为 9、12 号单开道岔，已知：$S_{跟}=1\ 439$ mm，$\Delta S=3$ mm，$e=2$ mm，$T_{min}=1\ 351$ mm，$h_{min}=22$ mm，$b=70$ mm；求直线尖轨动程 $D_{拉}$ 为多少？

【解】 根据式(5.4)和式(5.5)得

$$t_{跟}\geqslant(1\ 439+2+3)-(1\ 351+22)=71\ \text{mm}$$

$$\mu=t_{跟}+b=71+70=141\ \text{mm}$$

地铁道岔一般采用国家铁路定型道岔，参考国家铁路标准：取 $t_{跟}\geqslant 74$ mm

$$\mu=t_{跟}+b=74+70=144\ \text{mm}$$

根据式(5.7)得

9 号道岔：　$W_{开}\geqslant 144+(1\ 450-1\ 439)=155$ mm

12 号道岔：　$W_{开}\geqslant 144+(1\ 445-1\ 439)=150$ mm

根据式(5.8)，12 号道岔的 $D_{拉}$ 为

$$D_{拉}\geqslant\frac{150\times(7\ 700-380)}{7\ 700}=142\ \text{mm}$$

为确保车轮通过尖轨尖端处的安全，尖轨在拉杆处的最小动程：直尖轨规定为 142 mm。

3. 曲尖轨动程

尖轨在拉杆处的最小动程：曲尖轨为 152 mm，AT 弹性可弯尖轨第一拉杆动程为 180 mm，第二拉杆动程为 80 mm。

旧有道岔不符合本规定者，暂准保留。

### 5.3.4 转辙角与尖轨长度

1. 直线尖轨转辙角及尖轨长度

在直线尖轨转辙器中，转辙角是指尖轨工作边与基本轨工作边的夹角 $\beta$，如图 5.29 所示。

当尖轨长度 $l_{尖}$ 尖轨跟距 $\mu$ 为已知时，则转辙角 $\beta$ 为：

$$\sin\beta=\frac{\mu}{l_{尖}}\quad \beta=\arcsin\frac{\mu}{l_{尖}}\qquad(5.9)$$

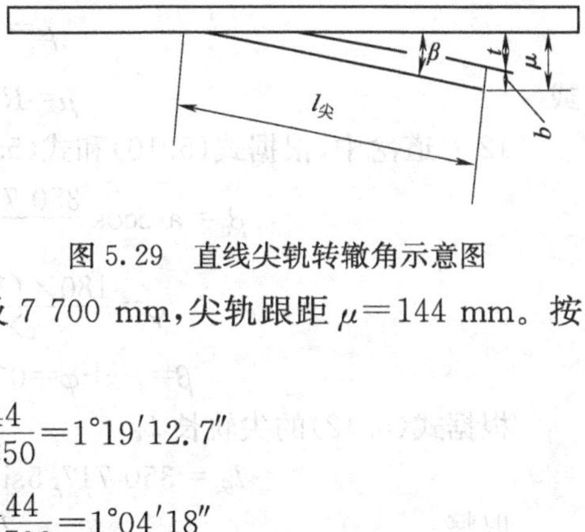

图 5.29　直线尖轨转辙角示意图

9、12 号道岔中，尖轨长度 $l_{尖}$ 分别为 6 250 mm 及 7 700 mm，尖轨跟距 $\mu=144$ mm。按式(5.9)可以求得他们的转辙角 $\beta$ 为：

9 号道岔：　$\sin\beta=\dfrac{144}{6\ 250}$　　$\beta=\arcsin\dfrac{144}{6\ 250}=1°19'12.7''$

12 号道岔：　$\sin\beta=\dfrac{144}{7\ 700}$　　$\beta=\arcsin\dfrac{144}{7\ 700}=1°04'18''$

2. 曲线尖轨转辙角与尖轨长度及跟距

如图 5.30 所示，曲线尖轨的半径一般假定与导曲线外轨半径 $R_{外}$ 相等。首先，在尖轨顶宽 $b'$(一般为 20～40 mm)处开始与基本轨相切，尖轨实际尖端至导曲线实际起点的距离为 $c$，尖轨实际尖端至导曲线理论起点的距离为 $d'$，用下式求曲线尖轨的尖端角 $\beta_0$(也叫转辙始角)。曲线尖轨跟端作用边的切线与基本轨作用边间的夹角 $\beta$ 叫转辙角。曲线尖轨长为 $l_{尖}$，尖轨跟距为 $u(y_0)$。

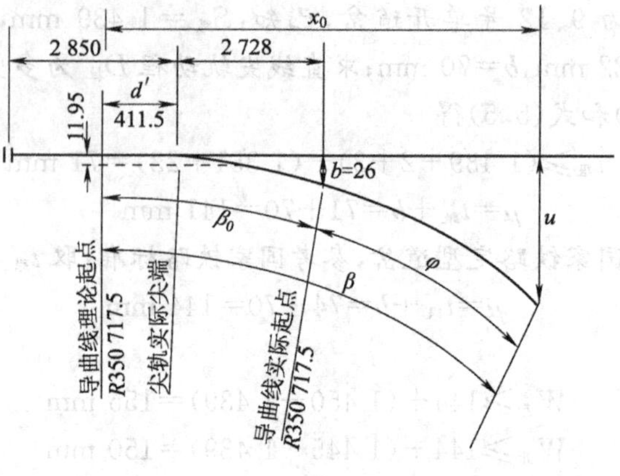


图 5.30　曲线尖轨尺寸示意图(单位:mm)

(1)转辙始角 $\beta_0$

$$\beta_0=\arccos\frac{R_{外}-(b'-11.95)}{R_{外}} \tag{5.10}$$

(2)转辙角 $\beta$

$$\beta=\beta_0+\varphi \tag{5.11}$$

其中:$\varphi=\dfrac{180(l_{尖}-c)}{\pi R_{外}}$

(3)曲线尖轨长 $l_{尖}$

$$l_{尖}=R_{外}\cdot\sin\beta-d' \tag{5.12}$$

(4)尖轨跟距 $\mu$

$$\mu=\frac{(d'+l_{尖})^2}{2R_{外}}+11.95$$

或

$$\mu=R_{外}(1-\cos\beta)+11.95 \tag{5.13}$$

12 号道岔中,根据式(5.10)和式(5.11)的转辙角 $\beta_0$

$$\beta_0=\arccos\frac{350\ 717.5-(26-11.95)}{350\ 717.5}=0°30'46''$$

$$\varphi=\frac{180\times(11\ 300-2\ 728)}{\pi\times350\ 717.5}=1°24'01''$$

$$\beta=\beta_0+\varphi=0°30'46''+1°24'01''=1°54'47''$$

根据式(5.12)的尖轨长 $l_{尖}$

$$l_{尖}=350\ 717.5\sin1°54'47''-411.5=11\ 296\text{ mm}$$

取整　$l_{尖}=11\ 300$ mm

根据式(5.13)的尖轨跟距 $\mu$

$$\mu=y_0=\frac{(411.5+11\ 300)^2}{2\times350\ 717.5}+11.95=207\text{ mm}$$

或

$$\mu=350\ 717.5(1-\cos1°54'47'')+11.95=207\text{ mm}$$

### 5.3.5　辙叉查照间隔与护背距离

查照间隔与护背距离是指辙叉与护轨相互间保持着一定距离的两个控制尺寸,如图 5.31 中的 $D_{心}$ 为查照间隔,即辙叉心轨工作边至护轨头部外测的距离,$D_{心}\geqslant1\ 391$ mm;$D_{翼}$ 为护背距离,即翼轨工作边至护轨头部外测的距离,$D_{翼}\leqslant1\ 348$ mm。

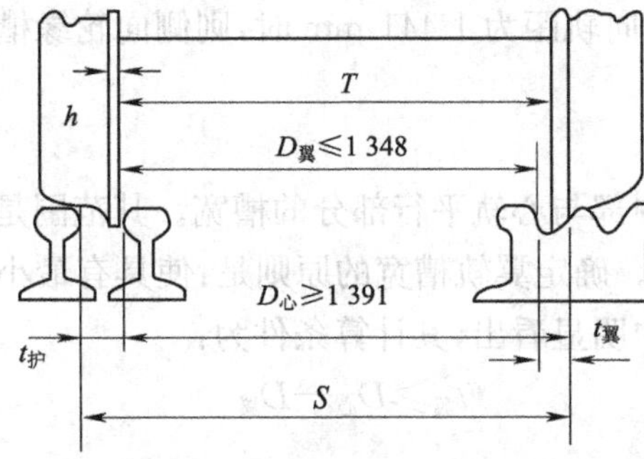


5.31 辙叉查照间隔与护背距离(单位:mm)

$D_心$ 值的计算条件是:使具有最大内侧距和最大轮缘厚度的轮对通过辙叉时,不撞击辙叉心轨尖端,即

$$D_心 \geqslant T_{max} + h_{max} = 1\ 355 + 32 = 1\ 387\ \text{mm} \tag{5.14}$$

式中 $T_{max}$—— 地铁车辆最大轮对内侧距,$T_{max}$= 1 355 mm;

$h_{max}$——地铁车辆最大轮缘厚度,$h_{max}$=32 mm。

在此参考国家铁路标准,取 $D_心 \geqslant$1 391 mm,能够满足上述要求。

$D_翼$ 值的计算条件是:使具有最小内侧距的轮对通过辙叉时,不应卡挤翼轨或护轨。即

$$D_翼 \leqslant T_{min} - \varepsilon_1 = 1\ 351 - 2 = 1\ 349\ \text{mm} \tag{5.15}$$

式中 $T_{min}$—— 地铁车辆最小轮对内侧距,$T_{min}$= 1 351 mm;

$\varepsilon_1$——车辆轮对重载时向上弯曲,使内侧距减少的数值,$\varepsilon_1$=2 mm。

在此参考国家铁路标准,取 $D_翼 \leqslant$1 348 mm,能够满足上述要求。

$D_心$ 和 $D_翼$,是保证车辆的轮对在最不利情况下,安全通过辙叉的两个重要尺寸,也是铺设和维修道岔必须严格遵守的标准。一方面要使 $D_心 \geqslant$1 391 mm,但也不能过大,否则会形成护轨槽宽过小或轨距过大的现象,使得 1 348 值反而超过限度。因此,$D_心$ 值保持在 1 391～1 394mm 之间;另一面还要使 $D_翼 \leqslant$1 348 mm,但也不能过小,否则会出现护轨槽宽过大或轨距过小的情况,使车轮轮缘通过时有撞伤辙叉尖的危险。因此,$D_翼$ 应保持在 1 346～1 348 mm之间。

$D_心$(1 391 mm)和 $D_翼$(1 348 mm)(简称 91、48)是既相互矛盾又相互制约的两个尺寸,必须经常检查并保持规定的数值,它们对确保行车安全和延长辙叉使用寿命都有重要意义。在检查辙叉中部轨距时,应同时仔细检查 91、48。道尺应放在辙叉心轨顶面宽为 30～50 mm 范围内。

### 5.3.6 护轨槽宽 $t_护$

护轨槽宽主要是指护轨平直段的槽宽。该槽宽的范围,是由辙叉咽喉至辙叉心轨顶面宽 50 mm 处相对应的一段长度。确定护轨槽宽大小的原则是:在标准轨距条件下,保证 $D_心$ 值不小于 1 391 mm,防止车轮撞伤辙叉心轨尖端,其计算条件为:

$$t_护 \leqslant S - D_心 - 2 = 1\ 435 - 1\ 391 - 2 = 42\ \text{mm} \tag{5.16}$$

式中 $t_护$——护轨平直段的槽宽;

2——护轨头部侧面预留的容许磨耗值。

护轨槽宽为 42 mm，如侧向轨距为 1 441 mm 时，则侧向轮缘槽的标准宽为 48 mm。

### 5.3.7　翼轨槽宽 $t_{翼}$

翼轨槽宽主要是指翼轨中部与心轨平行部分的槽宽。其范围是由辙叉理论尖端至心轨顶宽 50 mm 处的一段对应长度。确定翼轨槽宽的原则是：使具有最小内侧距的轮对正常通过而不挤压翼轨。从查照间隔图中明显看出，其计算条件为：

$$t_{翼} \geqslant D_{心} - D_{翼} \tag{5.17}$$

$t_{翼}$的最小值为：

$$t_{翼} \geqslant 1\,391 - 1\,348 = 43\ \text{mm}$$

$t_{翼}$的安全值为：

$$t_{翼} \geqslant 1\,394 - 1\,346 = 48\ \text{mm}$$

显然，翼轨槽宽 $t_{翼}$不能采用最小值，但过大又会使有害空间变长，加大车轮对辙叉的冲击。故规定 $t_{翼}$为 46 mm。

### 5.3.8　直线尖轨、单开道岔的主要尺寸、配轨及导曲线支距的计算

1. 道岔主要尺寸计算

无论在现场进行道岔的测定、铺设及更换或在室内进行站场设计以及绘制车站平面图时，都必须对道岔主要尺寸有清楚地了解和准确地应用。单开道岔主要尺寸图，如图 5.32 所示。图中：

$L_{全}$——道岔全长(道岔始端至道岔终端的水平投影长度)；

$L_{理}$——道岔理论长度(尖轨尖端至辙叉心轨理论尖端的水平投影长度)；

$O_D$——道岔中心(直线中心线与侧线中心线的交点)；

$a$——道岔前部实际长度(道岔始端至道岔中心的水平距离)；

$b$——道岔后部实际长度(道岔中心至道岔终端的水平距离)；

$q$——尖轨尖端前的基本轨长度；

$a_0$——道岔前部理论长度(尖轨尖端至道岔中心的水平距离)；

$b_0$——道岔后部理论长度(道岔中心至辙叉心轨理论尖端的水平距离)；

$n$——辙叉趾长(辙叉前长)；

$m$——辙叉跟长(辙叉后长)；

$l_{尖}$——尖轨长度；

$R_{外}$——导曲线外轨工作边的半径；

$K$——导曲线终点至辙叉心轨理论尖端的直线段长度；

$D$——辙叉心轨理论尖端；

$S$——标准轨距；

$O$——导曲线圆心；

$\beta$——转辙角；

$\alpha$——辙叉角；

$\delta$——轨缝宽度。

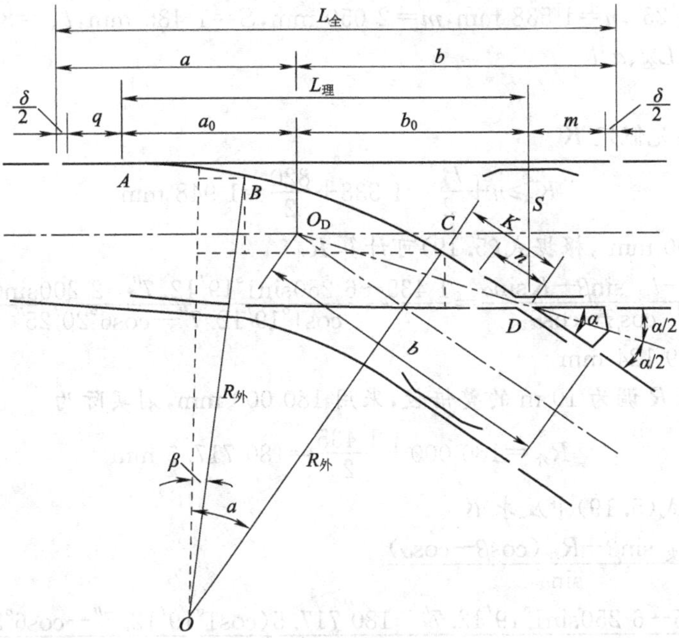


图 5.32　道岔主要尺寸

单开道岔中的主要尺寸，一般是指道岔理论长度 $L_理$；道岔全长 $L_全$；辙叉理论尖端前的直线段 $K$；导曲线半径 $R_外$ 等。这些尺寸彼此间既存在着内在的联系，又具有相互影响的几何关系。

将 ABCD 投影于水平轴上，得以下关系式：

$$l_尖\cos\beta+R_外(\sin\alpha-\sin\beta)+K\cos\alpha=L_理 \tag{5.18}$$

将 ABCD 投影于垂直轴上，得以下关系式：

$$l_尖\sin\beta+R_外(\cos\beta-\cos\alpha)+K\sin\alpha=S \tag{5.19}$$

道岔全长关系式为：

$$L_全=q+L_理+m+\delta \tag{5.20}$$

一般要求 $K$ 有 2～4 m 的长度，最短不得小于辙叉趾端 $n$ 加半块夹板长 $\frac{1}{2}l_夹$。即

$$K\geqslant n+\frac{l_夹}{2} \tag{5.21}$$

否则，辙叉趾端接头会落进导曲线内，对养护不利。

道岔前部实际长度 $a$ 及后部实际长度 $b$ 的计算，从图 5.32 中可以得出下列关系式：

$$b_0=\frac{S}{2}\cot\frac{\alpha}{2} \tag{5.22}$$

$$a_0=L_理-b_0 \tag{5.23}$$

$$b=b_0+m+\frac{\delta}{2} \tag{5.24}$$

$$a=q+a_0+\frac{\delta}{2}\text{或}a=L_全-b \tag{5.25}$$

计算方法及步骤一般先假定一个 $K$ 值，求取 $R_外$ 的值，然后取整导曲线中线半径 $R_外$，反求 $K$，最后求 $L_理$、$L_全$ 及 $b$、$a$ 值。

**【例 5.2】**　50、43 型钢轨，9 号单开道岔。已知：$l_尖=6\ 250$ mm，$\beta=1°19'12.7''$，$q=$

2 646 mm，$\alpha=6°20'25''$，$n=1\ 538$ mm，$m=2\ 050$ mm，$S=1\ 435$ mm，$l_{夹}=820$ mm，$\delta=8$ mm。求算：$K$、$R_{外}$、$L_{理}$、$L_{全}$、$a$、$b$。

**【解】**

根据式(5.21)先假定 $K$

$$K \geqslant n+\frac{l_{夹}}{2}=1\ 538+\frac{820}{2}=1\ 948\ \text{mm}$$

设定 $K=2\ 200$ mm，根据式(5.19)可计算 $R_{外}$

$$R_{外}=\frac{S-l_{尖}\sin\beta-K\sin\alpha}{\cos\beta-\cos\alpha}=\frac{1\ 435-6\ 250\sin1°19'12.7''-2\ 200\sin6°20'25''}{\cos1°19'12.7''-\cos6°20'25''}$$
$$=179\ 124\ \text{mm}$$

将导曲线半径 $R$ 调为 10 m 的整倍数，采用 180 000 mm，则实际为

$$R_{外}=180\ 000+\frac{1\ 435}{2}=180\ 717.5\ \text{mm}$$

将 $R_{外}$ 值代入式(5.19)中反求 $K$

$$K=\frac{S-l_{尖}\sin\beta-R_{外}(\cos\beta-\cos\alpha)}{\sin\alpha}$$
$$=\frac{1\ 435-6\ 250\sin1°19'12.7''-180\ 717.5(\cos1°19'12.7''-\cos6°20'25'')}{\sin6°20'25''}$$
$$=2\ 115\ \text{mm}$$

将 $R_{外}$ 及 $K$ 值代入式(5.18)中，计算 $L_{理}$

$$L_{理}=l_{尖}\cos\beta+R_{外}(\sin\alpha-\sin\beta)+K\cos\alpha$$
$$=6\ 250\cos1°19'12.7''+180\ 717.5(\sin6°20'25''-\sin1°19'12.7'')+2\ 115\cos6°20'25''$$
$$=24\ 144\ \text{mm}$$

根据式(5.20)计算 $L_{全}$

$$L_{全}=q+L_{理}+m+\delta=2\ 646+24\ 144+2\ 050+8=28\ 848\ \text{mm}$$

道岔中线尺寸

$$b_0=\frac{S}{2}\cot\frac{\alpha}{2}=\frac{1\ 435}{2}\cot\frac{6°20'25''}{2}=12\ 955\ \text{mm}$$

$$b=b_0+m+\frac{\delta}{2}=12\ 955+2\ 050+\frac{8}{2}=15\ 009\ \text{mm}$$

$$a_0=L_{理}-b_0=24\ 144-12\ 955=11\ 189\ \text{mm}$$

$$a=L_{全}-b=28\ 848-15\ 009=13\ 839\ \text{mm}$$

我国地铁的常用单开道岔主要尺寸见表 5.5 所示。

**表 5.5　常用单开道岔主要尺寸表**

mm

| 道岔号码 $N$ | 7 | 9 | 12 |
|---|---|---|---|
| 钢轨类型(kg/m) | 43 | 43、50(AT) | 43、50(50、60AT) |
| 转辙角 $\beta$ | 1°21′09″.64 | 1°19′12.7″(1°21′56″) | 1°04′18″(4°54′47″) |
| 辙叉角 $\alpha$ | 8°07′48″ | 6°20′25″ | 4°45′49″ |
| 道岔全长 $L_{全}$ | 22 967 | 28 848 | 36 815(37 907) |
| 道岔前部实际长度 $a$(mm) | 10 897 | 13 839 | 16 853 |
| 道岔后部实际长度 $b$(mm) | 12 070 | 15 009 | 19 962(21 054) |
| 导曲线半径 $R$(mm) | 150 | 180 000 | 330 000(350 000) |
| 道岔前部理论长度 $a_0$(mm) | 8 651 | 11 189 | 14 203 |
| 道岔后部理论长度 $b_0$(mm) | 10 092 | 12 955 | 17 250 |

续上表

| 道岔号码 $N$ | 7 | 9 | 12 |
|---|---|---|---|
| 尖轨长度 $l_{尖}$(mm) | 5 000 | 6 250(6 450) | 7 700(11 300) |
| 尖轨尖端前基本轨长度 $q$(mm) | 2 242 | 2 646(2 058) | 2 646 |
| 辙叉前直线段 $K$(mm) | 1 282 | 2 115(2 058) | 2 483(2 548) |
| 辙叉趾长 $n$(mm) | 1 065 | 1 538 | 1 849(2 127) |
| 辙叉根长 $m$(mm) | 1 974 | 2 050 | 2 708(3 800) |
| 护轨长度 $t_{护}$ | 3 100 | 3 900(3 600) | 4 500(4 600) |
| 辙叉前开口 | 152 | 170 | 154(177) |
| 辙叉后开口 | 282 | 227 | 225(316) |

### 5.3.9　配轨计算

根据道岔全长不是标准钢轨长度的倍数，以及尖轨、辙叉的构造特点，在道岔中除铺设一定数量的标准长度的钢轨外，还需要配置一定数量的短轨，这些短轨的长度及根数，应根据道岔号数、道岔长度及构造特点等条件经计算确定。

配轨时，要遵循以下原则：

(1)道岔上与左右基本轨连接的配轨长度，应尽可能一致，以减少备件数量，并有利于左右开道岔的互换。

(2)连接部分的钢轨不宜过短，小号码道岔一般不小于 4.5 m，大号码道岔不小于6.25 m。

(3)配轨时，应保证接头对接，并尽量使岔枕布置不发生困难，同时要考虑安装轨道电路绝缘接头的可能性。

(4)要充分利用整轨、缩短轨、整轨的整分数，做到少锯切，少废弃，选用钢轨利用率最高的方案。图 5.33 为一组单开道岔钢轨配置图。

基本轨一般是标准长度的钢轨，也有整轨的整分数钢轨，并以 $l_{基}$ 表示基本轨的长度。道岔内其余部位的钢轨长度分别以 $l_1$、$l_2$、$l_3$、$l_4$…表示。

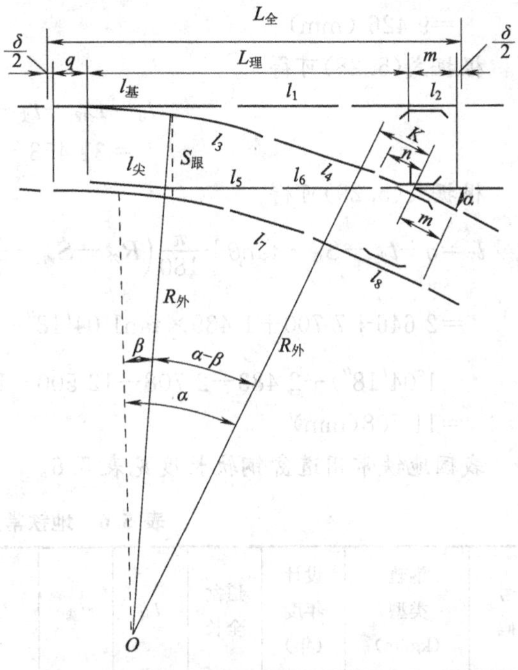

图 5.33　道岔配轨示意图

根据图示可以看出：

$$l_{基}+l_1+l_2+3\delta=L_{全} \tag{5.26}$$

$$l_3+l_4+n+3\delta=\frac{\pi}{180}\left(R_{外}+\frac{b}{2}\right)(\alpha-\beta)+K \tag{5.27}$$

$$l_{尖}+l_5+l_6+n+3\delta=L_{理} \tag{5.28}$$

$$l_{基}+l_7+l_8+2\delta=q+l_{尖}-S_{跟}\cdot\tan\beta+\frac{\pi}{180}\cdot\left(R_{外}-S_{曲}-\frac{b}{2}\right)(\alpha-\beta)+K+m \tag{5.29}$$

式中　$b$ 为钢轨顶面宽度；$S_{跟}$ 为尖轨跟端处轨距；$S_{曲}$ 为导曲线中部轨距；$\delta$ 为轨缝宽度(尖轨跟端及辙叉趾端处轨缝，按 6 mm 计；其余皆按 8 mm 计)。

上列 4 个公式中，等式右边为已知数，等式左边 $l_{基}$、$l_{尖}$、$n$ 及 $\delta$ 也为已知数，每个公式中仅剩两根钢轨长度为未知数，如先假定其中一根钢轨长度为定值，则另一根的长度便可立即算出。

**【例 5.3】** 50、43 型钢轨，12 号单开道岔。已知：$L_{全}=36\ 815$ mm，$L_{理}=31\ 453$ mm，$R_{外}=330\ 717.5$ mm，$K=2\ 483$ mm，$q=2\ 646$ mm，$l_{尖}=7\ 700$ mm，$l_{基}=12\ 500$ mm，$S_{跟}=1\ 439$ mm，$S_{曲}=1\ 445$ mm，$\alpha=4°45'49''$，$\beta=1°04'18''$，$n=1\ 849$ mm，$m=2\ 708$ mm，$b=70$ mm，$\delta=8$ mm，$\delta'=6$ mm。设 $l_2=l_8$，$l_3=l_5$ 皆为标准轨长 12 500 mm。求算：配轨 $l_1$、$l_4$、$l_6$、$l_7$ 的长度。

**【解】**

根据式(5.26)可得

$$l_1=L_{全}-l_{基}-l_2-3\delta=36\ 815-12\ 500-12\ 500-3\times8=11\ 791\ (\text{mm})$$

根据式(5.27)可得

$$l_4=\frac{\pi}{180}\left(R_{外}+\frac{b}{2}\right)(\alpha-\beta)+K-l_3-n-\delta-2\delta'$$

$$=\frac{\pi}{180}(330\ 717.5+35)(4°45'49''-1°04'18'')+2\ 483-12\ 500-1\ 849-8-2\times6$$

$$=9\ 426\ (\text{mm})$$

根据式(5.28)可得

$$l_6=L_{理}-l_{尖}-l_5-n-\delta-2\delta'$$

$$=31\ 453-7\ 700-12\ 500-1\ 846-8-2\times6=9\ 385(\text{mm})$$

根据式(5.29)可得

$$l_7=q+l_{尖}-S_{跟}\cdot\tan\beta+\frac{\pi}{180}\left(R_{外}-S_{曲}-\frac{b}{2}\right)(\alpha-\beta)+K+m-l_{基}-l_8-2\delta$$

$$=2\ 646+7\ 700+1\ 439\times\tan1°04'18''+\frac{\pi}{180}(330\ 717.5-1\ 445-35)(4°45'49''-1°04'18'')+2\ 483-2\ 708-12\ 500-12\ 500-2\times8$$

$$=11\ 708(\text{mm})$$

我国地铁常用道岔钢轨长度见表 5.6。

**表 5.6　地铁常用道岔钢轨长度表**　　mm

| 号码 | 钢轨类型(kg/m) | 设计年度(年) | 道岔全长 | $l_{尖}$ | $l_{基}$ | $l_1$ | $l_2$ | $l_3$ | $l_4$ | $l_5$ | $l_6$ | $l_7$ | $l_8$ |
|---|---|---|---|---|---|---|---|---|---|---|---|---|---|
| 7 | 43 | 1969 | 22 967 | 5 000 | 12 500 | 10 451 | | 6 250 | 6 486 | 6 250 | 6 416 | 10 311 | |
| 9 | 60 | 1984 | 29 569 | 6 450 | 11 200 | 18 353 | | 6 392 | 9 800 | 16 144 | | 5 735 | 12 500 |
| | 50 | 1988 | 28 848 | 6 450 | 11 200 | 5 845 | 11 779 | 6 343 | 9 849 | 6 336 | 9 800 | 5 854 | 11 661 |
| | 50、43 | 1975 | 28 848 | 6 250 | 12 500 | 5 324 | 11 000 | 6 894 | 9 500 | 6 838 | 9 500 | 5 216 | 1 100 |
| 12 | 75　60 | 1986 | 37 907 | 11 300 | 15 700 | 22 191 | | 17 854 | | 17 812 | | 22 112 | |
| | 60 | 1989 | 36 815 | 11 300 | 15 700 | 21 009 | | 17 854 | | 17 812 | | 21 020 | |
| | 50 | 1988 | 36 815 | 7 700 | 12 500 | 12 500 | 1 1791 | 12 511 | 9 414 | 12 500 | 9 383 | 12 513 | 11 695 |
| | P50<br>P44.6 | 1975 | 36 815 | 7 700 | 12 500 | 1 1791 | 12 500 | 12 500 | 9 426 | 12 500 | 9 385 | 11 708 | 12 500 |

### 5.3.10　导曲线支距计算

道岔中的导曲线因其半径较小、长度甚短，在铺设和更换养护道岔时，尤其注意保持导曲线位置的正确、方向圆顺，使列车安全平顺地通过。其位置、圆顺度一般按支距设置和进行检查。计算导曲线支距有各种不同的方法，下面只介绍函数计算支距的方法。

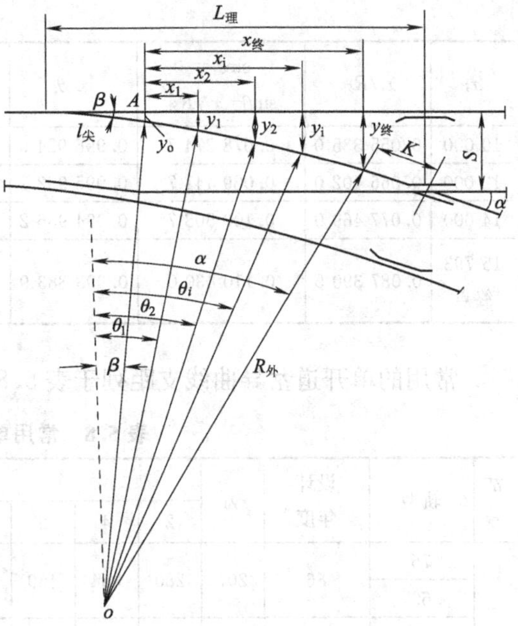

图 5.34　道岔各点支距示意图

以直股基本轨工作边上正对尖轨跟端的 A 点为坐标原点，横坐标（横距）$x$ 每隔 2 m 设置一点，计算相应的纵坐标（支距）$y$，如图 5.34 所示。

支距的函数计算法

导曲线起点：

$$x_0=0,\ y_0=\mu \text{ 或 } y_0=l_{尖}\sin\beta \qquad (5.30)$$

导曲线中间各点：

$$\left.\begin{aligned} &x_1=2\ \text{m 时},\ y_1=y_0+R_{外}(\cos\beta-\cos\theta_1)\\ &x_2=4\ \text{m 时},\ y_2=y_0+R_{外}(\cos\beta-\cos\theta_2)\\ &\qquad\vdots\\ &x_i=2i\ \text{m 时},\ y_i=y_0+R_{外}(\cos\beta-\cos\theta_i)\end{aligned}\right\} \qquad (5.31)$$

其中 $\theta_i$ 的数值，可由下式计算：

$$\sin\theta_i=\sin\beta+\frac{x_i}{R_{外}}$$

导曲线终点

$$\left.\begin{aligned} &x_{终}=R_{外}(\sin\alpha-\sin\beta)\\ &y_{终}=y_0+R_{外}(\cos\beta-\cos\alpha)\\ &\text{或 } y_{终}=S-K\sin\alpha\end{aligned}\right\} \qquad (5.32)$$

**【例 5.4】**　50 型钢轨，9 号单开道岔。已知：$l_{尖}=6\ 250$ mm，$y_0=\mu=144$ mm，$k=2\ 115$ mm，$R_{外}=180\ 717.5$ mm，$\beta=1°19'12.7''$，$\alpha=6°20'25''$。求算：导曲线各点支距。

**【解】**　$x_{终}=R_{外}(\sin\alpha-\sin\beta)=180\ 717.5\times(\sin6°20'25''-\sin1°19'12.7'')$

$=15\ 793$ mm

其导曲线各点支距的计算见表 5.7。

**表 5.7　9 号道岔导曲线支距计算表**　　mm

| $x_i$ | $x_i/R_{外}$ | $\sin\theta_i=\sin\beta+x_i/R_{外}$ | $\cos\theta_i$ | $\cos\beta-\cos\theta_i$ | $R_{外}(\cos\beta-\cos\theta_i)$ | $y_0$ | $y_i=y_0+R_{外}(\cos\beta-\cos\theta_i)$ |
|---|---|---|---|---|---|---|---|
| 起点 | 0 | 0.023 039 7 | 0.999 734 6 | 0 | 0 | 144 | 144 |
| 2 000 | 0.011 067 0 | 0.034 106 7 | 0.999 418 2 | 0.000 316 4 | 57 | 144 | 201 |
| 4 000 | 0.022 134 0 | 0.045 173 7 | 0.998 979 1 | 0.000 755 5 | 137 | 144 | 281 |
| 6 000 | 0.033 200 1 | 0.056 239 8 | 0.998 417 3 | 0.001 317 3 | 238 | 144 | 382 |
| 8 000 | 0.044 268 0 | 0.067 307 7 | 0.997 732 3 | 0.002 002 3 | 362 | 144 | 506 |

续上表

| $x_i$ | $x_i/R_{外}$ | $\sin\theta_i=\sin\beta+x_i/R_{外}$ | $\cos\theta_i$ | $\cos\beta-\cos\theta_i$ | $R_{外}(\cos\beta-\cos\theta_i)$ | $y_0$ | $y_i=y_0+R_{外}(\cos\beta-\cos\theta_i)$ |
|---|---|---|---|---|---|---|---|
| 10 000 | 0.055 335 0 | 0.078 374 7 | 0.996 924 0 | 0.002 810 6 | 508 | 144 | 652 |
| 12 000 | 0.066 402 0 | 0.089 441 7 | 0.995 992 1 | 0.003 742 5 | 676 | 144 | 820 |
| 14 000 | 0.077 469 0 | 0.100 508 7 | 0.994 936 2 | 0.004 798 4 | 867 | 144 | 1 011 |
| 15 793 终点 | 0.087 390 5 | 0.110 430 0 | 0.993 883 9 | 0.005 850 7 | 1 057 | 144 | 1 201 |

常用的单开道岔导曲线支距列于表 5.8 中。

**表 5.8　常用单开道岔导曲线支距表**　　mm

| 岔号 | 轨型 | 设计年度 | $y_0$ | 导曲线横距(m) | | | | | | | | | | $x_{终}$ | $y_{终}$ |
|---|---|---|---|---|---|---|---|---|---|---|---|---|---|---|---|
| | | | | 2 | 4 | 6 | 8 | 10 | 12 | 14 | 16 | 18 | 20 | | |
| 12 | 75 | 86 | 207 | 280 | 364 | 459 | 566 | 685 | 814 | 956 | 1 108 | | | 17 416 | 1 233 |
| | 60 | | | | | | | | | | | | | | |
| | 50 | 88 | 144 | 187 | 243 | 311 | 390 | 482 | 587 | 703 | 831 | 972 | 1 124 | 21 280 | 1 229 |
| | 60、50 | 81、75 | 144 | 188 | 243 | 311 | 391 | 483 | 587 | 703 | 831 | 972 | 1 124 | 21 280 | 1 229 |
| | 43、38 | 62、57 | | | | | | | | | | | | | |
| 9 | 50 | 88 | 154 | 212 | 293 | 397 | 522 | 670 | 840 | 1 032 | | | | 15 650 | 1 208 |
| | 50 | 75 | 144 | 201 | 281 | 382 | 506 | 652 | 820 | 1 011 | | | | 15 793 | 1 201 |
| | 43 | 62 | | | | | | | | | | | | | |
| | 38 | 57 | | | | | | | | | | | | | |
| 7 | 43 | 69 | 156 | 262 | 394 | 553 | 739 | 952 | | | | | | 12 484 | 1 254 |

导曲线支距允许误差为±2 mm；导曲线正矢用 5 m 弦测量时，连续正矢差不超过 2 mm，最大、最小正矢差不超过 3 mm。

### 5.3.11　曲线尖轨、单开道岔的主要尺寸、配轨及导曲线支距的计算

1. 道岔主要尺寸的计算

60、50 型曲线尖轨，12 号单开道岔主要尺寸的计算，如图(5.35)、式(5.33)～式(5.39)所示。道岔主要尺寸的计算公式为：

$$K=\frac{S-11.95-R_{外}(1-\cos\alpha)}{\sin\alpha} \tag{5.33}$$

$$L_{理}=R_{外}\sin\alpha+K\cos\alpha-d' \tag{5.34}$$

$$b_0=\frac{S}{2}\cot\frac{\alpha}{2} \tag{5.35}$$

$$a_0=L_{理}-b_0 \tag{5.36}$$

$$b=b_0+m+\frac{\delta}{2} \tag{5.37}$$

$$a=a_0+q+\frac{\delta}{2} \tag{5.38}$$

$$L_{全}=a+b \tag{5.39}$$

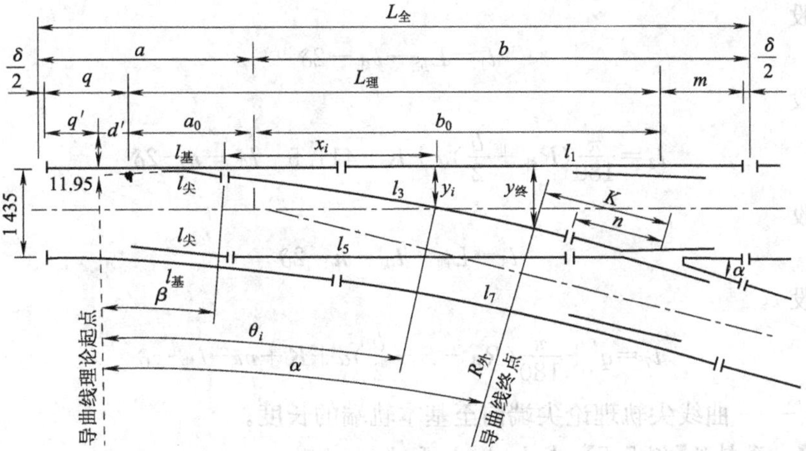


图 5.35　曲线尖轨主要尺寸示意图

**【例 5.5】**　12 号曲线尖轨、直线辙叉单开道岔。已知：$l_{尖}=11\ 300$ mm，$\beta=1°54'47''$，$\alpha=4°45'49''$，$n=2\ 127$ mm，$m=3\ 800$ mm，$S=1\ 435$ mm，$\delta=8$ mm，$q=2\ 846$ mm，$R_{外}=350\ 717.5$mm。求算：$L_{全}$、$L_{理}$ $K$、$a$、$b$。

**【解】**　根据式(5.33)计算 $K$

$$K=\frac{S-11.95-R_{外}(1-\cos\alpha)}{\sin\alpha}=\frac{1\ 435-11.95-350\ 717.5\times(1-\cos4°45'49'')}{\sin4°45'49''}$$

$$=2\ 548 \text{ mm}$$

(1)根据式(5.34)计算 $L_{理}$：

$$L_{理}=R_{外}\sin\alpha+K\cos\alpha-d'=350\ 717.5\sin4°45'49''+2\ 548\cos4°45'49''-411.5=31\ 253 \text{ mm}$$

(2)根据式(5.35)、式(5.36)计算 $b_0$、$a_0$：

$$b_0=\frac{S}{2}\cot\frac{\alpha}{2}=\frac{1\ 435}{2}\cdot\cot\frac{4°15'49''}{2}=17\ 250 \text{ mm}$$

$$a_0=L_{理}-b_0=31\ 253-17\ 250=14\ 003 \text{ mm}$$

(3)根据式(5.37)、式(5.38)计算 $b$、$a$：

$$b=b_0+m+\frac{\delta}{2}=17\ 250+3\ 800+4=21\ 054 \text{ mm}$$

$$a=a_0+q+\frac{\delta}{2}=14\ 003+2\ 846+4=16\ 853 \text{ mm}$$

(4)根据式(5.39)计算 $L_{全}$：

$$L_{全}=a+b=16\ 853+21\ 054=37\ 907 \text{ mm}$$

(5)根据式(5.37)计算 $b$：

由拼装式高锰钢辙叉跟长 $m=2\ 708$ mm，得

$$b=b_0+m+\frac{\delta}{2}=17\ 250+2\ 708+4=19\ 962 \text{ mm}$$

根据式(5.39)计算 $L_{全}$

$$L_{全}=a+b=16\ 853+19\ 962=36\ 815 \text{ mm}$$

2. 配轨计算

曲线尖轨、直线辙叉单开道岔的配轨计算公式：

1)直上股

$$l_1=L_{全}-l_{基}-2\delta \tag{5.40}$$

2)曲上股

$$l_3=\frac{\pi}{180}(R_{外}+\frac{b}{2})a+K-411.5-l_{尖}-n-2\delta \tag{5.41}$$

3)直下股

$$l_5=L_{理}-l_{尖}-n-2\delta \tag{5.42}$$

4)曲下股

$$l_7=q'+\frac{\pi}{180}(R_{外}-S-\frac{b}{2})a+K+m-l_{基}-\delta \tag{5.43}$$

式中　$q'$—— 曲线尖轨理论尖端前至基本轨端的长度。

**【例 5.6】** 资料见【例 5.5】,求 $l_1$、$l_3$、$l_5$ 和 $l_7$。

**【解】**

(1)根据式(5.40)计算直上股 $l_1$:

$$l_1=L_{全}-l_{基}-2\delta=37\ 907-15\ 700-2\times 8=22\ 191\ \text{mm}$$

(2)根据式(5.41)计算曲上股 $l_3$:

$$l_3=\frac{\pi}{180}(R_{外}+\frac{b}{2})a+K-411.5-l_{尖}-n-2\delta$$

$$=\frac{\pi}{180}(350\ 717.5+\frac{73}{2})\times(4°45'49'')+2\ 548-411.5-11\ 300-2\ 127-2\times 8$$

$$=17\ 855\ \text{mm}$$

(3)根据式(5.42)计算直下股 $l_5$:

$$l_5=L_{理}-l_{尖}-n-2\delta=31\ 253-11\ 300-2\ 127-2\times 8=17\ 810\ \text{mm}$$

(4)根据式(5.43)计算曲下股 $l_7$:

$$l_7=q'+\frac{\pi}{180}(R_{外}-S-\frac{b}{2})a+K+m-l_{基}-\delta$$

$$=2\ 434.5+\frac{\pi}{180}(350\ 717.5-1\ 435-\frac{73}{2})\times(4°45'49'')+2\ 548+3\ 800-15\ 700-8$$

$$=22\ 111\ \text{mm}$$

3. 导曲线支距计算

曲线尖轨 12 号单开道岔导曲线各点支距计算公式:

导曲线起点:

$$x_0=0,y_0=\mu=\frac{(d'+l_{尖})^2}{2R_{外}}+11.95 \tag{5.44}$$

中间各点:

$$\left.\begin{aligned}
&x_1=2\text{ m时},y_1=\frac{(d'+l_{尖}+2\ 000)^2}{2R_{外}}+11.95\\
&x_2=4\text{ m时},y_2=\frac{(d'+l_{尖}+4\ 000)^2}{2R_{外}}+11.95\\
&\vdots\\
&x_i=2i\text{ m时},y_i=\frac{(d'+l_{尖}+x_i)^2}{2R_{外}}+11.95
\end{aligned}\right\} \tag{5.45}$$

导曲线终点

$$\left.\begin{aligned} x_{终} &= R_{外}(\sin\alpha - \sin\beta) \\ y_{终} &= \frac{(d' + l_{尖} + x_{终})^2}{2R_{外}} + 11.95 \\ \text{或 } y_{终} &= R_{外}(1-\cos\alpha) + 11.95 \end{aligned}\right\} \tag{5.46}$$

用以上方法计算导曲线的支距，存在着一定的误差，对采用曲线尖轨的12号单开道岔，有必要采用如下精确的方法计算：

导曲线起点

$$x_0 = 0, y_0 = R_{外}(1-\cos\beta) + 11.95$$

导曲线中间各点

$$\left.\begin{aligned} & x_1 = 2\ \text{m 时}, y_1 = y_0 + R_{外}(\cos\beta - \cos\theta_1) \\ & x_2 = 4\ \text{m 时}, y_2 = y_0 + R_{外}(\cos\beta - \cos\theta_2) \\ & \vdots \\ & x_i = 2i\ \text{m 时}, y_i = y_0 + R_{外}(\cos\beta - \cos\theta_i) \end{aligned}\right\} \tag{5.47}$$

其中 $\theta_i$ 的数值，可由下式计算：

$$\sin\theta_i = \sin\beta + \frac{x_i}{R_{外}} \tag{5.48}$$

导曲线终点

$$\left.\begin{aligned} x_{终} &= R_{外}(\sin\alpha - \sin\beta) \\ y_{终} &= S - K\sin\alpha \\ \text{或 } y_{终} &= R_{外}(1-\cos\alpha) + 11.95 \end{aligned}\right\} \tag{5.49}$$

**【例5.7】** 资料见【例5.5】。已知：$\beta=1°54'47''$，$\alpha=4°45'49''$，$y_0=\mu=207$ mm，$x_{终}=R_{外}(\sin\alpha-\sin\beta)=350\ 717.5(\sin4°45'49''-\sin1°54'47'')=17\ 417$ mm，$y_{终}=S-K\sin\alpha=1\ 435-2\ 548\sin4°45'49''=1\ 223$ mm。求其导曲线各点支距。

**【解】**

其导曲线各点支距的计算见表5.9。

**表5.9 曲线尖轨12号单开道岔导曲线支距计算表** mm

| $x_i$ | $x_i/R_{外}$ | $\sin\theta_i=\sin\beta+x_i/R_{外}$ | $\cos\theta_i$ | $\cos\beta-\cos\theta_i$ | $R_{外}(\cos\beta-\cos\theta_i)$ | $y_0$ | $y_i=y_0+R_{外}(\cos\beta-\cos\theta_i)$ |
|---|---|---|---|---|---|---|---|
| 起点 | 0 | 0.033 382 9 | 0.999 442 6 | 0 | 0 | 207 | 207 |
| 2 000 | 0.005 702 6 | 0.039 087 5 | 0.999 235 6 | 0.000 206 8 | 73 | 207 | 280 |
| 4 000 | 0.011 405 2 | 0.044 788 1 | 0.998 996 5 | 0.000 446 1 | 157 | 207 | 364 |
| 6 000 | 0.017 107 8 | 0.050 490 7 | 0.998 724 5 | 0.000 718 1 | 252 | 207 | 459 |
| 8 000 | 0.022 810 4 | 0.056 193 3 | 0.998 419 9 | 0.001 022 7 | 359 | 207 | 566 |
| 10 000 | 0.028 513 0 | 0.061 895 9 | 0.998 082 6 | 0.001 360 0 | 477 | 207 | 684 |
| 12 000 | 0.034 215 6 | 0.067 598 5 | 0.997 712 6 | 0.001 730 0 | 607 | 207 | 814 |
| 14 000 | 0.039 918 2 | 0.073 301 1 | 0.997 309 9 | 0.002 132 8 | 748 | 207 | 955 |
| 16 000 | 0.045 620 8 | 0.079 003 7 | 0.996 874 3 | 0.002 568 3 | 901 | 207 | 1 108 |
| 17 417 终点 | 0.049 661 1 | 0.083 044 0 | 0.996 545 9 | 0.002 896 7 | 1 016 | 207 | 1 223 |

### 5.3.12 岔枕布置与总布置图

1. 岔枕间距的计算

1)岔枕间距的确定原则

(1)岔枕间距的计算，在转辙器部分按直线上股计量，连接部分及扭转过渡部分按直线下股计量，辙叉及岔后部分按辙叉角平分线方向计算。

(2)岔枕间距应尽量一致，以保持道岔基础有均匀的刚性。间距值不宜过大或过小，否则会使钢轨受力恶化产生病害或影响捣固作业。如遇过大、过小间距无法调整时，可采取调换钢轨位置或变更配轨长度等办法解决。

(3)岔枕间距的布置应考虑现场施工方便和设计计算工作的简化，并遵守道岔某些部件的位置、接头错开距离以及间距尺寸(尖轨尖端、辙叉心轨尖端、绝缘接头位置及拉杆处等)的特殊要求。

(4)转辙器及辙叉范围内的间距，应较区间轨枕间距平均值小 5%～10%左右，并取为 5 mm的倍数。个别间距可采用最大值或最小值，但不宜连续使用。最大间距值不应超过650 mm，最小值一般不小于520 mm(人工捣固)。

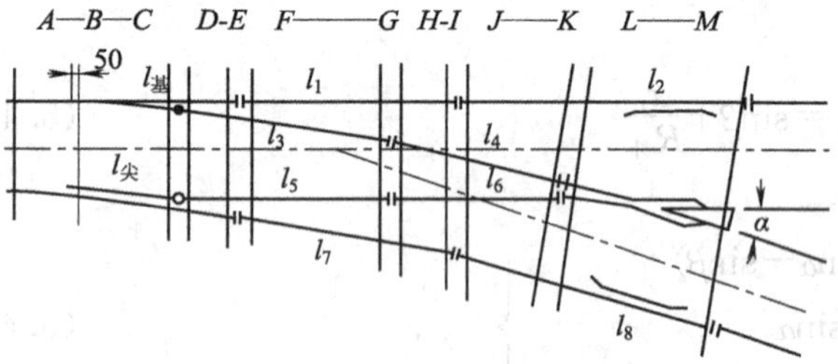


图 5.36 岔枕间距示意图

2)岔枕间距计算

在配轨计算的基础上，根据上述各项原则，可按图 5.36 所示的 $A—B$、$B—C$、$D—E$、$F—G$、$H—I$、$J—K$、$L—M$ 各段长度进行间距计算及排列，最后经检算配出合理的岔枕间距。

2. 岔枕长度计算

1)岔枕长度计算的原则

(1)岔枕端头伸出钢轨工作边的长度 $M'$，应与区间轨道基本一致。即

$$M'=\frac{2\,500-1\,435}{2}=532.5\text{ mm。}$$

(2)尖轨尖端前 $q$ 的长度内，仍为两股轨线，可采用长度为 2.50 m 的普通轨枕。

(3)尖轨、导曲线及辙叉范围内的岔枕长度各不相同。为简化长度级别，宜集中相邻几根长度相近者为一组取用一个长度，但误差不应超过标准进级的二分之一，即木岔枕±100 mm；混凝土岔枕±50 mm。

(4)木岔枕标准长度为 2.60～4.80 m(按 20 cm 进级)，共 12 级。当岔枕长度超过 4.80 m 时，可以交错方式改铺普通木枕或以普通木枕拼接。混凝土岔枕标准长度为2.60～4.90 m(按 10 cm 进级)，共 24 级。当岔枕长度超过 4.90 m 时，可以改铺长度为 2.4m 混凝土岔枕。

2)岔枕长度的计算方法

(1)数解法：根据每根岔枕所在的位置，利用公式计算，并确定其长度，如图 5.37 所示。尖轨部分的岔枕长度为：

$$l=2\,500+y=2\,500+x\tan\beta$$

连接部分的岔枕长度为：

$$l=2\ 500+y'+y''=2\ 500+x'\tan\beta+\frac{(x'-l_{尖}\cos\beta)^2}{2R_{外}} \tag{5.50}$$

辙叉护轨部分的岔枕长度为：

$$l=2\left[\frac{M'+S}{\cos\frac{\alpha}{2}}\pm x'_k\tan\frac{\alpha}{2}\right] \tag{5.51}$$

式中 $l$——岔枕计算长度；

$x'$——各岔枕中心距尖轨尖端之距离；

$x'_k$——各岔枕中心与辙叉理论中心之间的距离(在辙叉角平分线方向上)。

上式中，岔枕在辙叉理论中心之前用(－)号；之后用(＋)号。

(2)图解法：在道岔总布置图上，以图解方法确定各部分的岔枕长度。此法是按规定的比例尺将道岔主要尺寸、配轨长度、岔枕间距等绘于图上(按钢轨工作边绘制)，并在直、侧股钢轨外侧绘出保持M距离的并行虚线所截的长度，即是该岔枕的长度。最后将相邻若干根长度相近的各纳入标准级长度。要注意大于和小于标准级长的误差，不使其超过级差值之半。

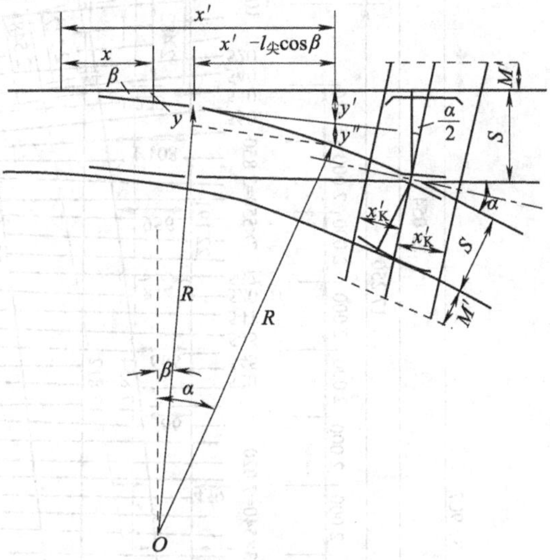

图 5.37 岔枕长度分布示意图

3. 总布置图

总布置图是进行道岔施工和检查道岔的主要技术依据。在图中应绘出并标注下列内容：

(1)道岔全长 $L_{全}$，道岔前部实际长度 $a$，道岔后部实际长度 $b$，道岔前部理论长度 $a_0$，道岔后部理论长度 $b_0$，道岔理论长度 $L_{理}$，尖轨尖端前基本轨长度 $q$，辙叉理论尖端前直线段 $k$，导曲线外轨工作边半径 $R_{外}$，道岔中心 $O$。

(2)各部分的钢轨长度 $l$，尖轨长度 $l_{尖}$，辙叉趾长 $n$，辙叉跟长 $m$，护轨长度 $l_{护}$，全部岔枕根数与长度，全部岔枕间距等。

(3)道岔主要控制轨距 $S$，如尖轨尖端轨距以及其向外递减距离，尖轨跟端直、侧向轨距 $S_{跟}$ 及直股递减距离，辙叉直向、侧向轨距 $S$。

(4)导曲线起点处的支距 $y_0$，导曲线每隔 2 m 的横距及与之对应的支距 $y_1$、$y_2$、…、$y_n$，以及导曲线终点的横距 $x_{终}$ 与支距 $y_{终}$、导曲线内安装轨撑的位置和设置绝缘接头的位置等。

(5)转辙角 $\beta$、辙叉角 $\alpha$ 及重点轨缝值 $\delta$。

此外，总布置图中还应列有必要的图注和材料明细表，注明图中各种符号代表的意义，说明各组成部件的名称、数量及规格、重量等。

如图 5.38 所示为 60 kg/m 钢轨，12 号单开道岔的总布置图(未列材料明细表)。

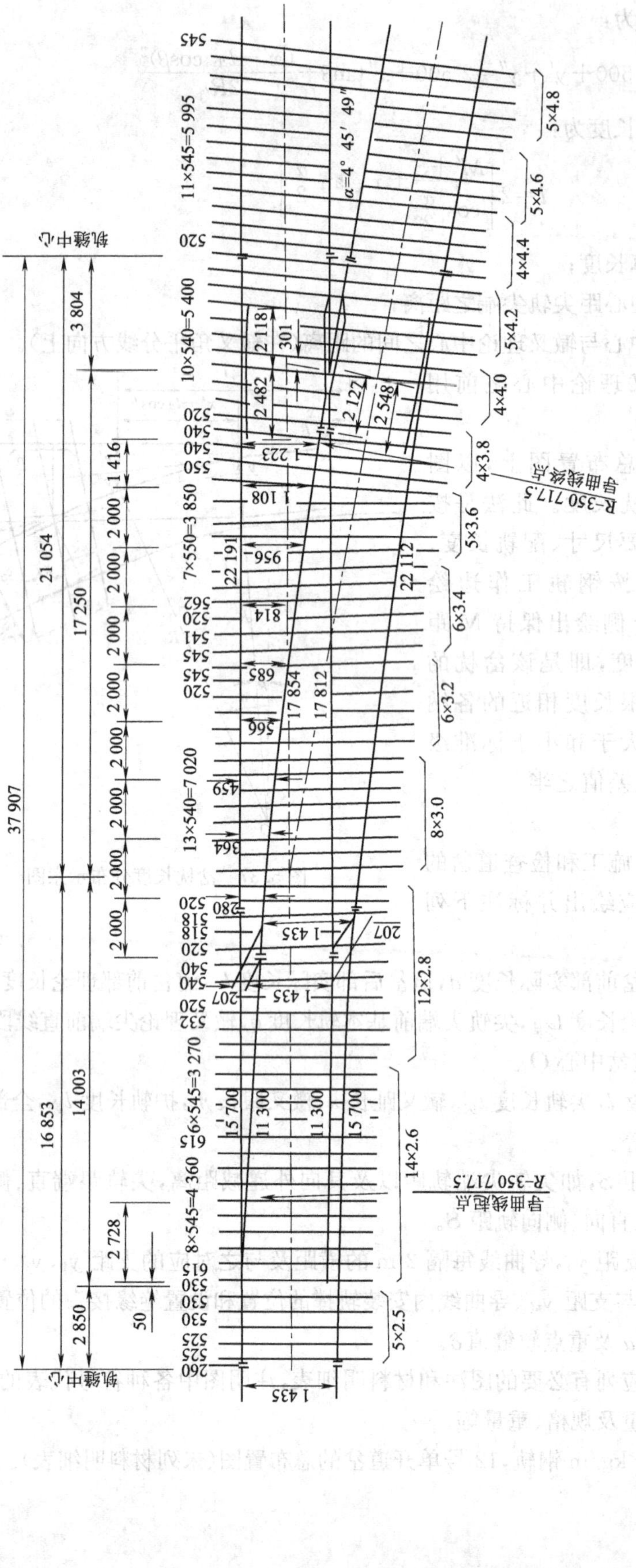


图 5.38　60 kg/m钢轨12号单开道岔

## 项目小结

在学习本项目时应重点掌握普通单开道岔的组成及各部分作用，能熟练、准确检查普通单开道岔各部分几何尺寸，能熟练应用所学知识在工程实践中，根据不同号码的道岔进行检查和维护。

## 复习思考题

1. 绘示意图说明各种道岔类型及构造特点与适用条件。

2. 说明单开道岔的组成部分及其功用。

3. 单开道岔如何区分左右开、顺逆向、始终端等。

4. 单开道岔中的尖轨有几种类型，它与基本轨的贴靠形式有几种，各有何特点。

5. 尖轨跟端的结构、特点及要求有哪些？

6. 说明转辙器部分各个零件的名称、构造特征、作用及左右开、直侧股之区别。

7. 单开道岔中的辙叉有几种类型，分析比较其优缺点及适用条件，详细指出一组辙叉的各部名称。

8. 辙叉号码的表示方法及其意义。说明辙叉号码与辙叉角的关系，在现场如何鉴别道岔号码，道岔号在使用上有何规定。

9. 辙叉中的护轨有何用途。说明其平面特征及各部名称，逐个指明辙叉护轨的零件构造特点。

10. 单开道岔导曲线的构造有何特点，导曲线为什么一般不设超高？其半径与道岔号有何关系。

11. 单开道岔中的岔枕布置及间距尺寸有何要求，分析比较木岔枕与混凝土岔枕的优缺点。

12. 道岔中各部轨距检查的目的，位置、条件及轨距容许误差。

13. 掌握查照间隔、护背距离的意义及各部间隔尺寸与规定的理由。

14. 单开道岔直线尖导曲线支距的计算方法。

15. 掌握单开道岔主要几何尺寸的计算方法及其相互关系。

16. 单开道岔配轨的计算方法及其原则。

17. 单开道岔的岔枕间距及计算应怎样考虑，在道岔的不同部位，各沿什么方向位置计算？

18. 警冲标的位置、作用及计算方法。

19. 绘图说明使用数解法确定岔枕长度的计算步骤、方法。

20. 单开道岔总布置图有何用途，图中应标明哪些主要内容和数据。

21. 根据已定道岔型号及主要尺寸，说明在现场确定道岔位置中心桩的测设方法及步骤。

22. 有连接曲线的道岔，如需更换为大号者，道岔前移时其配轨如何计算，后移时如何计算，配轨长度的确定应怎样考虑和注意些什么。

# 参考文献

[1] 国家质量技术监督局，中华人民共和国建设部．GB 50299—1999 地下铁道工程施工及验收规范．北京：中国计划出版社，2004.
[2] 中华人民共和国建设部．GB 50157—2003 地铁设计规范．北京：中国计划出版社，2003.
[3] 中华人民共和国建设部．城市轨道交通接触轨系统技术规范．2006.
[4] 北京城建设计研究总院．GB 50157—2003 地铁设计规范．北京：中国计划出版社，2003.
[5] 张殿明，阎纪宽．无缝线路理论与新技术．北京：中国铁道出版社，1997.
[6] 张荣．关于地铁短轨枕整体道床轨道铺设．科技创新导报，2010(11).
[7] 陈秀芳．轨道工程．北京：中国建筑工业出版社，2005.
[8] 施仲衡．地下铁道设计与施工．西安：陕西科学技术出版社，1997.
[9] 曾向荣，吴建忠，孙大新．首都机场线直线电机系统的轨道设计与创新．都市快轨交通，2009，22(1).
[10] 于春华．城轨交通轨道维修工作内容和管理模式的探讨．都市快轨交通，2007，20(6)：72—75.
[11] 党建会，李海峻，付强新．北京地铁 5 号线宋家庄站铺轨基地的实施与作用．铁道设计标准，2007(10).
[12] 安宁．城市轨道交通工程．北京：人民交通出版社，2008.
[13] 张立．城市轨道交通工程概论．北京：人民交通出版社，2011.
[14] 沈东升．秦沈客运专线轨道工程施工关键技术．铁道标准设计，2001(5).
[15] 卢耀荣．无缝线路应用与研究．北京：中国铁道出版社，2004.
[16] 程保青．城轨交通车场线轨道结构的探讨．铁道工程学报，2008(12).
[17] 赵惠祥，谭复兴，叶霞飞，等．城市轨道交通土建工程．北京：中国铁道出版社．2009.
[18] 刘道通，杨宝峰．地铁轨道施工常见问题及解决方案．铁道工程学报，2010(4).
[19] 沈东升．秦沈客运专线轨道工程施工关键技术．铁道标准设计．2001(5).
[20] 张雯．线路工程．成都：西南交通大学出版社，2005.
[21] 郝瀛．铁道工程．成都：西南交通大学出版社，2002.
[22] 叶霞飞．城市轨道交通规划与设计．北京：中国铁道出版社，2001.
[23] 广州市地下铁道总公司，广州市地下铁道设计研究院．广州地铁二号线设计总结．北京：科学出版社，2005.
[24] 中国地铁工程咨询公司，北京城建设计研究总院有限责任公司．地铁与轻轨．北京：中国铁道出版社，2003.
[25] 张庆贺．地铁与轻轨．北京：人民交通出版社，2002.
[26] 练松良，李向国，卢耀荣，等．轨道工程．北京：人民交通出版社，2009.
[27] 朱敢平．世界轨道交通．香港：香港万博出版公司，2004.
[28] 张立．城市轨道工程．成都：西南交通大学出版社，2006.